权威读本

中华人民共和国森林法解读

主编
施春风

中国法制出版社
CHINA LEGAL PUBLISHING HOUSE

本书编委会

主编

施春风

撰稿人

施春风　杨永明　尤小龙

喻晓川　李克锋　宋生辉

前　言

2019年12月28日，十三届全国人大常委会第十五次会议审议通过了森林法修订草案，自2020年7月1日起施行。新修订的森林法深入贯彻习近平生态文明思想，践行绿水青山就是金山银山理念，适应我国森林功能定位转变和林业发展需要，充分吸收集体林权制度改革、国有林场和国有林区改革等林业改革发展的实践经验，建立了森林分类经营管理制度，完善了森林权属制度和林木采伐等林业管理制度，加大了森林资源保护和造林绿化力度，有利于保护、培育和合理利用森林资源，保障我国森林生态安全，发挥森林多种功能，推动现代林业发展，实现人与自然和谐共生。

为了配合修改后的森林法的学习、宣传和实施，帮助读者及时、准确理解此次森林法修改的有关内容，全国人大农业与农村委员会法案室、全国人大常委会法工委经济法室、国家林业和草原局办公室的有关同志联合编写了本书，供读者学习参考。本书力求准确阐述森林法的内容，因时间和水平有限，如有疏漏之处，敬请读者批评指正。

编　者

2020年8月

目　　录

附录二：相关立法资料

附录三：相关参阅资料

第一章　总　　则

第一条　为了践行绿水青山就是金山银山理念，保护、培育和合理利用森林资源，加快国土绿化，保障森林生态安全，建设生态文明，实现人与自然和谐共生，制定本法。

条文主旨

本条是关于立法目的的规定。

立法背景

本条修改之处是：一是增加了“践行绿水青山就是金山银山理念”；二是将“适应社会主义建设和人民生活需要”修改为“保障森林生态安全，建设生态文明，实现人与自然和谐共生”；三是将“发挥森林蓄水保土、调节气候、改善环境和提供林产品的作用”调整到第四章第二十八条并作了修改。作出这个修改，主要考虑到：自党的十八大以来，以习近平同志为核心的党中央把生态文明建设作为统筹推进“五位一体”总体布局和协调推进“四个全面”战略布局的重要内容，并形成了习近平生态文明思想。森林与生态文明建设密切相关，森林和林业要为建设生态文明和美丽中国创造更好的生态条件。本次森林法修改，坚持以习近平生态文明思想为指导，践行绿水青山就是金山银山的理念，坚持人与自然和谐共生，以立法规范和促进森林资源可持续利用和发展，维护森林生态安全，推动森林生态文明建设和现代林业发展。

条文解读

立法目的，也称为立法宗旨，是指制定一部法律所要达到的任务目标，它明确规定一部法律要解决的主要问题。立法目的与法律的其他条文之间是目的与手段的关系，一部法律中的具体规定，都是围绕着本法的立法目的而展开的。由于立法目的统领着一部法律的全部法律规范的价值取向，因此，其都是作为一部法律的第一条加以规定，以开宗明义，总揽全局。本条规定以习近平生态文明思想为指导，为生态文明建设提供法治保障，综合考虑森林的生态效益、社会效益、经济效益，确立了新森林法的立法目的。按照本条的规定，本法的立法目的主要有以下四个方面的内容：

一、践行绿水青山就是金山银山理念

坚持绿水青山就是金山银山理念是习近平生态文明思想的重要内容，在立法目的中起到了统领性的作用。绿水青山就是金山银山理念，深刻揭示了生态环境保护和经济发展的辩证统一关系。生态环境保护和发展不是对立的。经济发展不应是对资源和生态环境的竭泽而渔，生态环境保护也不应是舍弃经济发展的缘木求鱼。只要金山银山，不要绿水青山，甚至用绿水青山换取金山银山，不考虑或者很少考虑环境的承载能力，一味索取资源，破坏性地搞建设，要治理的成本比创造的财富还多，最终得不偿失，这种做法要坚决摒弃。新时期的经济发展，必须坚持节约资源和保护环境的基本国策，贯彻创新、协调、绿色、开放、共享的发展理念，把经济活动、人的行为限制在自然资源和生态环境能够承载的限度内，给自然生态留下休养生息的时间和空间。绿水青山既是自然财富、生态财富，又是社会财富、经济财富，生态环境保护也是发展。绿水青山可以持续发挥生态效益和经济社会效益，生态优势可以变成经济优势，从而源源不断地带来金山银山，实现发展和保护相统一。

我国经济已经进入高质量发展阶段，生态环境的支撑作用越来越重要。森林是陆地生态系统的主体和重要资源，是自然生态系统的顶层，是人类生存发展的重要生态屏障。林业建设是事关经济社会可持续发展的根本性问题，林业要为建设生态文明和美丽中国创造更好的生态条件。要把森林资源培育好、保护好、发展好，实现青山常在、绿水长流，发挥好森林生态功能，增强经济社会发展的环境承载能力，从而为经济社会发展提供环境资源保障。森林是自然财富、生态财富，也是巨大的社会财富，为整个经济活动创造价值。

森林本身也是经济财富，可以为林业、农业带来经济收入，实现生活富裕。森林可以直接提供木材、果品、油料、饮料、药材等林产品，也可以提供工业原料，为其他经济活动提供前提和基础。在良好的森林生态环境中，依法适度发展种植业、养殖业等林下经济，可以提供优质农产品并产生良好的经济效益。

二、保护、培育和合理利用森林资源

森林资源是森林生态系统中的各种物质资源、能量资源、环境资源的总称。森林、林木、林地，依托森林、林木、林地生存的野生动物、植物、微生物，以及以上要素所构成或产生的相关环境，都可以成为重要的森林资源。森林资源是与人类生产、生活密切相关的重要自然资源，不仅可以提供林木等物质产品，而且具有蓄水保土、调节气候、改善环境、维护生物多样性等多种功能。

处理好森林资源保护、培育和利用的关系，是森林法的重要立法目的。第一，必须加强森林资源保护和培育，这是森林资源利用的前提和基础。虽然森林资源是一种可再生的自然资源，但是森林资源发展具有自身特有的规律，比较突出的是林木生长周期长、投资多、见效慢、易受林业有害生物和森林火灾等自然灾害威胁。各级人民政府及有关部门、森林权利人、其他组织和个人，都有森林资源的保护、培育的责任或者义务；占用林地或者临时使用林地的，应当经过批准手续，并且履行缴纳森林植被恢复费、恢复森林植被和林业生产条件等义务；禁止毁坏林木和林地等行为；破坏森林资源等行为，应当依法承担法律责任。第二，要合理利用森林资源。森林资源保护不是要完完全全把森林封存起来，不允许开发利用，因为完全不能利用的资源也就不是一种“资源”。对森林的适当利用可以产生一定的经济效益，这样才能调动林业经营主体的积极性，从而以经济的可持续促进森林资源保护、培育的可持续。但是，森林资源利用必须是科学合理的利用，采伐林木、发展林下经济、发展森林旅游等，必须以不破坏森林生态资源为前提，必须有利于森林资源的可持续发展。

三、加快国土绿化

改革开放以来，我国我国森林覆盖率由 12% 提高到 22.96%，森林蓄积由 90 亿立方米增加到 175.6 亿立方米，森林面积发展到 22044.62 万公顷，森林结构有所改善，森林质量不断提高。尤其党的十八大以来，全国共完成造林 4114.6 万公顷，平均每年完成造林 685.8 万公顷。其中，人工造林 2434.1 万公顷，飞播造林 82.4 万公顷，封山育林 1053.4 万公顷，人工更新造林 147.3 万公顷，退化林修复 397.3 万公顷。当前，我国森林面积位居世界第 5 位，森林蓄积位居世界第6位，人工林面积位居世界首位，国土绿化取得明显成效。但是我国我国森林覆盖率仍然偏低，部分缺水干旱的省份森林覆盖率仅约为10%，另外还有不少沙漠化、荒漠化、石漠化地区，我国整体上缺林少绿、森林生态系统功能脆弱的状况还没有得到根本改变。加快推进国土绿化，是保持水土、防止水土流失，维护和改善生态环境的根本性措施，是实现人民对美好生活向往的一项伟大事业，是建设生态文明和美丽中国的重要任务。

国土绿化从国土空间看，既包括城市绿化，也包括乡村绿化。国土绿化要本着宜林则林、宜灌则灌、宜草则草、乔灌草相结合的原则实施。森林在国土绿化中具有重要的地位和作用。实践中，可以是通过人工造林培育森林资源，也可以是通过人力与自然力结合的方式以适当的抚育经营、改造退化林分等措施提高森林质量和稳定性，还可以通过加强保护，减少人类干预的方式促进森林自然恢复。

本次森林法修改充实完善了推进国土绿化有关规定。各级人民政府应当组织各行各业和城乡居民造林绿化；国家鼓励公民通过植树造林、抚育管护、认建认养等方式参与造林绿化；各级人民政府对需要生态修复的耕地，有计划地组织实施退耕还林还草。此外，明确并保护森林、林地、林木权利人的合法权益，有利于调动林业经营主体造林积极性，提升造林绿化质量，实现“让我造林”向“我要造林”转变。

四、保障森林生态安全

随着全球气候变化加剧、水土流失严重、热带雨林以及生物多样性锐减等生态环境恶化现象，加强生态建设和维护生态安全已经成为人类面临的共同课题。森林生态安全是整体生态安全的重要组成部分，也是实现人民健康生活的保证和林业可持续发展的根本。在人与森林的关系中，不但要维护好森林生态系统自身的安全，保障森林生态系统的健康性和完整性，而且还要发挥好森林生态系统对维护地球生态安全的作用，为人类生产、生活与健康等提供良好的生态环境。

五、实现人与自然和谐共生

人与自然是生命的共同体。人类文明在发展过程中，人与自然的关系逐步改变。从原始文明的崇拜、敬畏自然，到农业文明的模仿、学习自然，再到工业文明的改造、征服自然。最终人们认识到，人类只有尊重自然和顺应规律，才能有效防止在开发利用自然上走弯路。当人类合理利用、友好保护自然时，自然的回报是慷慨的；当人类无序开发、粗暴掠夺自然时，自然的惩罚也必然是无情的。

人与自然和谐共生，必须树立生态价值观，建立人与自然和谐发展、共存共荣的生态意识、价值取向。经济社会的发展必须以森林资源的生态承载力为限度，要始终坚持绿色发展，推进产业结构、生产方式绿色转型，加快形成绿色生活方式。从森林保护发展的角度看，既要纠正毁林开荒、乱砍滥伐等破坏森林资源的行为，又要倡导保护和培育森林资源的行为，逐步提高森林覆盖率，提升森林质量，增林添绿，为人类生存和发展创造天更蓝、山更绿、水更清的优美环境。

以上五个立法目的存在有机内在联系，其本质要求都是一致的，都是生态文明建设的题中应有之义。

相关规定

《中华人民共和国宪法》，《全国人民代表大会常务委员会关于全面加强生态环境 保护依法推动打好污染防治攻坚战的决议》

第二条　在中华人民共和国领域内从事森林、林木的保护、培育、利用和森林、林木、林地的经营管理活动，适用本法。

条文主旨

本条规定了森林法的空间效力及调整对象。

立法背景

本条修改之处是：一是增加了对森林、林木的保护；二是“培育种植”修改为“培育”；三是“采伐利用”修改为“利用”；四是“都必须遵守本法”修改为“适用本法”。

条文解读

一、森林法的空间效力

法律的空间效力，也就是法律在地域上的适用范围，即法律适用于哪一地域。这个问题与国家的领土概念密切相关。领土是指国家行使主权的空间，即一个国家能够在其范围内行使主权的地球表面的特定部分，包括其底土和上空。领土分为领陆、领水、领空三部分，上及高空，下及底土。森林法的空间效力，是中华人民共和国领域内。

二、森林法的调整对象

法律发挥其作用的基本机制是规范人们的行为。法律的规范作用是通过规范人们在其所参加的社会关系中的权利、义务来实现的，这种由法律规定的社会关系，构成了法律关系。法律的调整对象，是指法律规范所调整的各种社会关系，对某一部法律而言，其调整对象就是这部法律所规范的社会关系。根据本条的规定，森林法的调整对象是：森林、林木的保护、培育、利用和森林、林木、林地的经营管理活动。

（一）森林、林木的保护、培育、利用

保护、培育和利用，是人与森林、林木的三种基本关系。保护是指采取有效措施保护和维护森林、林木的安全稳定发展，包括禁止滥砍滥伐、森林病虫害防治、森林火灾预防扑灭，以及减少其他可能对森林、林木生长造成负面影响的因素。培育是指科学合理地进行植树造林，以及修枝剪枝、抚育采伐等经营管理活动，在人工适度参与下促进森林、林木的安全稳定发展。利用是指人们使用森林、林木产生的物质产品或者资源环境产品满足生产、生活需要的活动，如采伐林木、发展林果业、发展林下经济、森林旅游等等。

本次森林法修改，将原“森林、林木的培育种植、采伐利用”修改为“森林、林木的保护、培育、利用”。这个修改有两个重要特点：一是增加森林、林木的“保护”，并且放在“培育、利用”之前。反映了林业发展由以生产木材为主向生态建设为主转变，森林功能定位由经济功能为主导转向生态功能、社会功能为主导，森林资源的增长由人为培育为主向更加尊重自然规律强调自然恢复转变。二是删除了“采伐利用”中的“采伐”。森林利用的方式多种多样，人们可以使用森林、林木生产林产品，也可以适度发展林下种养业，还可以享受森林提供的良好风景和生态环境。“采伐”仅仅是森林、林木利用的一种方式，而且是最原始、最激烈的资源消耗型利用，过度采伐不利于森林资源增长。随着近年来经济社会的发展，人们对森林的作用有了更高的要求，对森林生态效益有更高期盼。删除“采伐”适应了形势的变化，反映了森林具有多种功能和森林利用形式的多样化。删除“采伐”并不意味着不允许任何形式的采伐，而是意味着利用方式要从“采伐”为主向其他方式转变。

（二）森林、林木、林地的经营管理活动

这是原森林法就有的规定，此次未作修改。森林、林木、林地的经营管理活动，既包括政府及其有关部门对森林、林木、林地依法实施的有关管理活动，也包括林业经营主体对森林、林木、林地的经营和管理的相关活动，还包括其他主体可能参与的森林、林木、林地的经营管理活动，如林业科研工作者、林木经营加工企业等主体的相关活动。法律规定了有关森林、林木、林地经营管理活动的权利义务，有关当事人必须遵守。

相关规定

《中华人民共和国森林法实施条例》第二条

第三条　保护、培育、利用森林资源应当尊重自然、顺应自然，坚持生态优先、保护优先、保育结合、可持续发展的原则。

条文主旨

本条是关于森林法基本原则的规定。

立法背景

本条对原森林法第五条林业建设方针进行了修改，演变成森林法的基本原则。原森林法第五条规定："林业建设实行以营林为基础，普遍护林，大力造林，采育结合，永续利用的方针。"主要修改有四处：一是将"林业建设"修改为"保护、培育、利用森林资源"；二是"尊重自然、顺应自然"的生态文明理念写入森林法；三是将"生态优先、保护优先、保育结合、可持续发展"写入森林法，替代了原法规定的"普遍护林，大力造林，采育结合，永续利用"。

条文解读

一、"林业建设"修改为"保护、培育、利用森林资源"，反映了对森林功能定位的转变

林业建设虽然包括保护、培育、利用森林资源的内容，但是容易让人认为，森林主要是一种产业，保护、培育森林资源就是为了利用，从而产生更大的经济效益。当前，林业发展由以生产木材为主向生态建设为主转变，森林功能定位由经济功能为主导转向生态功能、社会功能为主导。以"保护、培育、利用森林资源"替代"林业建设"，更加强调保护、培育、利用森林资源本身，而不再强调其一定要产生直接的经济效益。

二、尊重自然、顺应自然

人与自然和谐共生是习近平生态文明思想的重要内容。2015 年中共中央生态文明体制改革总体方案指出：树立尊重自然、顺应自然、保护自然的理念。党的十九大报告明确提出："人与自然是生命共同体，人类必须尊重自然、顺应自然、保护自然。"

保护、培育、利用森林资源，必须尊重自然规律，顺应自然规律。乔木、灌木、竹林以及其他依托于森林生态系统的生物，其自身的生长发育有独特的规律。光照、温度、降水、土壤、海拔等自然条件不同，适宜生长的森林植物不同，形成的森林生态系统具有不同的特征。同样自然条件下的森林生态系统，由于处于不同的演变阶段，也可能具有不同的特征。保护、培育、利用森林资源的时候，必须把握好森林资源的有关规律，顺应好森林资源的有关规律。违背了自然规律，很难保护培育好森林资源，利用森林资源也就成了无本之木、无源之水，也就难以实现人与森林和谐共生，甚至会带来生态灾难。

本次森林法的诸多修改，充分体现了尊重自然，顺应自然的要求，尊重森林资源保护发展的规律。例如，国家建立自然保护地体系对具有特殊价值的森林生态地区或林区加以保护；造林绿化应当科学规划、因地制宜，优化林种、树种结构，鼓励使用乡土树种和林木良种、营造混交林；应当科学保护修复森林生态系统；有计划地组织实施退耕还林还草；对因自然因素等导致的荒废和受损山体、退化林地以及宜林荒山、荒地、荒滩，因地制宜实施森林生态修复工程，恢复植被；将生态区位重要或者生态状况脆弱，以发挥生态效益为主要目的的林地和林地上的森林划定为公益林，实施严格保护；公益林可以进行抚育、更新和低质低效林的采伐以及特殊情况下可以采伐，提高公益林的质量和生态保护功能；商品林由林业经营者依法自主经营，但是采伐应当根据不同情况采取不同采伐方式，严格控制皆伐面积，伐育同步规划实施；自然保护区的林木禁止采伐，但是因防止林业有害生物等特殊情况下必须采伐的，也要允许采伐；竹林的生长具有独特的规律，若不及时采伐成熟的竹子，反倒不利于新竹的萌发和生长，所以法律规定采伐自然保护区以外的竹林，不需要申请采伐许可证；等等。

三、生态优先、保护优先、保育结合、可持续发展

森林具有生态效益、经营效益和社会效益。本次森林法修改，坚持生态优先，生态效益、经济效益和社会效益相统一。如何处理好森林生态效益、经济效益和社会效益的关系，充分发挥森林多种效能，助推森林资源的稳健可持续发展，是森林法修改要重点考虑的问题。森林生态效益、经济效益、社会效益相辅相成，相互影响，相互制约。生态效益、经济效益、社会效益，都依赖于稳定良好的森林生态系统，存在于森林这个共同载体中。所以必须坚持生态优先，维护和发展好森林生态系统。坚持生态优先，发挥好森林生态效益，与森林的经济效益、社会效益并不是完全冲突的。森林可以美化家园，提供人们接触大自然的机会等，因而具有良好社会效益。森林资源保护发展，可以更好地为经济发展提供强有力的环境和资源保障。

同样，森林法修改也要处理好保护和发展的关系，坚持保护优先，实现在保护中发展，在发展中保护。保护的目的是发展，只有通过发展才能得到更好的保护。要改变不顾森林承载能力，以破坏性的方式利用森林资源，一味追求经济效益的观念，也要改变完全远离森林，完全不利用森林资源的片面观念。要树立科学的森林发展理念，遵循自然和社会规律科学开发森林资源，通过绿色发展和循环利用，实现生态效益、经济效益、社会效益的协调并存。

保育结合，即保护和培育相结合。保护，强调人们要减少破坏森林资源的行为，依靠自然修复的力量促进森林资源增长。培育，强调人们要以积极行为，主动促进森林资源增长。实践中，我国实施的不少森林生态工程都取得了良好效果。培育的行为，也不是脱离实际的主观主义，而是要尊重自然规律，利用自然规律。

坚持生态优先、保护优先、保育结合的最终落脚点，是实现可持续发展。可持续发展有三个特征：生态持续、经济持续和社会持续，三者之间互相关联而不可分割。可持续发展原则包括公平性、可持续性、共同性和阶段性原则。可持续发展的实质是把经济发展与节约资源、保护环境紧密结合起来，实现良性循环。在森林可持续发展中，必须妥善处理资源、环境、经济、社会等几大系统的关系，今天的发展不能成为明天发展的障碍，短期的利益不能成为长远利益的羁绊，当代人不能影响后代人的发展，让良好的森林生态系统成为人民生活的增长点、成为经济社会持续健康发展的支撑点、成为展现我国良好形象的发力点，为子孙后代留下可持续发展的“绿色银行”。

相关规定

《中共中央、国务院关于加快推进生态文明建设的意见》，《决胜全面建成小康社会 夺取新时代中国特色社会主义伟大胜利——在中国共产党第十九次全国代表大会上的报告》

第四条 **国家实行森林资源保护发展目标责任制和考核评价制度。上级人民政府对下级人民政府完成森林资源保护发展目标和森林防火、重大林业有害生物防治工作的情况进行考核，并公开考核结果。**

地方人民政府可以根据本行政区域森林资源保护发展的需要，建立林长制。

条文主旨

本条是关于森林资源保护发展目标责任制、考核评价制度和林长制的规定。

立法背景

本条是此次修改新增加的规定，主要是适应新时代我国生态环境保护发展的现实需要，贯彻落实党中央关于生态文明建设的决策部署，进一步明确地方人民政府在森林资源保护方面的责任。

条文解读

一、确立森林资源保护发展目标责任制和考核评价制度的必要性

目标责任制和考核评价制度，核心是某主体通过设定一定时期的责任目标，确定完成目标的措施或者落实机制，并通过一定方式评价完成目标的情况，并对有关责任人进行考核。

森林资源保护发展是一项关系经济社会发展和人民长远利益的事业，必须依靠政府和全社会的共同努力才能实现。尤其是各级政府，在森林资源保护发展中承担着规划引领、完善政策、资金支持、动员和组织群众等多方面的重要作用。各级政府是否重视森林资源保护发展，是否建立森林资源保护发展的体制机制，与实际工作效果的好坏密切相关。所以有必要通过建立相关的制度，保障各级政府切实把森林资源保护发展工作抓实抓好。

长期以来，在森林和林业工作中实行目标责任制，取得了良好成效。早在 1987 年，《中共中央关于加强南方集体林区森林资源管理坚决制止乱砍滥伐的指示》就指出，“实行领导干部保护、发展森林资源任期目标责任制。保护、发展森林资源，制止乱砍滥伐，应当作为各级领导，特别是县级领导的重要任务……森林资源的消长，应作为考核县领导政绩的主要内容之一”。1994 年《国务院办公厅关于加强森林资源保护管理工作的通知》，明确“坚持实行领导干部保护、发展森林资源任期目标责任制”。1998 年国务院《关于保护森林资源制止毁林开垦和乱占林地的通知》指出，“要把保护林地作为保护和培育森林资源任期目标责任制的重要内容，纳入领导干部政绩考核，严明奖惩，责任到位”。2003 年《中共中央、国务院关于加快林业发展的决定》强调，“坚持并完善林业建设任期目标管理责任制……各级地方政府对本地区林业工作全面负责，政府主要负责同志是林业建设的第一责任人，分管负责同志是林业建设的主要责任人。对林业建设的主要指标，实行任期目标管理，严格考核、严格奖惩，并由同级人民代表大会监督执行。各级地方党委组织部门和纪检监察机关，要把责任制的落实情况作为干部政绩考核、选拔任用和奖惩的重要依据”。2014 年《国务院关于进一步加强林业有害生物防治工作的意见》指出，“进一步健全重大林业有害生物防治目标责任制，将林业有害生物成灾率、重大林业有害生物防治目标完成情况列入政府考核评价指标体系”。

2016年中共中央、国务院《国有林区改革指导意见》指出，“强化地方政府保护森林、改善民生的责任。地方各级政府对行政区域内的林区经济社会发展和森林资源保护负总责。要将林区经济社会发展纳入当地国民经济和社会发展总体规划及投资计划。切实落实地方政府林区社会管理和公共服务的职能。国有林区森林覆盖率、森林蓄积量的变化纳入地方政府目标责任考核约束性指标。林地保有量、征占用林地定额纳入地方政府目标责任考核内容”。

党的十八大以来，党中央高度重视通过一定机制落实生态文明建设的有关要求。党的十八大报告提出，要把资源消耗、环境损害、生态效益纳入经济社会发展评价体系，建立体现生态文明要求的目标体系、考核办法、奖惩机制。为进一步加强生态文明建设在地方党政干部考核，2015年中共中央办公厅印发《党政领导干部生态环境损害责任追究办法（试行）》，其中第九条规定：“党委及其组织部门在地方党政领导班子成员选拔任用工作中，应当按规定将资源消耗、环境保护、生态效益等情况作为考核评价的重要内容，对在生态环境和资源方面造成严重破坏负有责任的干部不得提拔使用或者转任重要职务。”

当前，贵州、湖南、广东、河南、山西、青海等省（区、市）制定了有关地方性法规，确立了人民政府保护和发展森林资源任期目标责任制等内容，确保森林资源保护发展的目标清晰，责任到人，定期考核，予以奖惩。

本次森林法修改，按照党中央的有关政策文件精神，总结多年实践经验，将森林资源保护发展的目标责任制和考核评价制度写入法律，必将极大地促进森林和林业发展，促进生态文明建设。

二、森林资源保护发展目标责任制和考核评价制度的主要内容

森林资源保护发展目标责任制和考核评价制度，主要针对的是各级政府。本条第一款明确指出“上级人民政府对下级人民政府”完成有关目标和有关工作的情况进行考核。按照宪法、地方各级人民代表大会和地方各级人民政府组织法的规定，国务院和地方各级人民政府是国家行政机关，上下级之间是领导关系。国务院即中央人民政府，是最高国家权力机关的执行机关，是最高国家行政机关；国务院实行总理负责制，总理领导国务院的工作；国务院统一领导全国地方各级国家行政机关的工作。省、自治区、直辖市、自治州、县、自治县、市、市辖区、乡、民族乡、镇设立人民政府，地方各级人民政府是地方各级国家权力机关的执行机关，是地方各级国家行政机关；县级以上地方各级人民政府依照法律规定的权限管理本行政区域内的行政工作；县级以上的地方各级人民政府领导所属各工作部门和下级人民政府的工作；乡、民族乡、镇的人民政府执行本级人民代表大会的决议和上级国家行政机关的决定和命令，管理本行政区域内的行政工作。“上级人民政府对下级人民政府”进行考核，即上一级的人民政府对下一级的人民政府进行考核，例如，国务院对省、自治区、直辖市人民政府有关工作情况进行考核，省、自治区、直辖市人民政府对本行政区域的自治州、地级市、县、自治县人民政府有关工作情况进行考核，自治州对本行政区域的县、自治县、县级市有关工作情况进行考核，设区的市对本行政区域的市辖区有关工作进行考核，县、自治县对本行政区域的乡、民族乡、镇进行考核，等等。

本次森林法的修改强化了各级人民政府的森林资源保护发展的责任，其中与目标责任制和考核评价制度密切相关的规定，主要有：一是确定森林资源保护发展目标。按照森林法第二十三条和第二十四条的规定，国务院和县级以上各级地方人民政府具有在制定有关国民经济和社会发展规划时，将森林资源保护和林业发展纳入的责任；具有落实国土空间开发保护要求，合理规划森林资源保护利用结构和布局的责任；具有制定森林资源保护发展目标的责任，包括提高森林覆盖率、增加森林蓄积量、保护林地，等等。二是负责森林防火工作。按照森林法第三十四条的规定，地方各级人民政府负责本行政区域的森林防火工作，发挥群防作用；县级以上人民政府组织领导应急管理、林业、公安等部门按照职责分工密切配合做好森林火灾的科学预防、扑救和处置工作。三是重大林业有害生物防治工作。按照森林法第三十五条的规定，重大林业有害生物灾害防治实行地方人民政府负责制；发生暴发性、危险性等重大林业有害生物灾害时，当地人民政府应当及时组织除治。县级以上人民政府林业主管部门负责本行政区域的林业有害生物的监测、检疫和防治。四是其他有关规定。例如，采取财政、税收、金融等方面的支持措施，保障森林生态保护修复的投入；依法保护森林、林地、林木所有者和使用者的合法权益；划定公益林并实施保护措施，鼓励商品林发展；加强林业基础设施建设；组织各行各业和城乡居民造林绿化；科学保护修复森林生态系统；加强森林资源保护的宣传教育和知识普及；等等。

三、关于林长制

修改后的森林法在第四条第二款规定："地方人民政府可以根据本行政区域森林资源保护发展的需要，建立林长制。"

理解此规定要把握好几点：

一是各地方可以根据实际情况建立林长制。法律没有规定全国统一实行林长制。某个行政区域范围内是否建立林长制，由各地方根据实际情况确定。根据森林资源保护发展的需要，可以在本省全面实行林长制，也可以在本省部分地区实行林长制。当前，全国已有安徽、江西、海南等十几个省份在全省或者部分地区建立了林长制或者进行了建立林长制的试点，实践中也积累了一些经验和好的做法。

二是林长制的主要内涵。建立林长制的主要目的是构建责任明确、协调有序、监管严格、保护有力的森林资源保护发展机制。林长制不是在现有的地方国家机构之外另设机构和增加人员，而是在现有国家机构设置的基础上，进一步明确责任人。林长制更多是一种组织领导和协调工作机制。

例如，2017 年中共安徽省委、安徽省人民政府《关于建立林长制的意见》规定，(1) 分级设立林长。省、市、县（市、区）设立总林长，由党委、政府主要负责同志担任；设立副总林长，由党委、政府分管负责同志担任。市、县（市、区）根据实际需要，分区域设立林长，由同级负责同志担任。乡镇（街道）设立林长和副林长，分别由党委、政府主要负责同志和分管负责同志担任。村（社区）设立林长和副林长，分别由村（社区）党组织书记和村（居）委会主任担任。(2) 分级建立林长会议制度。林长会议主要协调解决森林资源保护发展中的重大问题。(3) 林长的工作职责。省级总林长、副总林长负责组织全省森林资源保护发展工作；市县级林长负责本行政区域的森林资源保护发展工作，协调解决重大问题，监督、考核本级相关部门和下一级林长履行职责情况，强化激励与问责；乡镇和村等林长负责组织实施本地森林资源保护发展工作，建立基层护林组织体系，加强林权人权益保护和责任监管，确保专管责任落实到人。

相关规定

《中华人民共和国环境保护法》第二十六条，《中华人民共和国土壤污染防治法》第五条，《党政领导干部生态环境损害责任追究办法（试行）》

第五条　国家采取财政、税收、金融等方面的措施，支持森林资源保护发展。各级人民政府应当保障森林生态保护修复的投入，促进林业发展。

条文主旨

本条是关于财政、税收、金融等措施的规定。

立法背景

本条是由原森林法第八条修改而来。主要修改有三处：第一，删除了育林费、煤炭造纸等部门按照产量提取资金和林业基金制度；第二，增加了关于财政、税收、金融扶持措施以及各级人民政府保障生态保护修复和林业发展投入的规定。

条文解读

一、关于财政措施

森林资源保护发展，是为了更好地发挥森林生态效益，满足人民对森林生态功能的期待。森林资源具有公共产品属性和外部性，生产经营者的经济收益要小于产生的社会效益。国家为了促进森林资源的保护发展，既要对森林经营管理活动进行规范和约束，又要对森林资源保护和培育等活动予以支持和激励。而这些规范和约束、支持和激励的措施，都离不开财政投入的保障。

多年来，各级人民政府重视森林资源保护发展的财政投入，取得了积极成效。在中央财政方面，2016 年至 2018 年对林业投入共计 2845. 88 亿元，其中：2018 年安排 994. 59 亿元，包括林业生态保护恢复资金 437. 5 亿元、林业改革发展资金 509. 02 亿元、农村综合开发林业项目支出 6. 87 亿元、国有贫困林场扶贫支出 6. 2 亿元和生态护林员补助 35 亿元。

二、关于税收措施

由于森林、林业的特殊性，国家的税收法律法规和政策，应当体现促进森林资源保护发展的导向。当前，我国对森林、林业的税收优惠规定，主要有：

1. 企业所得税。按照企业所得税法的规定，国家对重点扶持和鼓励发展的产业和项目，给予企业所得税优惠。企业从事农林牧渔业项目的所得、从事国家重点扶持的公共基础设施项目投资经营的所得、从事符合条件的环境保护、节能节水项目的所得、符合条件的技术转让所得等，可以免征、减征企业所得税。税收优惠的具体办法，由国务院规定。国务院出台的企业所得税法实施条例规定，企业从事农林牧渔业项目的所得，可以免征、减征企业所得税，是指：（1）企业从事下列项目的所得，免征企业所得税：蔬菜、谷物、薯类、油料、豆类、棉花、麻类、糖料、水果、坚果的种植；农作物新品种的选育；中药材的种植；林木的培育和种植；牲畜、家禽的饲养；林产品的采集；灌溉、农产品初加工、兽医、农技推广、农机作业和维修等农、林、牧、渔服务业项目；远洋捕捞。（2）企业从事下列项目的所得，减半征收企业所得税：花卉、茶以及其他饮料作物和香料作物的种植；海水养殖、内陆养殖。同时，企业从事国家限制和禁止发展的项目，不得享受上述规定的企业所得税优惠。

2. 增值税。2016 年 3 月，财政部、国家税务总局发布了《关于全面推开营业税改征增值税试点的通知》，明确自 2016 年 5 月 1 日起，在全国范围内全面推开营业税改征增值税（以下称营改增）试点，同时对增值税作出规定。其中，附件 3《营业税改征增值税试点过渡政策的规定》列出了免征增值税的项目，其中第（十）项为：农业机耕、排灌、病虫害防治、植物保护、农牧保险以及相关技术培训业务，家禽、牲畜、水生动物的配种和疾病防治。农业机耕，是指在农业、林业、牧业中使用农业机械进行耕作（包括耕耘、种植、收割、脱粒、植物保护等）的业务；排灌，是指对农田进行灌溉或者排涝的业务；病虫害防治，是指从事农业、林业、牧业、渔业的病虫害测报和防治的业务；农牧保险，是指为种植业、养殖业、牧业种植和饲养的动植物提供保险的业务；相关技术培训，是指与农业机耕、排灌、病虫害防治、植物保护业务相关以及为使农民获得农牧保险知识的技术培训业务；家禽、牲畜、水生动物的配种和疾病防治业务的免税范围，包括与该项服务有关的提供药品和医疗用具的业务。所以，从事与森林、林业相关的以上业务的，可以免征增值税。

另外，财政部、海关总署、国家税务总局发布的《关于"十三五"期间进口种子种源税收政策管理办法的通知》，规定对进口种子种源实行增值税税收优惠，即 2016 年 1 月 1 日至 2020 年 12 月 31 日，继续对进口种子（苗）、种畜（禽）、鱼种（苗）和种用野生动植物种源免征进口环节增值税，其中涉及森林、林业的免税品种有：（1）与农林业生产密切相关，并直接用于或服务于农林业生产的种子（苗）、种畜（禽）和鱼种（苗），包括用于种植和培育各种农作物和林木的种子（苗）；用于农林业科学研究与试验的种子（苗）、种畜（禽）和水产种（苗）。（2）野生动植物种源。

3. 水资源税。2016 年 5 月财政部、国家税务总局、水利部印发《水资源税改革试点暂行办法》，2017 年 11 月印发《扩大水资源税改革试点实施办法》，对直接取用地表水、地下水的单位和个人征收水资源税。与森林、林业有关的税收优惠主要有：（1）不缴纳水资源税的情形。农村集体经济组织及其成员从本集体经济组织的水塘、水库中取用水的；家庭生活和零星散养、圈养畜禽饮用等少量取用水的；水利工程管理单位为配置或者调度水资源取水的；为保障矿井等地下工程施工安全和生产安全必须进行临时应急取用（排）水的；为消除对公共安全或者公共利益的危害临时应急取水的；为农业抗旱和维护生态与环境必须临时应急取水的。（2）对农业生产取用水给予税收优惠。农业生产取用水，是指种植业、畜牧业、水产养殖业、林业等取用水。规定限额内的农业生产取用水，免征水资源税；对超过规定限额的农业生产取用水，从低确定税额。

三、金融措施

森林资源的保护发展，离不开金融的支持和保障作用。党中央高度重视农村金融改革与发展，不断出台促进农村金融改革和发展的政策措施。主要体现在：逐步完善商业性金融、合作性金融、政策性金融相结合的农村金融组织体系，建立多层次、广覆盖、可持续、竞争适度、风险可控的现代农村金融体系；健全政策支持、公平准入和差异化监管制度，全面提升农村金融服务水平，促进普惠金融发展；完善银行类金融机构服务农村的制度，增加对农业农村信贷规模和覆盖面；完善农业保险制度，扩大农业保险覆盖面，提高保障水平，支持有条件的地区发展农业互助保险；建立和完善融资担保机制；稳步开展农民合作社内部资金互助试点；推进农村信用体系建设；等等。国家金融体系服务于农业与农村发展，应当将促进森林资源保护发展作为其中的重要内容。

国家实施的支持森林资源保护发展的具体措施有：一是中央财政森林保险保费补贴政策。2009 年中央财政森林保险保费补贴政策开始实施，10 年来，我国森林保险工作取得了明显成效。补贴范围稳定在 24 个省（区、市）、4 个计划单列市和 3 个森工集团，总参保面积为 22.40 亿亩，总保费为 32.35 亿元，中央财政补贴资金共计 15.08 亿元，地方财政补贴资金 13.99 亿元，农民和各类经营主体缴纳保费 3.28 亿元，总保险金额为 13011.42 亿元。全年完成灾害理赔 15608 起，总赔付金额为 10.71 亿元，简单赔付率为 33.12%。二是开发性政策性金融支持政策。近年来，国家林业主管部门分别与国家开发银行、中国农业发展银行等签署协议，积极推动风险可控的林权抵押贷款业务，延长中长期贷款期限，实施优惠利率。

除总则对金融措施的要求外，森林法在具体章节中也作了一些规定，如第六十二条“国家通过贴息、林权收储担保补助等措施，鼓励和引导金融机构开展涉林抵押贷款、林农信用贷款等符合林业特点的信贷业务，扶持林权收储机构进行市场化收储担保”之规定，第六十三条对森林保险作了规定。

相关规定

《中华人民共和国环境保护法》第三十二条，《中华人民共和国水土保持法》第三十六条，《国务院办公厅关于完善集体林权制度的意见》，《中共中央国务院关于加快林业发展的决定》

第六条　国家以培育稳定、健康、优质、高效的森林生态系统为目标，对公益林和商品林实行分类经营管理，突出主导功能，发挥多种功能，实现森林资源永续利用。

条文主旨

本条是关于森林经营管理的规定。

立法背景

本条是此次修改新增加的规定，主要是适应我国森林资源保护和发展的客观要求，结合我国经济社会发展的现实需要，明确森林分类经营管理制度，充分发挥森林的多种功能，促进森林资源的保护和利用相统一。

条文解读

一、森林分类经营管理

我国森林分类经营管理的实践已经有二十多年。早在

1995 年，原国家体制改革委员会、林业部联合颁布的《林业经济体制改革总体纲要》中提出“森林资源培育要按照森林的用途和生产经营目的划定公益林和商品林，实施分类经营，分类管理”。1999 年，原国家林业局《关于开展全国森林分类区划界定工作的通知》明确提出实施林业分类经营的具体措施，要求各地开展森林分类区划工作。全国据此开展了首次森林分类区划界定，为实施林业分类经营和建立森林生态效益补偿制度打下了基础。2003 年，中共中央、国务院发布了《关于加快林业发展的决定》明确提出实行林业分类经营管理体制。将全国林业区分为公益林业和商品林业两大类，分别采取不同的管理体制、经营机制和政策措施。为深入贯彻落实该决定的精神，在总结以往试点经验的基础上，2004 年，原国家林业局会同财政部制定了《重点公益林区划界定办法》[①]，明确了公益林划定的原则和标准，要求：将生态区位极为重要或生态状况极为脆弱，对国土生态安全、生物多样性保护和经济社会可持续发展具有重要作用，以提供森林生态和社会服务功能为主要经营目的的森林，区划界定为重点公益林。2009 年、2017 年为适应集体林权制度改革和生态文明建设需要，上述两部门对《重点公益林区划界定办法》进行了修订，出台了《国家级公益林区划界定办法》。同时，加强对公益林的管理，于 2013 年印发《国家级公益林管理办法》。

① 现已废止。

实行森林分类经营管理的实践取得了明显成效。一是建立了公益林管护的机制。各省建立了公益林管护制度，层层落实了责任制，建立了公示制度，强化了社会监督。二是建立了调动林农保护公益林积极性的补偿机制。按照一定标准对公益林进行补偿。这样能够在一定程度上弥补林农因保护公益林而产生的损失，调动了林农参与公益林保护和管理的积极性。三是保护公益林的成效明显。截至2017年，全国共区划界定国家级公益林17亿亩；各省（自治区、直辖市）也划定了公益林。通过实施严格保护，公益林资源总量稳步增长，林分结构得到改善，质量逐步提升，从而更好地发挥了森林蓄水保土、调节气候、改善环境、维护生物多样性等功能。四是对商品林经营管理予以适度放活，较好地满足了社会对林产品需求，有利于林农根据市场情况进行经营管理，帮助林农增加收入。

本次森林法修改，总结多年来实行森林分类经营管理的实践经验，将其作为法律规范予以稳定下来，为进一步巩固和完善森林分类经营管理提供了坚强的法治保障。森林法第四十七条规定："国家根据生态保护的需要，将森林生态区位重要或者生态状况脆弱，以发挥生态效益为主要目的的林地和林地上的森林划定为公益林。未划定为公益林的林地和林地上的森林属于商品林。"所以，林地和林地上的森林分为两类，即公益林和商品林；林地和林地上的森林以外的林木，不再进行公益林和商品林的两类划分。公益林由国家根据生态保护的需要予以划定，划定的主体是国务院和省、自治区、直辖市人民政府，其他的主体无权划定公益林。除公益林外的林地和林地上的森林，则定性为商品林。

本次森林法修改，将原森林法第四条关于森林分为防护林、用材林、经济林、薪炭林、特种用途林五大林种的规定从总则中删除，同时在修改后的森林法附则第八十三条规定，森林按照用途可以分为防护林、特种用途林、用材林、经济林和能源林。这个修改主要是考虑：一是原五大林种的划分有不科学之处。五大林种是根据森林的用途划分的，但是实际上每片森林都可以有多重用途。如水源涵养林属于防护林，但是水源涵养林也可以用于科学实验，而用于科学实验的森林界定为特种用途林；如生产木材为主的森林属于用材林，而生产工业原料的属于经济林，生产燃料的为薪炭林，但是林木不仅可以作为木材使用，也可以作为工业原料使用，还可以作为燃料使用；等等。林种划分上的不科学，甚至相互交叉，不利于对其设定不同的法律制度。二是五大林种本身的划分没有法律制度规范的意义；从森林法分则的条文看，分则的法律规范与五大林种没有密切关联。这样，无论从逻辑上和实际意义上都没有必要继续在总则中规范五大林种。森林法在附则中出现了五大林种（其中“薪炭林”修改为“能源林”），其目的主要是与原森林法在法律制度上衔接，不宜于将五大林种的概念完全删除。当前，关于防护林、经济林等，制定了一些地方性法规、部门规章或者规范性文件。这些法规、规章或者规范性文件应当按照新森林法进行修改完善，当然若不与上位法冲突，则继续有效。

二、突出主导功能，发挥多种功能

实行公益林和商品林分类经营管理，其实质是根据生态区位重要性、森林生态状况等情况对林地、林木加以区分，并分别规定不同的法律制度。这样，通过制度的约束，可以保障两类林各自突出主导功能，发挥多种功能。

森林具有生态功能、经济功能和社会功能。但是具体到某一林地和林地上的森林，受到自然条件和经济社会发展条件的限制，人们对其发挥的主导功能的期望也不同。例如，一些森林位于江河源头，在涵养水源等生态功能方面作用特别重要，这些森林就必须加强保护，而不能追求其经济效益最大化。又如，一些荒漠化、沙漠化等生态脆弱的地区，迫切需要通过植树造林改善生态，可能多年持续投入但是没有经济效益。同时，一些地方立地条件好，气候适宜，林木生长快，就可以充分发挥其商品属性，可以采取集约化经营措施，满足人类社会对森林产品的物质需求，同时提高经营管理者的经济效益。

公益林应当主要发挥生态功能，兼顾经济功能和社会功能。划定生态公益林的标准，是生态区位重要或者生态状况脆弱，以发挥生态效益为主要目的。国家对公益林实施严格保护，目的是通过对退化生态系统的重建或者对已有森林生态系统的合理经营，保障森林生态系统的可再生能力及长期健康，发挥好生态功能。对公益林实施管理的方式方法，应当着眼于提高公益林的质量和生态保护功能。森林法第四十九条第二款规定：“县级以上人民政府林业主管部门应当有计划地组织公益林经营者对公益林中生态功能低下的疏林、残次林等低质低效林，采取林分改造、森林抚育等措施，提高公益林的质量和生态保护功能。”公益林的经营管理，可以适度发挥其经济功能和社会功能，但是要以生态功能优先，服从于生态功能。森林法第四十九条第三款规定：“在符合公益林生态区位保护要求和不影响公益林生态功能的前提下，经科学论证，可以合理利用公益林林地资源和森林景观资源，适度开展林下经济、森林旅游等。利用公益林开展上述活动应当严格遵守国家有关规定。”对于林下经济、森林旅游，一方面，可以产生经济效益，发挥好森林的经济功能；另一方面，对社会来说可以提供优质林产品和陶冶人们的情操，因而也是发挥森林的社会功能。另外，公益林改善气候、美化环境等，本身也是发挥社会功能。

商品林主要发挥经济功能，但也要兼顾生态功能和社会功能。森林法第五十一条规定：“商品林由林业经营者依法自主经营。在不破坏生态的前提下，可以采取集约化经营措施，合理利用森林、林木、林地，提高商品林经济效益。”森林法第五十条明确，国家鼓励发展生产木材的森林，生产果品、油料、饮料、调料、工业原料和药材等林产品的森林，生产燃料和其他生物质能源的森林和其他以发挥经济效益为主要目的的森林。商品林的经营要尊重森林保护发展规律，要保护好森林的持续生产能力。发展良好的商品林本身也能够蓄水保土、调节气候、美化环境，因而具有较好的生态功能和社会功能。商品林的经营有两条约束：一是要依法。例如，不得非法改变林地用途和毁坏森林、林木、林地；国家所有的林地和林地上的森林、林木的经营者应当履行保护、培育森林资源的义务，保障国有森林资源稳定增长，提高森林生态功能；商品林采伐应当根据不同情况，采取不同采伐方式，严格控制皆伐面积，伐育同步规划实施，并符合有关采伐技术规程；商品林采伐应当依法办理采伐许可证；等等。二是不得破坏生态。集约化经营措施的实施，必须以不破坏生态为前提。

三、培育稳定、健康、优质、高效的森林生态系统

森林生态系统在维护陆地生命支持系统中具有不可替代性。为了保持森林生态系统的生产力和可再生能力，必须培育稳定、健康、优质、高效的森林生态系统。这一规定具有两层含义：

一是对于某一块具体的林地和林地上的森林来说，无论其属于公益林还是商品林，都要追求培育稳定、健康、优质、高效的森林生态系统。例如，公益林的经营管理，应当着重于提高质量，增加蓄积，保持生物多样性，实现森林物质和能量的良性循环。商品林的经营管理，也应当科学规划、因地制宜，优化林种、树种结构，合理使用乡土树种和营造混交林，加强林木的保护、培育，增强森林生态系统的稳定性。商品林的利用，应当有计划、有步骤地进行，减少砍伐性的利用，注重非木质产品的利用，多采用轮伐、渐伐等措施，不可以大面积一次皆伐。这样，商品林的经营管理能够从暂时的局部不稳定状态较快地恢复到稳定状态。

二是对于整个森林生态系统来说，要达到稳定、健康、优质、高效的状态。通过公益林和商品林的合理划分，同时在两类林经营管理中都贯彻好可持续发展的理念，从而建设好整个森林生态系统，整体上实现好和发挥好森林的多种功能，从而为经济社会文化的发展提供坚实的生态环境基础。

相关规定

《中共中央、国务院关于全面推进集体林权制度改革的意见》，《深化农村改革综合性实施方案》

第七条 **国家建立森林生态效益补偿制度，加大公益林保护支持力度，完善重点生态功能区转移支付政策，指导受益地区和森林生态保护地区人民政府通过协商等方式进行生态效益补偿。**

条文主旨

本条是关于国家建立森林生态效益补偿制度的规定。

立法背景

本条是此次修改新增的规定，主要是在认真总结我国森林生态效益补偿实践经验的基础上，确立森林生态效益补偿制度，通过多种形式的生态效益补偿促进森林生态环境保护。

条文解读

一、森林生态效益补偿制度

森林生态效益补偿，是调整森林资源保护发展中涉及的利益关系的重要手段，它通过对森林生态保护组织或者个人等林业经营主体、森林生态保护地区予以补偿，以弥补其因森林生态保护而付出的成本和遭受的损失，提高其保护和发展森林资源的积极性，建设稳定健康的森林生态系统。

建立生态补偿制度是党中央的明确要求。党的十八大提出，保护生态环境必须依靠制度，建立体现生态价值和代际补偿的资源有偿使用制度和生态补偿制度。十八届三中全会进一步指出，实行资源有偿使用制度和生态补偿制度；坚持谁受益、谁补偿原则，完善对重点生态功能区的生态补偿机制，推动地区间建立横向生态补偿制度。2015年《中共中央、国务院关于生态文明体制改革总体方案》指出，探索建立多元化补偿机制，逐步增加对重点生态功能区转移支付，完善生态保护成效与资金分配挂钩的激励约束机制。制定横向生态补偿机制办法，以地方补偿为主，中央财政给予支持。2016年《国务院办公厅关于健全生态保护补偿机制的意见》指出，到2020年，实现森林、草原、湿地、荒漠、海洋、水流、耕地等重点领域和禁止开发区域、重点生态功能区等重要区域生态保护补偿全覆盖，补偿水平与经济社会发展状况相适应，跨地区、跨流域补偿试点示范取得明显进展，多元化补偿机制初步建立，基本建立符合我国国情的生态保护补偿制度体系，促进形成绿色生产方式和生活方式。2019年8月，习近平总书记在中央财经委员会第五次会议上讲话指出："全面建立生态补偿制度。"

我国多部法律对生态补偿作出了规定。2009年全国人大常委会作出关于积极应对气候变化的决议，明确"建立健全生态补偿机制，形成有利于积极应对气候变化的政策导向和体制机制"。2014年通过的环境保护法第十七条作出"国家建立、健全生态保护补偿制度"之规定，第三十一条第二款作出"国家加大对生态保护地区的财政转移支付力度。有关地方人民政府应当落实生态保护补偿资金，确保其用于生态保护补偿"之规定，第三款作出"国家指导受益地区和生态保护地区人民政府通过协商或者按照市场规则进行生态保护补偿”之规定，海洋环境保护法、草原法等其他法律也规定了生态保护补偿制度。

1998 年森林法修改时，增加了关于森林生态效益补偿基金的内容，明确“国家设立森林生态效益补偿基金，用于提供生态效益的防护林和特种用途林的森林资源、林木的营造、抚育、保护和管理”。2003 年，《中共中央、国务院关于加快林业发展的决定》要求将“森林生态效益补偿基金分别纳入中央和地方财政预算，并逐步增加资金规模”。2008 年《中共中央、国务院关于全面推进集体林权制度改革的意见》要求“各级政府要建立和完善森林生态效益补偿基金制度，按照‘谁开发谁保护、谁受益谁补偿’的原则，多渠道筹集公益林补偿基金，逐步提高中央和地方财政对森林生态效益的补偿标准”。

修改后的森林法肯定了森林生态效益补偿的有关内容并加以丰富和完善，主要的变化有：一是明确了森林生态效益补偿制度。将森林生态效益补偿作为一个制度写入法律，为完善森林生态效益补偿有关措施提供了法治保障。二是删除了“基金”的规定。森林法不再强调设立森林生态效益补偿基金。这是因为近年来，随着国家治理体系和治理能力现代化的推进，国家逐步理顺财政收支的有关制度，清理整顿各地区、各部门以征收、提取、价外附加、税费附加等各种形式向公民、法人和其他组织筹集建立的具有专项用途的各种政府性基金（包括资金、附加和专项收费）。为此，草案删除了设立有关基金的规定。三是森林生态效益补偿制度涉及的内容更加丰富。原森林法的森林生态效益补偿基金主要用于对公益林的补偿。而森林生态效益补偿制度是对保护森林资源或者提供生态服务功能的主体或者地区予以补偿的制度的总称。新法明确规定了公益林补偿、重点生态功能区转移支付、受益地区和森林生态保护地区人民政府通过协商等方式进行生态效益补偿，等等。随着经济社会的发展，森林生态效益补偿制度的具体内容和具体方式也可以越来越丰富。

二、公益林保护支持

国家根据生态保护的需要划定为公益林，并对公益林实施严格保护。公益林地和林地上的森林的权利人自主经营的权利受到限制，一方面，不能通过商品交换取得等价报酬，通过经营林地和林木获得的收益减少；另一方面，公益林的营造、抚育、保护和管理都需要付出成本。为了保护公益林权利人的经济利益，保障公益林生态效益的稳定发挥，必须通过一定的保护支持机制，弥补其损失并使其获得一定收益。

从实践来看，2001 年，中央财政开始安排森林生态效益补助资金，在河北等 11 个省区开展试点，对区划界定的公益林的营造、抚育、保护和管理进行补助，补助面积为 2 亿亩，标准为每亩每年 5 元。2004 年，中央建立森林生态效益补偿制度，全国27个省（自治区、直辖市）也相继建立了地方森林生态效益补偿制度，对中央财政补偿制度形成重要补充。公益林补偿的标准逐步提高。目前中央财政对国有国家级公益林补偿补助标准为每年每亩10元，集体和个人所有的国家级公益林补偿补助标准为每年每亩16元。

修改后的森林法对公益林的支持保护措施作出了规定。第二十九条规定："中央和地方财政分别安排资金，用于公益林的营造、抚育、保护、管理和非国有公益林权利人的经济补偿等，实行专款专用。具体办法由国务院财政部门会同林业主管部门制定。"第四十八条第三款规定："公益林划定涉及非国有林地的，应当与权利人签订书面协议，并给予合理补偿。"概括对公益林保护提供支持的规定，主要有：一是中央和地方财政应当确保资金，保障公益林营造、抚育、保护、管理和非国有公益林权利人的经济补偿等方面的资金需要。二是公益林有关资金应当专款专用，不得挪作他用。公益林有关资金不得用作公益林之外的用途。三是公益林划定涉及非国有林地的，应当给予权利人合理补偿。非国有林地，指集体所有的林地，包括集体经营的林地和已经承包的林地。权利人，包括集体经济组织、承包人、经营人等。合理补偿，意味着补偿标准应当按照经济社会发展水平、权利人付出的成本或遭受的损失等因素综合确定，达到调动权利人森林资源保护发展的积极性的目的。

三、重点生态功能区转移支付政策

国家重点生态功能区是指承担水源涵养、水土保持、防风固沙和生物多样性维护等重要生态功能，关系全国或较大范围区域的生态安全，需要在国土空间开发中限制进行大规模高强度工业化城镇化开发，以保持并提高生态产品供给能力的区域。国家重点生态功能区的保护和管理，要遵循以下基本原则：一是坚持生态主导、保护优先。把保护和修复生态环境、增强生态产品生产能力作为首要任务，坚持保护优先、自然恢复为主的方针，实施生态系统综合管理，严格管制各类开发活动，加强生态环境监管和评估，减少和防止对生态系统的干扰和破坏。二是坚持严格准入、限制开发。按照生态功能恢复和保育原则，实行更有针对性的产业准入和环境准入政策与标准，提高各类开发项目的产业和环境门槛。根据区域资源环境承载能力，坚持面上保护、点状开发，严格控制开发强度和开发范围，禁止成片蔓延式开发扩张，保持并逐步扩大自然生态空间。三是坚持示范先行、分步推进。选择有典型代表性的不同类型国家重点生态功能区进行试点，探索限制开发区域科学发展的新模式，探索区域生态功能综合管理的新途径，创新区域保护和管理的新机制。国家重点生态功能区保护与森林密切相关，保护发展森林资源是国家重点生态功能区保护的重要内容。

国家健全生态补偿机制，对国家重点生态功能区实施财政转移支付力度，促使地方政府加大生态环境保护力度，提升当地政府基本公共服务保障能力。最早在 2008 年，国家就开始试点实施国家重点生态功能区转移支付制度，将天然林保护、青海三江源生态保护和南水北调等国家重点生态工程所涉及的 230 个县纳入国家重点生态功能区转移支付补助范围，补助总额 60 亿元。2009 年，中央财政又将“水土保持”与“防风固沙”两类生态工程支出全部纳入国家重点生态功能区转移支付补助范围，全额补足其标准收支缺口，并且对于生态建设与环境保护工作做得相对较好、森林覆盖率提高的有关省份予以奖励；当前获得资金补助的县级单位数量超过了 280 个，转移支付总额 120 亿元。2010 年，国家出台《全国主体功能区规划》后，生态类限制开发区、三江源和南水北调中线水源地等全部纳入中央财政的重点生态功能区转移支付补助范围，涉及 451 个县域。其中，对于生态类限制开发区域，通过提高该地区标准收支缺口补足比例计算补助数额并由中央财政统一给予补助，补助范围达到我国国土总面积的 38%。对于禁止类开发区域（以世界文化自然遗产、国家级自然保护区和风景名胜区等为主），中央财政按照各省所有的国家级禁止开发区的个数和面积予以适当的补助，补助范围约占全国国土总面积的 12.5%。将 25 个国家层面重点生态功能区（指涉及全国或大覆盖区域生态环境安全的生态区域），分为“水源涵养型、水土保持型、防风固沙型和生物多样性维护型”四大类型。2012 年，财政部调整了转移支付办法，补助资金着重倾斜于财力不足、生态环境较差的地区，对于各个重点生态功能区的资金缺口（主要指用于环境生态保护的部分）在一定程度上予以补足，同时对因采取环境保护措施而受损的经济发展机会成本予以补偿，明确了转移支付资金补助的覆盖范围、分配标准和监督办法，补偿资金金额主要由受偿地区标准财政收支缺口基础，综合考虑地理、气候以及人口等因素进行核实。

2016 年，财政部专门制定了《中央对地方重点生态功能区转移支付办法》对禁止开发补助部分和引导性补助部分作出修改，引导性补助要求省以下建立完善生态保护补偿机制和有关示范试点，对该项补助进行规范；对于禁止开发补助则提出了禁止开发补助主要向国家森林公园和国家自然保护区两类区域倾斜。此后，财政部每年出台转移支付办法，不断在支持范围、补偿机制方面予以调整和完善。按照 2019 年的《中央对地方重点生态功能区转移支付办法》规定，（1）转移支付支持范围。包括：重点生态县域，指限制开发的国家重点生态功能区所属县（县级市、市辖区、旗、林业局等）；其他生态功能重要区域，包括“三区三州”等深度贫困地区、京津冀（对雄安新区及白洋淀周边区县单列）、海南以及长江经济带等相关地区；国家级禁止开发区域；国家生态文明试验区、国家公园体制试点地区等试点示范和重大生态工程建设地区；选聘建档立卡人员为生态护林员的地区。（2）转移支付资金分配的原则。一是公平公正，公开透明。选取客观因素进行公式化分配，转移支付办法和分配结果公开。二是分类处理，突出重点。根据生态类型、财力水平、贫困状况等因素对转移支付对象实施分档分类的补助，体现差异、突出重点。三是注重激励，强化约束。建立健全生态环境保护综合评价和奖惩机制，激励地方加大生态环境保护力度，提高资金使用效率。（3）转移支付资金补助计算方法。中央对某省转移支付应补助额 = 重点补助 + 禁止开发补助 + 引导性补助 + 生态护林员补助 ± 绩效考核奖惩资金。省级财政部门应当根据本地实际情况，制定省以下重点生态功能区转移支付办法。四是享受转移支付的地区应当切实增强生态环境保护意识，将转移支付资金用于保护生态环境和改善民生，加大生态扶贫投入，不得用于楼堂馆所及形象工程建设和竞争性领域，同时加强对生态环境质量的考核和资金的绩效管理。

国家重点生态功能区转移支付制度实施十多年来，切实提升了生态功能区的面积和生态环境的质量。同时，国家和各地方也需要及时总结经验，完善政策，进一步明确生态环境保护的政策导向，提高转移支付资金管理水平和使用效率，建立转移支付范围动态调整机制等等，为我国生态文明建设作出更大贡献。

四、跨地区生态效益补偿

生态补偿，既包括纵向生态补偿，即中央对地方的转移支付，也包括横向生态补偿，后者也叫跨地区（区际）生态补偿，是指受益地区对生态保护地区的补偿。横向生态补偿的目的是形成受益者付费、保护者得到合理补偿的机制。本条规定了国家指导受益地区和森林生态保护地区人民政府通过协商等方式进行生态效益补偿。

当前，我国的跨地区生态补偿还处于探索阶段，探索领域主要是以水质为标准实施河流上下游的横向生态补偿。一是跨省级的生态补偿。例如，2007 年，北京市决定每年支付 2000 万元给张家口、承德地区，用于治理环境污染和补偿农民的经济损失。2012 年，安徽和浙江两省探索开展了新安江跨流域生态补偿，如果年度水质达标，下游浙江省付给上游安徽省 1 亿元，否则相反；2015 年补偿金额上升至 2 亿元。2016 年 3 月，广西壮族自治区人民政府与广东省人民政府签署关于九洲江流域水环境补偿的协议，约定两省各出资 3 亿元共同设立九州江流域水环境补偿资金，补偿广西壮族自治区玉林市下辖的陆川县、博白县。2018 年 12 月，重庆、湖南两省（市）签署了酉水流域横向生态保护补偿协议，以两地交界处的水质为依据，若达到国家考核目标，湖南省拨付补偿资金给重庆市；若不达标则重庆市拨付补偿资金给湖南省。二是省内生态补偿。例如，湖南省在湘江干流及舂陵水、渌水、耒水、洣水、蒸水、涟水、潇水等流域面积超过5000平方公里及流域长度超过150公里的一级支流流经的市和县市，包括湘江流域8市及34个相关县市实行以跨市、县断面进行水质、水量目标考核奖罚的方式探索跨行政区域的生态补偿；按照“以罚为主、改善优先、适当奖励”的原则，湘江流域水质水量生态补偿实行“两奖两罚”，即水质优质奖励、水质改善奖励和水质劣质处罚、水质恶化处罚。

虽然当前生态补偿的探索集中在水资源上，但是为森林生态效益补偿机制的建立提供了参考。一方面，森林在水土保持、净化水环境等方面发挥了重要作用；另一方面，因为森林在净化空气方面具有独特作用，所以地区之间的森林生态效益补偿仍然具有特殊性，不能简单地将流域生态补偿等同于或者取代森林生态效益补偿。今后，要在地区间森林生态效益补偿的依据和标准、补偿金的分配等方面逐步探索，完善跨地区森林生态效益补偿机制。

相关规定

《中华人民共和国环境保护法》第三十一条，《中共中央、国务院关于加快林业发展的决定》，《中共中央、国务院关于全面推进集体林权制度改革的意见》

第八条 国务院和省、自治区、直辖市人民政府可以依照国家对民族自治地方自治权的规定，对民族自治地方的森林保护和林业发展实行更加优惠的政策。

条文主旨

本条是关于对民族自治地方实行优惠政策的规定。

立法背景

本条以原森林法第九条为基础进行了修改。原森林法第九条规定："国家和省、自治区人民政府，对民族自治地方的林业生产建设，依照国家对民族自治地方自治权的规定，在森林开发、木材分配和林业基金使用方面，给予比一般地区更多的自主权和经济利益。"主要改动是：第一，将"国家"改为"国务院"；第二，增加了"直辖市人民政府"这一主体；第三，将"在森林开发、木材分配和林业基金使用方面，给予比一般地区更多的自主权和经济利益"改为"对民族自治地方的森林保护和林业发展实行更加优惠的政策"。

条文解读

一、民族区域自治政策与民族自治地方自治权

我国宪法规定："各少数民族聚居的地方实行区域自

治”。民族区域自治是中国共产党运用马克思列宁主义解决我国民族问题的基本政策，是国家的一项基本政治制度。民族区域自治是在国家统一领导下，各少数民族聚居的地方实行区域自治，设立自治机关，行使自治权。实行民族区域自治，体现了国家充分尊重和保障各少数民族管理本民族内部事务权利的精神，体现了国家坚持实行各民族平等、团结和共同繁荣的原则。

民族自治地方分为自治区、自治州、自治县。民族自治地方设立自治机关，包括自治区、自治州、自治县的人民代表大会和人民政府。

民族区域自治地方的自治机关行使宪法规定的地方国家机关的职权，同时依照宪法和民族区域自治法以及其他法律规定的权限行使自治权，根据本地方的实际情况贯彻执行国家的法律、政策。自治机关必须维护国家的统一，保证宪法和法律在本地方的遵守和执行。根据本地方的情况，在不违背宪法和法律的原则下，自治机关有权采取特殊政策和灵活措施，加速民族自治地方经济、文化建设事业的发展。

根据宪法、立法法、民族区域自治法和其他有关法律的规定，民族自治地方的自治机关的自治权中，有两条与森林法直接相关。民族区域自治法第二十七条第一款规定："民族自治地方的自治机关根据法律规定，确定本地方内草场和森林的所有权和使用权。"第二款规定："民族自治地方的自治机关保护、建设草原和森林，组织和鼓励植树种草。禁止任何组织或者个人利用任何手段破坏草原和森林。严禁在草原和森林毁草毁林开垦耕地。”第二十八条规定：“民族自治地方的自治机关依照法律规定，管理和保护本地方的自然资源。民族自治地方的自治机关根据法律规定和国家的统一规划，对可以由本地方开发的自然资源，优先合理开发利用。”

同时，根据宪法和民族区域自治法等法律规定，上级国家机关保障民族自治地方的自治机关行使自治权，并且依据民族自治地方的特点和需要，努力帮助民族自治地方加速社会主义事业建设。

二、对民族自治地方的森林保护和林业发展实行更加优惠的政策

（一）森林开发、木材分配和林业基金等原森林法的规定已经与新形势新情况不相适应

一是森林开发的提法与新时代生态文明建设的要求不符。生态文明建设注重坚持生态优先、保护优先，促进自然资源的可持续利用。修改后的森林法遵循生态文明建设的要求，强调保护、培育和合理利用森林资源，而不是一味进行森林开发。当前，民族自治地方的森林资源应当按照森林法的规定，坚持生态优先、保护优先，尊重森林资源发展的规律，加强保护、培育，进行合理利用。二是木材分配是计划经济时期实行配给制留下来的提法。当前这种计划经济时期的手段已经不复存在。三是林业基金。原

森林法规定了林业基金制度，其设计初衷是由国家对林业的投资、各级财政的拨款、银行的贷款、按照规定提取的育林基金和更新改造资金、接受的捐赠款、经过批准的其他资金组成林业基金，主要用于营林生产性支出，由各级林业部门按照规定权限分级管理，专款专用，年终结余允许跨年度使用。但是长期以来由于各种原因，育林基金并没有单独建立起来。综上所述，森林法删除了关于对民族自治地方在森林开发、木材分配和林业基金使用方面给予比一般地区更多的自主权和经济利益的表述，修改为对民族自治地方的森林保护和林业发展实行更加优惠的政策。

（二）修订后森林法规定的对森林保护和林业发展的优惠政策

新森林法对森林保护和林业发展作出了不少规定。有的是政策支持性的，如国家采取财政、税收、金融等方面的措施，支持森林资源保护发展；各级人民政府应当保障森林生态保护修复的投入，促进林业发展；中央和地方财政分别安排资金，用于公益林的营造、抚育、保护、管理和非国有公益林权利人的经济补偿等，实行专款专用；国家通过贴息、林权收储担保补助等措施，鼓励和引导金融机构开展涉林抵押贷款、林农信用贷款等符合林业特点的信贷业务；县级以上人民政府依法对森林保险提供保险费补贴；各级人民政府应当加强林业基础设施建设；等等。对这些支持性措施，国务院和省、自治区、直辖市人民政府可以根据法律规定依据实际情况对民族自治地方实行更加优惠的政策。

（三）整体上理解和把握好本条规定

综上所述，整体上理解和把握本条规定应注意以下几个方面：一是政策实施的主体是国务院和省、自治区、直辖市人民政府。国务院可以针对自治区、自治州、自治县等制定优惠政策；省、自治区、直辖市可以制定适用于本行政区域内的优惠政策。二是优惠政策必须符合民族自治地方自治权的有关规定。有关事项必须属于自治权的内容，制定政策有程序性要求的还必须依法依规经过有关程序。三是政策实施所针对的是民族自治地方，是一个地域范围。即若优惠政策是针对自治区的，则自治区内的各类组织和个人享受同样的优惠政策，不得因民族差异而实施不同的政策；针对自治州、自治县的政策也应如此。

相关规定

《中华人民共和国宪法》第一百一十七条、第一百一十八条、第一百二十二条，《中华人民共和国民族区域自治法》第二十七条、第二十八条、第三十二条、第三十四条

第九条　国务院林业主管部门主管全国林业工作。县级以上地方人民政府林业主管部门，主管本行政区域的林业工作。

乡镇人民政府可以确定相关机构或者设置专职、兼职人员承担林业相关工作。

条文主旨

本条是关于林业主管部门的规定。

条文解读

一、国务院林业主管部门

国务院林业主管部门是国务院管理全国林业工作的机关。为加大生态系统保护力度，统筹森林、草原、湿地监督管理，加快建立以国家公园为主体的自然保护地体系，保障国家生态安全，2018年年初，中共中央印发的《深化党和国家机构改革方案》决定，将国家林业局的职责，农业部的草原监督管理职责，以及国土资源部、住房和城乡建设部、水利部、农业部、国家海洋局等部门的自然保护区、风景名胜区、自然遗产、地质公园等管理职责整合，组建国家林业和草原局，由自然资源部管理。国家林业和草原局加挂国家公园管理局牌子。国家林业和草原局的主要职责是，监督管理森林、草原、湿地、荒漠和陆生野生动植物资源开发利用和保护，组织生态保护和修复，开展造林绿化工作，管理国家公园等各类自然保护地等。

森林法没有直接出现“国家林业和草原局”的名称，主要考虑到林业主管部门是指主管林业的政府部门，哪个部门主管林业则哪个部门就是林业主管部门，今后随着经济社会的发展及机构改革的变化，现行的林业管理体制和机构名称有可能发生变化。

二、县级以上地方人民政府林业主管部门

县级以上地方人民政府林业主管部门是指地方人民政府设置的管理本行政区域林业工作的机关。2018 年初中共中央印发的《深化党和国家机构改革方案》，对深化地方机构改革提出了明确要求。特别指出："赋予省级及以下机构更多自主权，突出不同层级职责特点，允许地方根据本地区经济社会发展实际，在规定限额内因地制宜设置机构和配置职能。"按照改革精神，虽然地方各级人民政府的机构设置不一定与中央一一对应。例如，有的省份主管林业的职能放在自然资源局（厅），有的省份在林业和草原局（厅），有的省份有专门的林业局（厅）等。在县级的机构设置也是如此。不管机构名称是什么，只要是主管林业工作的部门，就是林业主管部门。

三、乡镇人民政府的林业工作

长期以来，我国基层有大量的乡镇林业工作站，在基层林业工作中发挥了积极作用。2003 年《中共中央、国务院关于加快林业发展的决定》明确指出，"乡镇林业工作站是对林业生产经营实施组织管理的最基层机构，要充分发挥政策宣传、资源管护、林政执法、生产组织、科技推广和社会化服务等职能和作用"。2008 年《中共中央、国务院关于全面推进集体林权制度改革的意见》强调，要“加强基层林业工作机构建设，乡镇林业工作站经费纳入地方财政预算”。截至 2017 年年底，全国 31 个省份共有乡镇林业工作站 23162 个，覆盖了 91% 的乡镇。其中，19722 个乡镇林业工作站为独立设置，占总站数的 85. 15%；3440 个是加挂在乡镇农业综合服务中心，占总站数的 14. 85%。从设立主体看，全国乡镇林业工作站中，作为县级林业主管部门派出机构（垂直管理）的站有 8456 个，占总站数的 36. 5%；乡镇管理的站有 11491 个，占 49. 6%；县、乡双重管理的站有 3215 个，占 13. 9%。从总人数看，全国共有乡镇林业站职工 9. 4 万人，其中，纳入财政全额人员占 87. 2%。近年来，乡镇林业工作站职工经费纳入财政预算的比例逐年提高。

多年来，按照中央乡镇机构改革精神和林业生态建设任务的需要，各地对林业基层站所进行了大力优化整合，因地制宜地对林业站采取了不同的管理体制，在国家重点生态建设任务较重的林区、山区、沙区，一般为县级林业主管部门派出机构或实行县级林业主管部门为主的管理体制；任务较轻的平原、牧区等，一般实行以乡镇管理或乡镇为主的管理体制。现行的林业站结构基本保证了职能作用的充分发挥，为林业重点生态工程建设提供了重要的基础保障。目前保留下来的林业站是各地在多轮机构改革后，结合本地生态建设和林业改革发展任务，自觉自愿、自主选择的结果。

在乡镇机构改革中，包括乡镇林业站在内的乡镇机构的具体设置和各机构承担的职能可能会产生变化，乡镇人民政府可以根据实际情况确定具体机构或者专职、兼职人员承担林业相关工作，确保林业工作有人负责。

相关规定

《中共中央、国务院关于加快林业发展的决定》，《关于加强乡镇政府服务能力建设的意见》

第十条　植树造林、保护森林，是公民应尽的义务。各级人民政府应当组织开展全民义务植树活动。

每年三月十二日为植树节。

条文主旨

本条是关于义务植树的规定。

立法背景

本条对原森林法第十一条作了修改，增加了植树节的规定，将植树节上升为专门的法律规定，进一步增强广大人民群众植树造林、爱林护林的意识。

条文解读

一、植树造林、保护森林，是公民应尽的义务

植树造林、保护森林，是改善生态环境，实现自然生态系统良性循环的关键举措，是建设社会主义物质文明和精神文明的重要组成部分，是造福子孙后代的千秋大业。

我国历来重视植树造林、保护森林，并从法律上作出具体规定。我国宪法第二十六条第二款规定："国家组织和鼓励植树造林，保护林木"。1979 年通过的森林法试行，对植树造林作出专章规定，明确植树造林是公民应尽的义务。1981 年 12 月 13 日第五届全国人民代表大会第四次会议通过了《关于开展全民义务植树运动的决议》，规定"凡是条件具备的地方，年满十一岁的中华人民共和国公民，除老弱病残者外，因地制宜，每人每年义务植树三至五棵，或者完成相应劳动量的育苗管护和其他绿化任务"。1984 年通过的森林法对植树造林作了专章规定。本次森林法修改，将"植树造林"的章名修改为"造林绿化"，植树造林是其中的重要内容，进一步强化了植树造林的责任，明确了植树造林的有关要求。

这条规定可以从三个方面来理解：一是公民要参与植树造林。二是公民要保护森林。三是公民参与植树造林和保护森林是一项义务。所谓义务，是法律规定的带有强制性的任务，凡是规定范围内的单位与公民都必须履行，并

且不能因此而获得报酬。法律作出这一规定，更重要的是为了提高公民爱林护林意识，倡导公民主动参与森林资源保护培育相关活动。

二、各级人民政府应当组织开展全民义务植树活动

各级人民政府应当组织开展全民义务植树活动，强化了政府在植树造林中的责任，即应当承担好组织协调工作，使公民可以参与到植树活动之中。

关于植树造林，中共中央、国务院和各级地方人民政府出台了不少落实性的规定。1982 年 2 月 27 日，国务院发布了《关于开展全民义务植树运动的实施办法》，规定了造林绿化的具体组织机构、具体实施措施等。2003 年《中共中央、国务院关于加快林业发展的决定》，进一步提出："深入开展全民义务植树运动，采取多种形式发展社会造林。不断丰富和完善义务植树的形式，提高适龄公民履行义务的覆盖面，提高义务植树的实际成效。"

三、每年三月十二日为植树节

1979 年 2 月 23 日，全国人大常委会通过了关于植树节的决议，将每年的 3 月 12 日确定为我国植树节，以动员全国各族人民植树造林，加速绿化祖国。多年来，通过植树节活动，提高了全民义务植树意识。40 多年来，各级人民政府通过努力，我们国家的森林面积、森林覆盖率、森林蓄积均增长了 1 倍左右，人工林的面积居全球第一位。

本次森林法修改，专门增加了植树节的规定，将植树节上升为专门的法律规定，突出体现了对植树造林的重视。这一规定可以进一步增强广大人民群众的爱林护林意识，推动形成各行各业、全国上下共同参与植树造林，建设美丽家园的良好氛围。

相关规定

《中华人民共和国宪法》第二十六条，《中华人民共和国农业法》第六十条，《第五届全国人民代表大会第四次会议关于开展全民义务植树运动的决议》，《国务院关于开展全民义务植树运动的实施办法》，《国务院、中央军委关于军队参加营区外义务植树的指示》，《中共中央、国务院关于加快林业发展的决定》

第十一条　国家采取措施，鼓励和支持林业科学研究，推广先进适用的林业技术，提高林业科学技术水平。

条文主旨

本条是对鼓励和支持林业科学研究，推广先进适用林业技术的规定。

立法背景

本条是对原法第六条规定的修改完善，增加了有关林业技术的要求，突出了适用性。

条文解读

发展现代林业、建设生态文明、推动科学发展，要依靠科技。加快林业科技创新，是促进林业建设和发展的重要支撑，是加快森林资源培育、提升森林资源质量、增强林业应对气候变化能力的迫切要求，是加快林业建设、保障国土生态安全的重要因素，是转变发展方式、推动林业产业升级、实现绿色增长的内生动力，是实现生态发展、兴林富民的有效途径。无论是科学研究选题，还是科技成果推广，都必须扎根林业生态建设和产业发展实际，只有切实解决生产第一线亟待解决的关键技术问题，才能充分发挥科技第一生产力、创新第一驱动力作用，才能增强林业发展的内生动力、提升林业发展的内涵质量。

近年来，在“发展现代林业，建设生态文明，推动科学发展”总体思路的指导下，我国林业和林业科技工作紧紧围绕国家重大战略部署和林业改革发展大局，立足需求，强化应用，在支撑生态建设、引领产业升级、科技扶贫富民等方面取得了明显成效。但尚存在科技创新能力仍显不足，对基础科学和前沿技术研究不够，还有一些亟待解决的技术瓶颈问题制约产业发展；对生态文明建设的推动作用有待进一步加强，成果转化率不高，标准化生产程度有待进一步提高；创新条件建设不够完善，现有的科技资源有待进一步整合；工作机制不够完善，科技体制也有待进一步创新等问题。

与世界林业发达国家相比，我国的林业科学研究与技术推广工作，还有一定的差距，尚不能完全满足实施创新驱动发展战略、建设生态文明和推进林业现代化的要求。加快生态建设步伐，维护国家生态安全，必须继续加强生态脆弱地区植被恢复等技术的推广应用；提升森林质量，维护木材安全，迫切需要加强林木良种选育及高效培育等技术的推广应用；促进林业产业转型升级，推动由林产品生产大国向产业强国转变，必须加快木竹高效加工利用、特色资源开发、林产化工等技术的集成与应用。

此次修改在森林法原有规定的基础上，结合林业科学技术推广中的实际情况和问题，在促进科技成果转化法、农业技术推广法等法律有关规定的基础上，进一步明确将先进适用的林业技术作为林业技术推广的重点，与农业技术推广法的规定相适应。

相关规定

《中华人民共和国环境保护法》第七条，《中共中央、国务院关于加快林业发展的决定》

第十二条 各级人民政府应当加强森林资源保护的宣传教育和知识普及工作，鼓励和支持基层群众性自治组织、新闻媒体、林业企业事业单位、志愿者等开展森林资源保护宣传活动。

教育行政部门、学校应当对学生进行森林资源保护教育。

条文主旨

本条是关于加强森林资源保护宣传教育的规定。

立法背景

本条是此次修改新增加的规定，旨在通过各种方式加强森林保护的宣传教育和知识普及，提高全社会保护森林的意识和能力。

条文解读

建设生态文明是关系人民福祉、关乎民族未来的大计，是实现中华民族伟大复兴中国梦的重要内容。森林资源保护对生态文明建设起着至关重要的作用。宣传教育在生态文明建设中是一项基础工程，极其重要。

习近平总书记强调："我们既要绿水青山，也要金山银山。宁要绿水青山，不要金山银山，而且绿水青山就是金山银山""加强宣传教育，树立尊重自然、顺应自然、保护自然的理念”。生态文明是集经济、文化、社会、生态等属性在内的综合体，既改造客观世界，也改造主观世界，是一场涉及生产方式、生活方式、思维方式和价值观念的革命性变革。在这场变革中，人的思维价值影响更加显著，有时甚至起决定性作用，生态文明水平成为国民素质、社会风尚、民族精神的重要衡量。因此，加强宣传教育是建设生态文明的本质要求，也是必然内容。

近年来，在党和政府的高度重视和正确领导下，我国森林资源保护宣传教育和知识普及工作全面推进、深入开展，成为生态文明建设取得重大理论和实践突破的重要法宝。但从现实情况看，加强宣传教育和相关知识普及工作，仍是生态文明建设的当务之急，必须抓紧抓好。

一方面，与生态文明建设的要求相比，全社会生态意识和生态修养仍有明显差距和不足。必须通过加强宣传教育，在全社会牢固树立尊重自然、顺应自然、保护自然的理念，树立良好森林资源是最公平的公共产品、最普惠的民生福祉的理念，树立保护生态环境就是保护生产力、改善生态环境就是发展生产力的理念，使全社会对生态文明建设的认识和理解达到一个新高度，既为生态文明建设营造良好的舆论氛围，又为生态文明注入源源不断的正能量。

另一方面，经过长时间的宣传教育，目前已培育了丰富的文化土壤和良好的社会条件，开展全方位、多领域、深层次的生态文明宣传教育正当其时。同时，全社会对接受高质量、多样化的生态文明宣传教育的需求更加旺盛，加强生态文明宣传教育，提供更多更好的精神食粮、教育产品和文化服务，是顺应人民群众新期待、新愿望的现实要求。据此，此次修改特别明确鼓励和支持基层群众性自治组织、新闻媒体、林业企业事业单位、志愿者等开展森林资源保护宣传教育活动。

加强森林资源保护教育，事关生态文明建设全局，开展好宣传教育，必须建立由政府部门主导、全社会广泛参与的新格局。社会力量要积极参与其中，准确把握职责，发挥自身优势，丰富宣传教育的“多样性”。教育行政部门、学校应当对学生进行森林资源保护教育，做好内容设计、规划制定和导向把握，采用多种形式对学生开展森林资源保护教育。

相关规定

《中共中央、国务院关于加快推进生态文明建设的意见》,《中共中央、国务院关于加快林业发展的决定》

第十三条 对在造林绿化、森林保护、森林经营管理以及林业科学研究等方面成绩显著的组织或者个人，按照国家有关规定给予表彰、奖励。

条文主旨

本条是关于对在造林绿化、森林保护、森林管理及林业科学研究等方面成绩显著的组织或者个人给予表彰、奖励的规定。

条文解读

对林业工作方面成绩显著的组织或者个人予以奖励，既是对工作非常努力、作出贡献、取得重要成果的组织和个人的一种肯定，同时又可以树立榜样和标杆，引导社会各方面力量更好地投入造林绿化、森林保护、森林管理以及林业科学研究等方面，调动各方参与的积极性和主动性。本条延续原法的规定，并对相关词语进行了完善。奖励的措施包括奖励和表彰。奖励的范围主要包括四项，即造林绿化、森林保护、森林经营管理和林业科学研究。

相关规定

《中华人民共和国科学技术进步法》第十五条，《中华人民共和国公务员法》第五十二条，《中华人民共和国劳动法》第六条，《森林防火条例》第十二条

第二章　森林权属

第十四条　森林资源属于国家所有，由法律规定属于集体所有的除外。

国家所有的森林资源的所有权由国务院代表国家行使。国务院可以授权国务院自然资源主管部门统一履行国有森林资源所有者职责。

条文主旨

本条是关于森林资源权属以及所有权行使的规定。

立法背景

此次修改在原法的基础上，进一步明确了国有森林资源所有权的行使。

条文解读

我国宪法第九条明确规定，矿藏、水流、森林、山岭、草原、荒地、滩涂等自然资源，都属于国家所有，即全民所有；由法律规定属于集体所有的森林和山岭、草原、荒地、滩涂除外。民法典第二百五十条规定，森林、山岭、草原、荒地、滩涂等自然资源，属于国家所有，但法律规定属于集体所有的除外。此次森林法修改就森林资源权属的界定延续原法的规定，并与宪法和民法典的规定保持一致，即明确森林资源属于国家所有，由法律规定属于集体所有的除外。

我国许多法律已经明确规定由国务院代表国家行使所有权，民法典明确国有财产由国务院代表国家行使所有权；土地管理法规定全民所有，即国家所有土地的所有权由国务院代表国家行使；矿产资源法规定矿产资源属于国家所有，由国务院行使国家对矿产资源的所有权；水法规定水资源属于国家所有，水资源的所有权由国务院代表国家行使；草原法规定，国家所有的草原，由国务院代表国家行使所有权；海域使用管理法规定，海域属于国家所有，国务院代表国家行使海域使用权。据此，在此次森林法的修改过程中，明确国家所有的森林资源的所有权由国务院代表国家行使，国务院可以授权国务院自然资源主管部门统一履行国有森林资源所有者职责。2018 年，国务院机构改革方案中明确，组建自然资源部，统一行使全民所有自然资源资产所有者职责。在自然资源部的“三定”方案中，进一步明确其履行全民所有土地、矿产、森林、草原、湿地、水、海洋等自然资源资产所有者职责。这一规定也符合现行的我国森林资源管理体制。

相关规定

《中华人民共和国宪法》第九条，《中华人民共和国民法典》第二百四十六条、第二百五十条，《关于统筹推进自然资源资产产权制度改革的指导意见》

第十五条 林地和林地上的森林、林木的所有权、使用权，由不动产登记机构统一登记造册，核发证书。国务院确定的国家重点林区（以下简称重点林区）的森林、林木和林地，由国务院自然资源主管部门负责登记。

森林、林木、林地的所有者和使用者的合法权益受法律保护，任何组织和个人不得侵犯。

森林、林木、林地的所有者和使用者应当依法保护和合理利用森林、林木、林地，不得非法改变林地用途和毁坏森林、林木、林地。

条文主旨

本条是关于森林、林木、林地权属证书核发和权益保护的规定。

立法背景

此次修改，根据不动产登记制度改革的要求，进一步完善了森林、林木和林地的登记制度，明确了国家重点林区的森林、林木和林地，由国务院自然资源主管部门负责登记。

条文解读

一、关于森林、林木、林地权属证书核发

本条第一款是本次森林法修改的内容。森林、林木、林地权属证书是权利人享有森林、林木、林地所有权、使用权的证明，对保护权利人合法财产权具有重要意义。在2013年不动产统一登记职责整合前，权属证书（一般被称林权证）由县级以上人民政府核发，重点林区由国务院林业主管部门根据国务院授权核发。2007年颁布的物权法规定，不动产登记，由不动产所在地的登记机构办理。2013年，中央机构编制委员会办公室印发《关于整合不动产登记职责的通知》，将房屋登记、林地登记、草原登记和土地登记的职责整合由原国土资源部门承担。2019年施行的《不动产登记暂行条例》第四条第一款规定："国家实行不动产统一登记制度。"第七条第一款规定："不动产登记由不动产所在地的县级人民政府不动产登记机构办理；直辖市、设区的市人民政府可以确定本级不动产登记机构统一办理所属各区的不动产登记。"本次修改，进一步落实不动产统一登记制度，删除了原法中关于人民政府核发证书的规定，明确林地和林地上的森林、林木的所有权、使用权，

由不动产登记机构统一登记造册，核发证书。需要说明的是，根据《不动产登记暂行条例》第三十三条第一款“本条例施行前依法颁发的各类不动产权属证书和制作的不动产登记簿继续有效”的规定，在权属关系没有发生变化的情况下，林权证继续有效，不变不换。

二、关于重点林区权属证书核发

本次修改，明确了国务院确定的国家重点林区（简称重点林区），森林、林木和林地，由国务院自然资源主管部门负责登记。1989年，国务院办公厅在《对林业部关于向东北、内蒙古国有林区各林业局核发林权证问题的批复》（国办通〔1989〕36号）中明确规定，“经国务院同意，由林业部核发东北、内蒙古国有林区各林业局的林权证”。分布在内蒙古、吉林、黑龙江三省（区）的国有林区为国家重点林区，由国务院直接管理。目前，重点国有林区林地面积3267万公顷，约占全国林地面积的9.8%。1989年经国务院授权，由原林业部对重点林区确权登记发证，并履行林区森林资源开发利用监管职责。1998年森林法修改明确了“国务院可以授权国务院林业主管部门，对国务院确定的国家所有的重点林区的森林、林木和林地登记造册，发放证书”。不动产统一登记后，不动产登记原则上由不动产所在地的县级人民政府不动产登记机构办理。但由于重点林区的重要地位，以及体现中央政府对森林资源的所有权，《不动产登记暂行条例》第七条第三款对重点林区的不动产登记作出了特别规定。本次修改再次强调了重点林区的森林资源权属由国务院自然资源主管部门登记。

三、关于权利与义务

森林、林木、林地的所有者和使用者的合法权益受到侵害时，可以请求行政机关给予保护，也可以请求司法机关给予保护。森林、林木、林地的所有者和使用者在享有权利的同时，也必须履行法定的义务。本次修改新增第三款，强调了权利人保护和合理利用森林资源的义务。例如，未经批准不得擅自改变林地用途，不得毁坏森林、林木、林地，要按照规定采伐林木并更新造林。

相关规定

《中华人民共和国民法典》第二百一十条，《中华人民共和国农村土地承包法》第二十四条，《不动产登记暂行条例》第四条

第十六条 **国家所有的林地和林地上的森林、林木可以依法确定给林业经营者使用。林业经营者依法取得的国有林地和林地上的森林、林木的使用权，经批准可以转让、出租、作价出资等。具体办法由国务院制定。**

林业经营者应当履行保护、培育森林资源的义务，保证国有森林资源稳定增长，提高森林生态功能。

条文主旨

本条是对国有森林、林木、林地使用权流转的规定。

立法背景

本条是这次修改中新修改的法律规定，主要是为适应新时代国有森林资源改革的要求，促进国有森林资源有效保护和利用，进一步提升国有森林资源的保护和利用水平。

条文解读

一、规范国有森林、林木、林地流转的现实意义

全民所有自然资源是宪法和法律规定属于国家所有的各类自然资源，主要包括国有土地资源、水资源、矿产资源、国有森林资源、国有草原资源、海域海岛资源等。自然资源资产有偿使用制度是生态文明制度体系的一项核心制度。改革开放以来，我国全民所有自然资源资产有偿使用制度逐步建立，国有森林、林木、林地使用权作为生产要素已经进入市场流转，并在实践中发展很快。但是，实践中也产生了一些问题，特别是森林、林木、林地的资产评估体系没有建立，流转方式、审批主体不明确，流转双方的权利义务无明确法律规范，各地执行上不尽统一。例如，有的国有林场将国有森林资源自行转让、抵押，有的地方政府为招商引资将国有森林资源低价长期转让，造成

国有森林资源资产流失。解决上述问题需要在国家层面对国有森林、林木、林地流转进行全面和统一规范。建立国有森林资源资产有偿使用制度，是党中央、国务院关于生态文明体制改革和国有林区、国有林场改革的要求。《生态文明体制改革总体方案》明确将健全资源有偿使用制度作为生态文明制度体系的重要制度。2015 年 3 月，中共中央、国务院印发《国有林场改革方案》和《国有林区改革指导意见》，提出“探索建立国有林场森林资源有偿使用制度”；2016 年 12 月，国务院印发了《国务院关于全民所有自然资源资产有偿使用制度改革的指导意见》（国发〔2016〕82 号），提出“到 2020 年，基本建立产权明晰、权能丰富、规则完善、监管有效、权益落实的全民所有自然资源资产有偿使用制度”，并部署建立国有森林资源有偿使用制度。

二、明确国有森林、林木、林地可以依法确定给林业经营者使用

到目前为止，我国基本上是通过无偿划拨国有森林资源的方式，赋予国有林场、国有林管理局享有经营使用的权利。在森林法修订中，有的部门、专家提出，按照全民所有自然资源资产有偿使用的改革精神，今后除无偿划拨外，还可以允许采取有偿出让、授权经营、出租等方式使用国有森林资源，使用权主体也不应局限于国有林场、国有林管理局。修订后的森林法在立足林业实际、又兼顾今后改革方向的基础上作出了调整，在确定经营使用权的方

式上，既包括无偿划拨，也包括有偿出让等；在获得主体上，包括但不限于国有林业经营者。

三、依法取得的国有林地和林地上的森林、林木的使用权可以以转让、出租、作价出资等方式流转

转让是指林业经营者让渡自己对林地和林地上森林、林木的使用权，具体形式包括买卖、交换、赠与；出租是指林业经营者在保留林地和林地上森林、林木使用权的前提下，让渡在一定期限内占有、使用、收益的权利；作价出资是指林业经营者以使用权作价，出资到投资的企业，获得股权或股份。本次修订在法条表述上为“转让、出租、作价出资等”，为今后进一步扩充流转方式留下了空间。流转要经过批准。因为国有森林资源关系到国有资产的保值增值，为避免随意低价转让，本次修订明确规定应经批准。但是对于以无偿划拨和有偿出让等不同方式获得使用权后的再流转，应当进行有区别性的批准。前者应当更为严格。国有森林资源流转，将随着林业改革发展进一步丰富、发展。因此，本法对森林资源流转只作了原则上的规定，具体办法由国务院另行制定。

四、林业经营者的义务

林业经营者首先要遵守本法第十五条第三款的规定，除此之外，还需要承担保证国有森林资源稳定增长，提高生态功能的义务，例如，必须编制森林经营方案，并按照方案开展森林培育和管护。

相关规定

《国务院关于全民所有自然资源资产有偿使用制度改革的指导意见》,《中共中央、国务院关于加快林业发展的决定》,《国务院关于全民所有自然资源资产有偿使用制度改革的指导意见》

第十七条　集体所有和国家所有依法由农民集体使用的林地（以下简称集体林地）实行承包经营的，承包方享有林地承包经营权和承包林地上的林木所有权，合同另有约定的从其约定。承包方可以依法采取出租（转包）、入股、转让等方式流转林地经营权、林木所有权和使用权。

条文主旨

本条规定了林地承包经营制度、承包方的权利以及林地经营权、林木所有权和使用权的流转方式。

立法背景

本条结合我国农村承包经营制度改革的要求作了修改完善，进一步放活林地经营权、林木所有权和使用权，促进森林资源有效保护和合理利用。

条文解读

一、林地承包经营制度

在农村实行以家庭承包经营为基础、统分结合的双层经营体制，是我国宪法明确规定的农村基本经营制度。宪法、民法典、土地管理法、农村土地承包法等法律规定，农民集体所有和国家所有由农民集体使用的耕地、林地、草地以及其他用于农业的土地，依法实行土地承包经营制度。按照农村土地承包法的规定，农村土地承包采取农村集体经济组织内部的家庭承包方式，不宜采取家庭承包方式的荒山、荒沟、荒丘、荒滩等农村土地，可以采取招标、拍卖、公开协商等方式承包。

集体林地是国家重要的土地资源，是林业重要的生产要素，是农民重要的生活保障。2008 年《中共中央、国务院关于全面推进集体林权制度改革的意见》，明确提出："在坚持集体林地所有权不变的前提下，依法将林地承包经营权和林木所有权，通过家庭承包方式落实到本集体经济组织的农户，确立农民作为林地承包经营权人的主体地位"。因此，按照农村土地有关法律规定和中央要求，巩固集体林权制度改革成果，保护农民承包权益，林地能够实行家庭承包的，要实行家庭承包方式，承包期为 30 年至 50 年；不宜采取家庭承包经营的，采取其他承包方式。关于这两种承包方式的承包原则和程序、发包方和承包方的权利和义务、土地承包经营权的保护、土地经营权的流转、争议的解决和法律责任等，农村土地承包法均作了详细规范。

本条主要对实行家庭承包方式下林地承包方获得的森林权属作了衔接性规定。一是与农村土地承包法相衔接，明确集体所有和国家所有依法由农民集体使用的林地实行承包经营的，承包方依法获得林地承包经营权。二是考虑林业生产经营的特点，以及相对于耕地、草地等农村土地，林地上的林木所有权具有特殊性，规定承包方在享有林地承包经营权的同时，获得承包地上的林木所有权。但是，承包合同另有约定的，则从其约定。也就是说，假如承包合同对承包林地上的林木所有权约定归集体所有，或者归其他主体所有，则应当按照合同约定确定林木所有权。

二、林地经营权、林木所有权和使用权流转

农村土地承包法第九条规定："承包方承包土地后，享有土地承包经营权，可以自己经营，也可以保留土地承包权，流转其承包地的土地经营权，由他人经营。"从而确立了农村土地"三权分置"原则。林地承包方依法获得承包土地后，可以依法流转其林地经营权、林木所有权和使用权。

林地的特殊性在于林地上的林木生长周期长，林木所有权、林木使用权可以单独存在。林地经营权、林木所有权和使用权可以同时流转，也可以分别流转。一般而言，林地经营权流转的，林木所有权和使用权一并流转。但是，承包方也可以单独流转林地经营权，对林木所有权或者使用权另作约定，当事人之间还可以约定不流转林地经营权，而单独流转林木所有权或者使用权。

本条规定的流转方式包括：出租，是指承包方将部分或全部林地、林木在一定期限租赁给本集体经济组织以外的组织或个人从事林业生产经营；转包，是指承包方将部分或全部林地经营权、林木使用权以一定期限转给同一集体经济组织的其他农户从事林业生产经营。入股，是指承包方将部分或全部林地经营权、林木所有权和使用权作价折股加入企业、农民合作社、家庭农场等，并以入股的林地经营权、林木所有权和使用权获得分红。转让，是指承包方将部分或全部林地经营权、林木所有权和使用权依法转让给本集体经济组织的其他农户。此外，《国家林业局关于规范集体林权流转市场运行的意见》（林改发〔2016〕100 号）还列举了互换、抵押或作为合作条件等其他的流转方式。

依照农村土地承包法的规定，承包方采取转让方式流转林地经营权的，应当经发包方同意；承包方以其他方式流转林地经营权的，需要向发包方备案。经承包方书面同意，并向本集体经济组织备案，受让方可以再流转林地经营权。承包方向发包方备案，可以用林地经营权向金融机构融资担保。受让方通过流转取得的林地经营权，经承包方书面同意并向发包方备案，可以向金融机构融资担保。

流转应当遵循以下原则：第一，依法、自愿、有偿，平等协商，任何组织和个人不得强迫或者阻挠；第二，不得改变林地所有权和林地用途；第三，不得改变公益林性质和保护等级；第四，流转的期限不得超过承包期的剩余期限；第五，受让方须有林业经营能力并依法合理开发利用；第六，在同等条件下，本集体经济组织成员享有优先权；第七，坚持公开、公正、公平的原则。

相关规定

《中华人民共和国农村土地承包法》第三十六条，《国务院办公厅关于完善集体林权制度的意见》，《中共中央、国务院关于全面推进集体林权制度改革的意见》

第十八条 **未实行承包经营的集体林地以及林地上的林木，由农村集体经济组织统一经营。经本集体经济组织成员的村民会议三分之二以上成员或者三分之二以上村民代表同意并公示，可以通过招标、拍卖、公开协商等方式依法流转林地经营权、林木所有权和使用权。**

条文主旨

本条是关于集体统一经营的林地、林木经营及流转的规定。

立法背景

本条是此次修改新增加的规定，规定了由集体统一经营的林地、林木的权利以及流转，明确了集体统一经营林地的法律地位，规定了集体统一经营林地经营权、林木所有权和使用权的流转程序和方式。

条文解读

一、集体统一经营的林地

集体林地依法实行承包经营。但是，由于多种原因，不少集体经济组织还保有未实行承包经营的林地。本条规定适用于这类情况，规定未实行承包经营的集体林地及林地上的林木，由农村集体经济组织统一经营。

农村集体统一经营林地，是历史延续下来的客观情况。2003 年，《中共中央、国务院关于加快林业发展的决定》提出，对目前仍由集体统一经营管理的山林，要区别对待，分类指导，积极探索有效的经营形式。凡群众比较满意、经营状况良好的股份合作林场、联办林场等，要继续保持经营形式的稳定并不断完善。对其他集中连片的有林地，可采取“分股不分山、分利不分林”的形式，将产权逐步明晰到个人。对零星分散的有林地，可将林木所有权和林地使用权合理作价后，转让给个人经营。对宜林荒山荒地，可直接采取分包到户、招标、拍卖等形式确定经营主体，也可以由集体统一组织开发后，再以适当方式确定经营主体；对造林难度大的宜林荒山荒地，可通过公开招标的方式，将一定期限的使用权无偿转让给有能力的单位或个人开发经营，但必须限期绿化。不管采取哪种形式，都要经过本集体经济组织成员的民主决策，保护经济组织内部的成员享有优先经营权。2008 年，《中共中央、国务院关于全面推进集体林权制度改革的意见》提出，村集体经济组织可保留少量的集体林地，由本集体经济组织依法实行民主经营管理。当前，全国集体林地中，70% 以上集体林地由家庭和个人承包经营，20% 到 30% 的集体林地由集体、专业合作社等经营，集体统一经营林地 6. 17 亿亩（包括集体股份制经营 4. 16 亿亩）。

适应农村集体经济组织统一经营林地的实际情况，为明确这部分林地相关的森林权属关系，修改后的森林法明确作出“未实行承包经营的集体林地以及林地上的林木，由农村集体经济组织统一经营”之规定。

二、集体统一经营的林地的流转程序

为了使农村集体经济组织统一经营的林地经营权、林木所有权和使用权流转秩序更加规范，保障农村集体经济组织成员的知情权、参与权、监督权、决策权和集体资产的收益权，法律明确规定，由农村集体经济组织统一经营的集体林地以及林地上的林木所有权和使用权的流转，需要经本集体经济组织成员的村民会议 2/3 以上成员或者 2/3

以上村民代表同意并公示，通过招标、拍卖、公开协商等方式流转。

按照村民委员会组织法的规定，村民会议由本村18周岁以上的村民组成。如果土地是由村集体经济组织或者村民委员会发包的，这里的“村民会议”指村集体范围内的村民会议，即由村集体经济组织成员组成的村民会议；如果土地是由村内各集体经济组织或者村民小组发包的，这里的“村民会议”指村民小组范围内的村民会议。

按照村民委员会组织法的规定，人数较多或者居住分散的村，可以设立村民代表会议，讨论决定村民会议授权的事项。“村民代表”由村民按每5户或者15户推选一人，或者由各村民小组推选若干人。

三、流转方式

1. 招标。又称招标投标，是市场经济条件下促进效率优化资源的一种交易方式，其根本原则是公开、公平、公正和诚实信用。在这种交易方式下，由农村集体经济组织或者村民委员会作为招标方；已经分别属于村内两个以上农村集体经济组织的农民集体所有的，由村内各该农村集体经济组织或者村民小组作为招标方；国家所有依法由农民集体使用的，由使用该土地的农村集体经济组织、村民委员会或者村民小组作为招标方。招标方通过发布招标公告或向有意投标承包的集体经济组织内部成员或外部农业生产者发出招标邀请等方式发出招标信息，表明将选择最能够满足承包要求的农业生产经营者与之签订承包合同的意向，由有意承包的农业生产经营者作为投标方，向招标方书面提出自己相应招标要求的条件，参加投标竞争。经招标方对各投标者的条件进行审查比较后，从中择优选定中标者，并与其签订流转合同。

2. 拍卖。是指以公开竞价的形式，将特定物的财产权利转让给最高应价竞买人的买卖方式。拍卖是一种公开的竞买活动。拍卖的出卖人称为“拍卖人”，参加拍卖的买主称为“竞买人”。拍卖最大的特点是公开性和竞争性。拍卖是由竞买人提出各种标价，通过公开竞争，由拍卖人通过击锤等特定方式接受某项出价的买卖方式。拍卖活动的公开性和竞争性充分体现在拍卖的程序上，它必须经过 3 个步骤：第一步，拍卖人将拍卖物的种类、拍卖处所、拍卖日期及其他必要事项公开告知公众。第二步，在规定的拍卖日期和拍卖地点，拍卖人当众拍卖规定的物品。拍卖的性质决定了竞买人必须是多数人。各竞买人在拍卖过程中可以以竞相抬高价格的方式出价购买。竞买人的出价对他自己有约束力，但是，在拍卖人拍定以前，竞买人可以随时撤回自己的出价。第三步，拍卖人对于竞买人作出的意思表示做出承诺，这种承诺就叫拍定，是拍卖人表示卖定的意思。拍定常用击锤的方式表示。拍卖人就竞买人所出的最高价高呼 3 次后，没有人再出更高价额时，拍卖人就可以击锤拍定。一经拍定，买卖合同便告成立。

3. 公开协商。是指当事人在平等、自愿的基础上，公开就流转的相关事宜进行协商，最终与流转条件最好的受让方依法签订流转合同。

根据农村土地承包法第五十二条第二款的规定，集体统一经营的林地经营权、林木所有权和使用权向本集体经济组织以外流转的，召开本集体经济组织村民会议或者村民代表会议表决通过后，还需报乡（镇）人民政府批准。未经乡（镇）人民政府批准，不得签订流转合同。

相关规定

《中华人民共和国民法典》第三百三十条，《中华人民共和国农村土地承包法》第五十二条，《中共中央、国务院关于全面推进集体林权制度改革的意见》

第十九条 集体林地经营权流转应当签订书面合同。林地经营权流转合同一般包括流转双方的权利义务、流转期限、流转价款及支付方式、流转期限届满林地上的林木和固定生产设施的处置、违约责任等内容。

受让方违反法律规定或者合同约定造成森林、林木、林地严重毁坏的，发包方或者承包方有权收回林地经营权。

条文主旨

本条规定了集体林地经营权流转的合同形式、主要内容，以及收回林地经营权的法定条件。

立法背景

本条是此次修改新增加的规定，明确了集体林地经营权流转的要求，进一步规范了集体林地经营权流转，防止侵害农村集体经营组织及成员的合法权益。

条文解读

一、林地经营权流转

集体林地经营权流转包括实行家庭承包后承包方将承包林地予以流转，也包括集体统一经营林地的流转。流转后，受让方获得林地经营权并依法获得收益。由于林木生长周期长，期间的投入也大，集体林地经营权流转应当签订书面合同，这样可以全面、具体地明确流转双方当事人约定的事项，以便明确双方的权利和义务，共同履行，兑现承诺，减少纠纷。

二、林地经营权流转合同

林地经营权流转合同应当就双方的权利义务作出约定。农村土地承包法第四十条第二款和第三款规定："土地经营权流转合同一般包括以下条款：（一）双方当事人的姓名、住所；（二）流转土地的名称、坐落、面积、质量等级；（三）流转期限和起止日期；（四）流转土地的用途；（五）双方当事人的权利和义务；（六）流转价款及支付方式；（七）土地被依法征收、征用、占用时有关补偿费的归属；（八）违约责任。承包方将土地交由他人代耕不超过一年的，可以不签订书面合同。”林地经营权流转应当具备以上条款。同时，考虑到林地上的特殊性，修改后的森林法第十九条第一款明确规定：“……林地经营权流转合同一般包括流转双方的权利义务、流转期限、流转价款及支付方式、流转期限届满林地上的林木和固定生产设施的处置、违约责任等内容。”相对于一般土地流转合同，林地经营权流转合同要求双方约定流转期限届满林地上的林木和固定生产设置的处置等事项。这样规定主要是考虑了林木特殊性，避免因为权利义务约定不清而产生纠纷。

三、收回林地经营权的情形

林地经营权流转建立在双方自愿的基础上，双方不得随意解除合同。但是法律规定了发包方或者承包方可以解除合同的情形。根据农村土地承包法第四十二条的规定，受让方有下列情形之一的，承包方可以单方解除土地经营权流转合同：（一）擅自改变土地的农业用途；（二）弃耕抛荒连续两年以上；（三）给土地造成严重损害或者严重破坏土地生态环境；（四）其他严重违约行为。森林法本条第二款规定：“受让方违反法律规定或者合同约定造成森林、林木、林地严重毁坏的，发包方或者承包方有权收回林地经营权。”这里的“造成森林、林木、林地严重毁坏的”情形，例如违反本法第三十九条的规定，毁林开垦、采石、采砂、采土以及其他毁坏林木和林地的行为，向林地排放重金属或者其他有毒有害物质含量超标的污水、污泥，以及可能造成林地污染的清淤底泥、尾矿、矿渣等，在幼林地砍柴、毁苗、放牧等。

相关规定

《中华人民共和国农村土地承包法》第四十条，《国务院办公厅关于完善集体林权制度的意见》

第二十条 国有企业事业单位、机关、团体、部队营造的林木，由营造单位管护并按照国家规定支配林木收益。

农村居民在房前屋后、自留地、自留山种植的林木，归个人所有。城镇居民在自有房屋的庭院内种植的林木，归个人所有。

集体或者个人承包国家所有和集体所有的宜林荒山荒地荒滩营造的林木，归承包的集体或者个人所有；合同另有约定的从其约定。

其他组织或者个人营造的林木，依法由营造者所有并享有林木收益；合同另有约定的从其约定。

条文主旨

本条是关于营造林木的所有权归属的法律规定。明确了国家、集体、个人及其他权利人营造林木的林权归属。

条文解读

我国总体上仍然是一个缺林少绿的国家，为了加快推进国土绿化和生态修复进程，鼓励各种社会主体跨所有制、跨行业、跨地区植树造林和投资发展林业，充分调动各方面造林、育林、护林的积极性，本条根据“谁造谁有、合造共有”的原则，从法律上明确规定了营造的林木归营造的组织和个人所有。进一步明确非公有制林业的法律地位，凡有能力的农户、城镇居民、科技人员、私营企业主、企事业单位和机关团体的干部职工等，都可单独或合伙参与林业开发，从事林业建设。

一、国家营造的林木权属

本条第一款规定，国有企业事业单位、机关、团体、部队营造的林木，其林木所有权归国家所有，由造林单位负责管理和保护，并按照国家有关规定支配林木收益。根据第九次全国森林资源清查（2014—2018 年）结果显示的林木权属统计，国家所有占 37.92%，集体所有占 17.75%，个人所有占 44.33%。

二、个人营造的林木权属

本条第二款规定，农村居民在其房前屋后、自留地、自留山种植的林木，以及城镇居民在自有房屋的庭院内种植的林木，完全归个人所有。这属于个人私有财产的一部分，个人应当享有占用、使用、收益和处分的权利，允许依法继承，合法权益受到法律的保护。

三、承包营造的林木权属

本条第三款是关于承包宜林荒山荒地荒滩造林的权属的规定。依照本条该款的规定，集体或者个人承包国家所有和集体所有的宜林荒山荒地荒滩造林的，林地所有权不变，承包后种植的林木归承包的集体或者个人所有；如果承包合同对种植的林木权属和收益等另有约定的，按照承包合同的约定执行。荒山，是指树木郁闭度小于10%，表层为土质，生长杂草的宜林山地；荒地，是指尚未开垦种植或曾开垦而长期废弃的土地；荒滩，是指河滩、海滩等浅滩。国有荒山、荒地、荒滩是国家重要的土地后备资源，对其进行开发从事种植业、林业、畜牧业、渔业生产，是增加农用地面积，促进后备资源开发的重要途径。

根据农村土地承包法的规定，通过招标、拍卖、公开协商等方式取得农村土地中宜林荒山荒地荒滩土地经营权的，可以依法流转土地经营权。该承包人死亡，其应得的承包收益，依照有关法律的规定继承；在承包期内，其继承人可以继续承包。

四、其他组织和个人营造的林木

本条第四款规定，其他组织和个人营造的林木，归该营造者所有，并有占用、使用、收益和处分的权利。如果与相关权利人签订的合同对种植的林木权属和收益等另有约定的，按照合同的约定执行。

需要指出的是，法律上明确规定了营造的林木归营造的组织和个人所有，合法权益受法律保护，任何组织和个人不得侵犯。

相关规定

《中华人民共和国森林法实施条例》第十五条，《中共中央、国务院关于加快林业发展的决定》

第二十一条　为了生态保护、基础设施建设等公共利益的需要，确需征收、征用林地、林木的，应当依照《中华人民共和国土地管理法》等法律、行政法规的规定办理审批手续，并给予公平、合理的补偿。

条文主旨

本条规定了因生态保护、基础设施建设等公共利益需要征收、征用林地、林木的程序规则以及对权利人的损失补偿。

立法背景

本条是此次修改新增加的规定，主要是结合土地管理法等相关法律的修改，明确征收、征用林地、林木的要求及补偿原则，保护林地、林木所有权人的合法权益。

条文解读

一、征收征用的范围

为了生态保护、基础设施建设等公共利益，需要征收、征用林地、林木的，应当符合法律关于征收征用的规定。宪法第十条和第十三条的规定，国家为了公共利益的需要，可以依照法律规定对土地实行征收或者征用并给予补偿。国家为了公共利益的需要，可以依照法律规定对公民的私有财产实行征收或者征用并给予补偿。民法典第一百一十七条规定，为了公共利益的需要，依照法律规定的权限和程序征收、征用不动产或者动产的，应当给予公平、合理的补偿。征收林地、林木，被征收者丧失了对林地、林木的所有权等权利，国家应当予以补偿。国家征收征用林地，一般伴随着对林木的征收征用，在特殊情形下，国家也可能只征收征用林木而不征收林地。

国家征收征用林地，应当符合土地管理法规定的征收征用土地的范围。2019 年 8 月，十三届全国人大常委会第十一次会议通过了土地管理法修正案。修改后的土地管理法第四十五条第一款规定："为了公共利益的需要，有下列情形之一，确需征收农民集体所有的土地的，可以依法实施征收：（一）军事和外交需要用地的；（二）由政府组织实施的能源、交通、水利、通信、邮政等基础设施建设需要用地的；（三）由政府组织实施的科技、教育、文化、卫生、体育、生态环境和资源保护、防灾减灾、文物保护、社区综合服务、社会福利、市政公用、优抚安置、英烈保护等公共事业需要用地的；（四）由政府组织实施的扶贫搬迁、保障性安居工程建设需要用地的；（五）在土地利用总体规划确定的城镇建设用地范围内，经省级以上人民政府批准由县级以上地方人民政府组织实施的成片开发建设需要用地的；（六）法律规定为公共利益需要可以征收农民集体所有的土地的其他情形。"第二款规定："前款规定的建设活动，应当符合国民经济和社会发展规划、土地利用总体规划、城乡规划和专项规划；第（四）项、第（五）项规定的建设活动，还应当纳入国民经济和社会发展年度计划；第（五）项规定的成片开发并应当符合国务院自然资源主管部门规定的标准。"

为了保护林地，本次森林法修改对征收林地作了严格规定。森林法第三十六条规定："国家保护林地，严格控制林地转为非林地，实行占用林地总量控制，确保林地保有量不减少。各类建设项目占用林地不得超过本行政区域内的占用林地总量控制指标。"所以，征收林地，除要符合土地管理法关于可以依法实施征收的几种情形的规定外，各地方建设项目占用林地的数量，必须在设定的林地总量控制指标以内。

二、审批手续

关于征收林地的审批手续，土地管理法规定了严格的程序，以保护农民利益。第四十七条规定："国家征收土地的，依照法定程序批准后，由县级以上地方人民政府予以公告并组织实施。县级以上地方人民政府拟申请征收土地的，应当开展拟征收土地现状调查和社会稳定风险评估，并将征收范围、土地现状、征收目的、补偿标准、安置方式和社会保障等在拟征收土地所在的乡（镇）和村、村民小组范围内公告至少三十日，听取被征地的农村集体经济组织及其成员、村民委员会和其他利害关系人的意见。多数被征地的农村集体经济组织成员认为征地补偿安置方案不符合法律、法规规定的，县级以上地方人民政府应当组织召开听证会，并根据法律、法规的规定和听证会情况修改方案。拟征收土地的所有权人、使用权人应当在公告规定期限内，持不动产权属证明材料办理补偿登记。县级以上地方人民政府应当组织有关部门测算并落实有关费用，保证足额到位，与拟征收土地的所有权人、使用权人就补偿、安置等签订协议；个别确实难以达成协议的，应当在申请征收土地时如实说明。相关前期工作完成后，县级以上地方人民政府方可申请征收土地。"2019 年土地管理法修改把原来的批后公告改为批前公告，使被征地农民在整个过程中有更多参与权、监督权和话语权。

除土地管理法的相关规定外，森林法还对征占用林地的审批手续作出了特殊规定。第三十七条规定，占用林地的，应当经县级以上人民政府林业主管部门审核同意，依法办理建设用地审批手续。占用林地的单位应当缴纳森林植被恢复费。

三、土地征收补偿

在征地补偿方面，土地管理法第四十八条规定："征收土地应当给予公平、合理的补偿，保障被征地农民原有生活水平不降低、长远生计有保障。征收土地应当依法及时足额支付土地补偿费、安置补助费以及农村村民住宅、其他地上附着物和青苗等的补偿费用，并安排被征地农民的社会保障费用。征收农用地的土地补偿费、安置补助费标准由省、自治区、直辖市通过制定公布区片综合地价确定。制定区片综合地价应当综合考虑土地原用途、土地资源条件、土地产值、土地区位、土地供求关系、人口以及经济社会发展水平等因素，并至少每三年调整或者重新公布一次。征收农用地以外的其他土地、地上附着物和青苗等的补偿标准，由省、自治区、直辖市制定。对其中的农村村民住宅，应当按照先补偿后搬迁、居住条件有改善的原则，尊重农村村民意愿，采取重新安排宅基地建房、提供安置房或者货币补偿等方式给予公平、合理的补偿，并对因征收造成的搬迁、临时安置等费用予以补偿，保障农村村民居住的权利和合法的住房财产权益。县级以上地方人民政府应当将被征地农民纳入相应的养老等社会保障体系。被征地农民的社会保障费用主要用于符合条件的被征地农民的养老保险等社会保险缴费补贴。被征地农民社会保障费用的筹集、管理和使用办法，由省、自治区、直辖市制定。”按照土地管理法的规定，当前土地补偿有几个特点：一是土地征收补偿的基本原则是保障被征地农民原有生活水平不降低，长远生计有保障。二是补偿的内容有土地补偿费、安置补助费以及农村村民住宅、其他地上附着物和青苗等的补偿费用，并安排被征地农民的社会保障费用。三是土地补偿费、安置补助费标准，由省级人民政府通过制定公布区片综合地价确定。这改变了过去以土地征收的原有用途来确定土地补偿，以年产值倍数法来确定土地补偿费和安置补助费的做法。林地的特殊之处在于，林地上有长期生长的林木。征收林地时，应当按照地上附着物和青苗的补偿费用，对权属人的损失加以补偿。

相关规定

《中华人民共和国民法典》第一百一十七条，《中华人民共和国土地管理法》第四十五条、第四十六条、第四十七条、第四十八条、第四十九条、第五十条、第五十一条，《中华人民共和国土地管理法实施条例》第二十五条、第二十六条，《国务院办公厅关于完善集体林权制度的意见》

第二十二条 单位之间发生的林木、林地所有权和使用权争议，由县级以上人民政府依法处理。

个人之间、个人与单位之间发生的林木所有权和林地使用权争议，由乡镇人民政府或者县级以上人民政府依法处理。

当事人对有关人民政府的处理决定不服的，可以自接到处理决定通知之日起三十日内，向人民法院起诉。

在林木、林地权属争议解决前，除因森林防火、林业有害生物防治、国家重大基础设施建设等需要外，当事人任何一方不得砍伐有争议的林木或者改变林地现状。

条文主旨

本条是对林木、林地所有权和使用权权属争议处理的规定。

条文解读

一、规定林木、林地所有权和使用权权属争议处理的必要性

正确处理权属争议对保证林业正常发展具有现实意义，也非常必要。首先，森林、林木和林地所有者、使用者的合法权益受宪法和法律的保护。其权属的确认，是经营者

合法经营，依法处置森林、林木、林地使用权的依据。有关的权属如发生争议，应当依法处理。其次，林木、林地权属受自然条件和经营的一些特殊情况的影响，确定权属的界线不明显，边界纠纷也经常发生。例如，大片的森林有两个或两个以上林场经营，其权属的边界可能没有明显的自然界线；再如，农民承包集体所有的山林，在权属边界的确定上也存在类似问题，也可能产生有关承包农户之间的权属纠纷。最后，由于各种原因，一些林业经营单位、组织或者个人在林木所有权、林地使用权重新界定或者在转让的过程中，因以往的权属界限不清或者变更登记也会产生纠纷。实践证明，如果这类权属问题不能有效地、及时地解决，则可能会导致对森林的乱砍滥伐，影响林业正常生产、经营活动，不仅损害经营者的权益，也损害了国家的利益。因此，解决好权属争议，对于维护权利人的合法权益，保护森林资源，促进林业发展，维护社会安定，具有重要意义。

二、权属争议的政府处理程序

本条规定的林木、林地所有权和使用权争议，属于因森林、林木、林地的权利归属而产生的争议。根据本法第十五条第一款的规定："林地和林地上的森林、林木的所有权、使用权，由不动产登记机构统一登记造册，核发证书。国务院确定的国家重点林区（以下简称重点林区）的森林、林木和林地，由国务院自然资源主管部门负责登记。"因此，行使权属确权职能的有关各级人民政府应当是处理林木、林地所有权和使用权争议的机关。考虑到一些林业经营者的特殊情况，如中央、省直属国有林场，以及一些经营者经营的森林面积跨行政区域等情况，对各级人民政府受理权属争议案件的范围，也应有所区别。根据本条规定，单位之间的权属争议，应由县级以上人民政府依法处理；个人之间、个人与单位之间发生的权属争议，应由乡镇人民政府或者县级以上人民政府依法处理。

1. 权属争议处理遵循的原则。尊重历史和现实情况，有利于安定团结，有利于保护、培育和合理利用森林资源，有利于群众生产、生活。在争议发生后，如林权证确定的权属等已清楚，但因某些原因使当事人双方对其认定不一致的，最有效的解决办法是由当事人双方本着主动、互谅、互让的精神自行协商解决。经协商未达成协议或当事人有一方不愿协商解决的，按照本条的规定，向有处理权的人民政府申请处理。

2. 权属争议处理程序。第一，递交有关林木、林地权属争议处理的书面申请，其内容主要包括：当事人的姓名(名称)、地址及其法定代表人的姓名、职务；争议的现状，包括争议面积、林木蓄积，争议地所在的行政区域位置四至和附图；争议的事由包括发生争议的时间、原因；当事人的协商意见。第二，当事人对其提出的主张应当出具证据，如提供林权证、土地证等权属证明，不能出具证据的，不影响权属争议处理机关依据有关规定和证据认定争议事实。第三，首先可以由权属争议处理机关进行调解解决争议，经调解达成协议的，当事人应当在协议上签字或盖章，并由调解人员署名，加盖权属争议处理机构的印章，并报同级人民政府备案；经调解未达成协议的，权属争议处理机构应当制作处理意见书，由人民政府作出决定。意见书应当载明以下内容：当事人的姓名（名称）、地址及其法定代表人的姓名、职务；争议的事由。

3. 权属争议的诉讼程序。当事人对有关人民政府作出的处理决定不服的，可以在接到通知之日起 30 日内，向人民法院起诉，由法院作出最终的裁决。应当说明，本法关于权属争议的处理，规定了由有关各级政府处理，由各级人民政府对权属争议作出处理决定是解决权属争议的法定程序。根据本条规定，只有当事人对人民政府作出的处理决定不服，当事人才可向有关人民法院提出诉讼。因此，有关当事人对其权属争议既不能协议选择人民法院直接处理，也不能由其任何一方直接向人民法院提起诉讼。

4. 权属争议林木的处置。为保护当事人的合法权益，保障对权属争议的完善处理，并制止乱砍滥伐行为，本条同时规定，争议的林木、林地在争议处理过程中，应当保持现状，任何一方不得砍伐有争议的林木。同时，考虑到权属纠纷处理的复杂性，有时需要较长时间，为协调好国家、集体、个人的利益，规定因森林防火、林业有害生物防治、国家重大基础设施建设等需要，可以砍伐有争议的林木或者改变林地现状。

除权属争议外，因土地承包经营发生的纠纷适用农村土地承包法、农村土地承包经营纠纷调解仲裁法等法律的相关规定。

相关规定

《中华人民共和国行政复议法》第三十条，《中华人民共和国行政诉讼法》第十二条，《中华人民共和国农村土地承包经营纠纷调解仲裁法》第三条，《关于健全行政裁决制度加强行政裁决工作的意见》，《关于统筹推进自然资源资产产权制度改革的指导意见》

第三章 发展规划

第二十三条 县级以上人民政府应当将森林资源保护和林业发展纳入国民经济和社会发展规划。

条文主旨

本条是关于森林资源保护和林业发展在国家发展规划中地位的规定。

立法背景

本条是此次修改新增加的法律内容，主要是明确了森林资源保护和林业发展在各级人民政府国民经济和社会发展规划中的地位，充分发挥规划的引领和推动作用，促进森林资源保护和林业发展。

条文解读

一、关于国民经济和社会发展规划

县级以上人民政府编制的国民经济和社会发展规划，即国家层面的中华人民共和国国民经济和社会发展五年规划纲要，以及地方层面省级、市县级人民政府编制的当地国民经济和社会发展五年规划纲要。中华人民共和国国民经济和社会发展五年规划纲要是社会主义现代化战略在规划期内的阶段性部署和安排，是政府履行职责的重要依据，居于规划体系最上层，是其他各级各类规划的总遵循。省级规划、市县级规划依据国家发展规划制定，是当地国民经济和社会发展的规划蓝图、总体部署和行动纲领。

二、关于将森林资源保护和林业发展纳入国民经济和社会发展规划的必要性

森林是陆地生态系统的主体，林业是一项重要的公益事业和基础产业，承担着生态建设和林产品供给的重要任务。森林资源保护和林业发展作为生态文明建设的重要内容，是事关经济社会可持续发展的根本性问题。将森林资源保护和林业发展纳入国民经济和社会发展规划，是立足国家发展全局，明确森林资源保护和林业发展的指导思想、目标指标、发展格局、战略任务和制度体系的根本指引，也是实现加强顶层设计，以规划引领林业发展的首要任务。

三、关于实践基础

以“十三五”时期为例，《中华人民共和国国民经济和社会发展第十三个五年规划纲要》站在经济社会发展全局的高度，明确了“十三五”林业发展的指导思想、目标指标、发展格局、战略任务、重点工程项目和重要制度。不仅对“加强生态保护修复”作出了专章规定，还特别强调要求“开展大规模国土绿化行动，加强林业重点工程建设，完善天然林保护制度，全面停止天然林商业性采伐，保护培育森林生态系统。发挥国有林区林场在绿化国土中的带动作用。创新产权模式，引导社会资金投入植树造林。严禁移植天然大树进城”。明确要求到 2020 年，要将森林覆盖率提高到 23.04%，森林蓄积量增加 14 亿立方米。为规划引领和宏观调控林业发展、推进林业治理体系和治理能力现代化、建设生态文明提供了有力支撑。

第二十四条　县级以上人民政府应当落实国土空间开发保护要求，合理规划森林资源保护利用结构和布局，制定森林资源保护发展目标，提高森林覆盖率、森林蓄积量，提升森林生态系统质量和稳定性。

条文主旨

本条是要求县级以上人民政府制定森林资源保护发展目标的规定。

立法背景

本条是此次修改新增加的规定，对县级以上人民政府在国土空间开发保护方面促进森林资源保护提出要求，通过国土空间开发保护的约束作用推动森林资源保护目标的实现。

条文解读

一、关于制定森林资源保护发展目标的意义

明确森林资源保护发展目标既是落实森林资源保护发展目标责任制，促进地方政府执行国家林业政策、规范行政行为的重要前提，也是以目标为导向，统筹科学编制高质量林业发展规划的有力保障，对于有效保护森林资源、推动林业治理体系和治理能力现代化具有重要意义。本法第四条明确了国家实行森林资源保护发展目标责任制和考核评价制度，要求上级人民政府对下级人民政府完成森林资源保护发展目标情况进行考核。这就要求各级政府以森林资源保护发展目标为抓手，对本行政区内森林资源保护发展负总责。同时，以国民经济和社会发展规划确定的林业发展目标指标为依据，明确县级以上人民政府的森林资源发展目标，也是坚持目标导向和问题导向相统一，确保各级各类林业相关规划协调一致、统筹衔接的重要内容。

二、关于森林资源保护发展目标

国民经济和社会发展规划确定了全国森林资源保护发展的总目标，以《中华人民共和国国民经济和社会发展第十三个五年规划纲要》为例，“十三五”规划纲要明确了“十三五”时期经济社会发展的主要目标，设置了“经济发展”“创新驱动”“民生福祉”“资源环境”四大主要指

标，又在此基础上分为 25 个具体指标，其中第 22 项为“森林发展”，具体包括“森林覆盖率”和“森林蓄积量”两个约束性指标。县级以上人民政府应当以国民经济和社会发展规划确定的目标指标为依据，以提升森林生态系统质量和稳定性为目的，结合实际情况，在进一步明确当地“森林覆盖率”和“森林蓄积量”指标的同时，因地制宜，确定当地其他森林资源保护发展目标。

三、关于落实国土空间开发保护要求

习近平总书记在党的十九大报告中指出：“构建国土空间开发保护制度。”这就要求全国国土空间保护、开发、利用、修复，以国土空间规划为基础，以用途管制和市场化机制为手段，严格控制国土空间开发强度，调整优化空间结构，促进生产空间集约高效，给自然留下更多修复空间。县级以上人民政府应与国土空间规划相衔接，按照国土空间开发保护要求，全面摸清并分析当地国土空间本底条件，合理规划森林资源保护利用结构和布局。

相关规定

《中共中央、国务院关于建立国土空间规划体系并监督实施的若干意见》，《国务院关于全国“十三五”期间年森林采伐限额的批复》

第二十五条 县级以上人民政府林业主管部门应当根据森林资源保护发展目标，编制林业发展规划。下级林业发展规划依据上级林业发展规划编制。

条文主旨

本条是要求县级以上人民政府林业主管部门编制林业发展规划的规定。

立法背景

本次修改将原森林法中的林业长远规划修改为林业发展规划，并对林业发展规划的编制提出要求，促进各级林业发展规划的协调统一。

条文解读

2018 年 11 月印发的《中共中央、国务院关于统一规划体系更好发挥国家发展规划战略导向作用的意见》（以下简称《意见》）要求，“立足新形势新任务新要求，明确各类规划功能定位，理顺国家发展规划和国家级专项规划、区域规划、空间规划的相互关系，避免交叉重复和矛盾冲突”。明确了我国以国家发展规划为统领，以国家级专项规划、区域规划、空间规划为内容的规划体系，明确国家级专项规划要细化落实国家发展规划对特定领域提出的战略任务，由国务院有关部门编制，并要求省级及以下各类相关规划编制实施参照执行。因此，本次修法将原森林法有关“各级人民政府应当制定林业长远规划”修改为“县级以上人民政府林业主管部门应当根据森林资源保护发展目标，编制林业发展规划”。

一、关于林业发展规划

从必要性看，森林生态资源的需求与林业发展还存在不充分、不平衡的矛盾，制定林业发展规划符合《意见》有关“国家级专项规划原则上限定于关系国民经济和社会发展全局且需要中央政府发挥作用的市场失灵领域”的要求。同时，因森林生长周期长，其培育、经营和管理的周期也相应较长，如果对林业发展没有一个总体的、长远的规划，对森林的培育和利用就可能产生混乱，造成采育失衡，甚至乱砍滥伐，并产生远期不利的且难以扭转的后果。从实践工作看，多年来，在国家层面，国家林业主管部门每五年会根据国民经济和社会发展五年规划纲要编制林业发展五年规划，如《林业发展“十三五”规划》；在地方层面，地方林业主管部门会编制本地区林业发展五年规划，并根据各地规划程序印发，如《江西省林业发展“十三五”规划》。

二、关于林业发展规划的制定依据

本法第二十三条和第二十四条已经明确了县级以上人民政府将森林资源保护和林业发展纳入国民经济和社会发展规划，并制定森林资源保护发展目标的要求。这就要求县级以上林业主管部门制定林业发展规划，一是应当坚持以本级人民政府国民经济和社会发展五年规划为遵循，以本级人民政府制定的森林资源保护发展目标为导向，围绕当地林业发展的重点任务，制定细化落实的时间表和路线图，提高针对性和可操作性。二是应当坚持下位规划服从上位规划、下级规划服务上级规划与等位规划相互协调，既要因地制宜，符合地方实际，突出地方特色，又要统筹衔接，形成全国“一盘棋”。

三、关于林业发展规划的批准主体

本次修改并未在法条中明确林业发展规划的批准主体。按照《意见》的要求，报请国务院批准的国家级专项规划，由国务院发展改革部门会同有关部门统筹协调后制定编制目录清单或审批计划，报国务院批准实施。国务院各部门自行编制或批准的各类规划，须报国务院发展改革部门备案。因此，全国林业发展规划的批准，应遵守《意见》的有关规定，省级及以下林业发展规划参照执行。

相关规定

《中共中央、国务院关于统一规划体系更好发挥国家发展规划战略导向作用的意见》

第二十六条 县级以上人民政府林业主管部门可以结合本地实际，编制林地保护利用、造林绿化、森林经营、天然林保护等相关专项规划。

条文主旨

本条是要求县级以上人民政府林业主管部门编制林业发展各类专项规划的规定。

立法背景

本条是此次修改新增加的规定，明确了森林保护和经营相关专项规划的法律地位，与国民经济和社会发展规划、国土空间规划、林业发展规划等规划相辅相成，建立完整的森林保护和利用规划体系，促进森林保护和利用的规范化。

条文解读

原森林法明确要求制定植树造林规划，因地制宜地确定本地区提高森林覆盖率的奋斗目标。本次修改按照生态优先、保护优先的原则，以及充分发挥森林多种功能，实现资源永续利用的立法思路，重点加强了林地保护、森林分类经营、天然林保护等方面的内容。为实现森林资源保护发展相关领域的规划引领，规范和引导有关工作有效开展，要求县级以上人民政府林业主管部门可以根据实际情况，制定相关专项规划。这不仅是实现森林资源保护发展目标的要求，也是多年来林业工作实践经验的升华。以国家层面为例：

《全国林地保护利用规划纲要（2010—2020 年）》是首次经国务院批准实施的我国第一个中长期林地保护利用规划，是指导我国一段时期内林地保护利用工作的纲领性文件。该规划纲要明确了全国林地保护利用的指导思想、目标任务和政策措施，为引导全社会严格保护林地、节约集约利用林地、优化林地资源配置，统筹协调林地保护与利用的关系，提高林地的保护利用效率奠定了基础。

《全国造林绿化规划纲要（2011—2020 年）》经全国绿化委员会第二十九次全体会议审议通过，提出了一段时期内全国造林绿化工作的指导思想、基本原则、目标任务、建设重点、保障措施等，是统领全国造林绿化事业的纲领性文件，为做好造林绿化工作提供了基本遵循。

《全国森林经营规划（2016—2050 年）》针对全国 8 个森林经营区的突出问题，分别提出了经营方向和经营策略，确立了各经营区的经营目标和主要任务，明确了与“两个一百年”奋斗目标相衔接的未来 35 年全国森林经营的基本要求、目标任务、战略布局和保障措施，是指导全国森林经营工作的纲领性文件。

此外，《全国天然林保护修复中长期规划（2021—2035 年）》正在组织编制过程中。

各项林业专项规划的编制要以森林资源保护发展目标为依据，服从林业发展规划等上位规划。

相关规定

《中共中央、国务院关于统一规划体系更好发挥国家发展规划战略导向作用的意见》

第二十七条　国家建立森林资源调查监测制度，对全国森林资源现状及变化情况进行调查、监测和评价，并定期公布。

条文主旨

本条是关于建立森林资源调查监测制度的规定。

立法背景

本条此次修改将现行森林法规定的森林资源清查，修改为森林资源调查监测，明确了森林资源调查监测制度的法律地位，为各级人民政府及其林业主管部门开展森林资源调查监测提供法律依据。

条文解读

森林资源调查监测是森林资源保护管理工作的基础，其主要任务是查清森林资源的种类、数量、质量、结构、功能和生态状况以及变化情况等，获取全国森林覆盖率、森林蓄积量以及起源、树种、龄组、郁闭度等指标数据；监测森林资源动态变化情况，每年发布森林蓄积量、森林覆盖率等重要数据，并在此基础上，建立科学的评价指标，开展综合分析和系统评价，为科学决策和严格管理提供依据。

原森林法规定由各级林业主管部门负责组织森林资源清查。2018 年党和国家机构改革后，我国的自然资源监管体制有所变化。关于森林资源的调查监测，国家分别按照“三定”规定，赋予自然资源主管部门、林业和草原主管部门相应的职责。一是自然资源主管部门负责自然资源调查监测评价。制定自然资源调查监测评价的指标体系和统计标准，建立统一规范的自然资源调查监测评价制度。实施自然资源基础调查、专项调查和监测。负责自然资源调查监测评价成果的监督管理和信息发布。指导地方自然资源调查监测评价工作。二是林业和草原主管部门负责组织开展森林、草原、湿地、荒漠和陆生野生动植物资源动态监测与评价。

本次修改明确规定国家建立森林资源调查监测制度，以及明确了森林资源调查监测的主要内容和基本任务。一方面，充分体现了森林资源调查监测制度的重要性，并在法律层面确立了森林资源调查监测工作的核心内容；另一方面，鉴于森林资源调查监测作为构建自然资源调查监测体系的重要组成部分，既要坚持统一的指标体系和统计标准，逐步实现山水林田湖草的整体保护、系统修复和综合治理；又要考虑到森林资源的特殊禀赋和保护管理工作的实践需要。在实践工作中，相关部门要明确细化职责，形成协调有序的森林资源调查监测工作机制。

相关规定

《中华人民共和国森林法实施条例》第十一条，《关于统筹推进自然资源资产产权制度改革的指导意见》，《中共中央、国务院关于加快林业发展的决定》

第四章　森林保护

第二十八条　国家加强森林资源保护，发挥森林蓄水保土、调节气候、改善环境、维护生物多样性和提供林产品等多种功能。

条文主旨

本条是关于森林功能的规定。

立法背景

本条是此次修改新增加的条款，将发挥森林多种功能的规定从原森林法第一条中独立出来，单独作为一条，明确森林的多种生态和经济功能，促进森林资源保护和合理利用。

条文解读

一、国家加强森林资源保护

自1979年我国制定森林法（试行）以来，林业建设取得了伟大的成就，我国林业发展正从生产木材为主向生态建设为主转变，森林生态系统持续向好，森林资源保护管理得到全面加强。《2019 年中国国土绿化状况公报》显示，截至目前，我国森林覆盖率达22.96%，森林面积2.2亿公顷。近20年来，我国森林面积和森林蓄积量持续“双增长”，成为全球森林资源增长最多的国家。但是，森林资源作为一种重要的自然资源，具有生长周期长、投资多、见效慢、易受有害生物和火灾等自然灾害威胁等特点。因此，国家必须加强森林资源保护。

二、发挥森林蓄水保土、调节气候、改善环境的功能

森林的功能很多，但最主要的是通过水的循环蓄住水保住土，通过影响气温、降水、风速等的变化调节气候，通过净化空气防风固沙、降低噪声等改善环境。森林的这些功能是人类生存和发展不可缺少的环境要素。加强森林资源保护的一个重要目的，就是要充分发挥森林的这些功能。

三、维护生物多样性的功能

原森林法是1984 年制定的，1998 年进行过一次修改，没有出现“生物多样性”这个词。1992 年11 月7 日，全国人民代表大会常务委员会批准国务院签署的《生物多样性公约》。森林是一个完整的生态系统，森林中的林木、林地、湿地、河流、野生动植物等都是其生态系统中的诸多要素，也是生物多样性保护的重点对象。森林作为生物多样性的载体和最重要组成部分之一，发挥着巨大的生态服务功能和价值。随着整个地球生态系统价值被日益重视，森林维护生物多样性的功能理应得到全社会的充分认识。

四、提供林产品的功能

森林还可以提供大量的木材和各种林产品，形成国民经济重要组成部分的林业产业。修订后的森林法第五十条规定，国家鼓励发展商品林，包括“以生产木材为主要目的的森林”“以生产果品、油料、饮料、调料、工业原料和药材等林产品为主要目的的森林”等。

相关规定

《中华人民共和国水土保持法》第三十七条，《中共中央、国务院关于加快林业发展的决定》

第二十九条　中央和地方财政分别安排资金，用于公益林的营造、抚育、保护、管理和非国有公益林权利人的经济补偿等，实行专款专用。具体办法由国务院财政部门会同林业主管部门制定。

条文主旨

本条是关于公益林补偿的规定。

立法背景

本条是对总则第七条森林生态效益补偿制度进行落实

与细化的规定，明确了公益林保护的资金来源和使用规则，授权有关部门制定具体办法，为公益林保护提供法律保障。

条文解读

一、关于公益林补偿

本法第四十七条规定："国家根据生态保护的需要，将森林生态区位重要或者生态状况脆弱，以发挥生态效益为主要目的的林地和林地上的森林划定为公益林……"我国公益林建设取得了很大的成绩。公益林是以发挥生态和社会效益为主要目的，主要是为了保持水土、涵养水源、调节气候、美化环境等服务功能，且难以通过市场交换获得经济价值，造林营林的投入无法通过市场交换得到回收和补偿，如果对经营这部分森林资源再没有补偿，就会产生"少数人投入，全社会受益""相对贫困地区投资，相对富裕地区受益"的不合理现象。

二、中央和地方财政分别安排资金，用于公益林的营造、抚育、保护、管理和非国有公益林权利人的经济补偿等

自2001年起，中央财政设立森林生态效益补助资金，专项用于重点公益林的保护和管理。财政部和国家林业局先行在河北等11个省、自治区的660个县级以上单位和24个国家级自然保护区，对2亿亩重点公益林进行试点；2003年《中共中央、国务院关于加快林业发展的决定》明

确提出了“森林生态效益补偿基金分别纳入中央和地方财政预算，并逐步增加资金规模”。2004 年中央财政在总结试点经验的基础上，建立了中央森林生态效益补偿基金。中央补偿基金的建立和启动，把公益林建设纳入公共财政框架，改变了长期以来我国公益林建设“有钱造林无钱管护”的局面，较好地解决了公益林管护基础设施薄弱、管理手段落后的面貌；结束了无偿使用森林生态效益的历史，使公益林有了稳定的保护资金来源渠道；把保护森林资源与管护责任人的利益紧密结合起来，使林业所有者和经营者的权益得到了有效维护。

中央财政森林生态效益补偿的对象是国有国家级公益林、集体和个人所有的国家级公益林。森林生态效益补偿补助包括管护补助支出和公共管护支出。国有的国家级公益林管护补助支出，用于国有林场、国有苗圃、自然保护区、森工企业等国有单位管护国家级公益林的劳务补助等支出。集体和个人所有的国家级公益林管护补助支出，用于集体和个人的经济补偿和管护国家级公益林的劳务补助等支出。公共管护支出用于地方各级林业主管部门开展国家级公益林监督检查和评价等方面的支出。自 2004 年中央财政正式建立森林生态效益补偿基金以来，多次提高国家级公益林补偿标准。国有国家级公益林补偿标准由最初的每年每亩 5 元提高到 10 元，集体和个人所有的国家级公益林补偿标准由最初的每年每亩 5 元提高到 16 元。对于地方公益林，由地方财政安排森林生态效益补偿，并视自身财力状况逐步提高补偿标准。

三、具体办法由国务院财政部门会同林业主管部门制定

为规范和加强中央财政森林生态效益补偿基金管理，提高资金使用效益，财政部、国家林业局先后制定了《森林生态效益补助资金管理办法（暂行）》[①]（财农〔2001〕190号）、《中央森林生态效益补偿基金管理办法》[②]（财农〔2004〕169号）、《中央财政森林生态效益补偿基金管理办法》（财农〔2007〕7号）、《中央财政森林生态效益补偿基金管理办法》[③]（财农〔2009〕381号）、《中央财政林业补助资金管理办法》[④]（财农〔2014〕9号）、《林业改革发展资金管理办法》（财农〔2016〕196号）和《林业改革发展资金管理办法》（财资环〔2020〕36号）等7个具体办法，对森林生态效益补偿资金安排作出了具体规定。因此，本条规定公益林补偿的具体办法由国务院财政部门会同林业主管部门制定。

相关规定

《中共中央、国务院关于加快林业发展的决定》

---

① 现已废止。
② 现已废止。
③ 现已废止。
④ 现已废止。

第三十条　国家支持重点林区的转型发展和森林资源保护修复，改善生产生活条件，促进所在地区经济社会发展。重点林区按照规定享受国家重点生态功能区转移支付等政策。

条文主旨

本条是关于国家对重点林区转型发展和资源保护扶持政策的规定。

立法背景

本条是此次修改新增加的规定，明确了对重点林区的扶持政策和措施，促进重点林区森林资源保护和林区经济社会发展。

条文解读

一、关于国家支持重点林区的转型发展和森林资源保护修复

我国重点国有林区曾经为国家经济建设做出了重大贡献，累计生产木材12.3亿多立方米，占全国同期商品木材产量的近1/2。但是，为维持和保障林区生产生活，在长期的经济效益驱使下，经过多年的采伐利用，林区可采资源基本枯竭，生态功能严重削弱、民生问题十分突出。据相关统计资料显示，到重点国有林区改革启动前，87 个森工

企业局（林业局）中已有60个陷入了无木可采的尴尬境地。重点国有林区面临严重的发展危机，推进林区改革转型势在必行。自2014年4月1日起，黑龙江省内重点国有林区黑龙江森工、大兴安岭林业集团公司全面停止天然林商业性采伐。为彻底改变重点国有林区的不利局面，2015年3月，党中央、国务院印发了《国有林区改革指导意见》，正式启动重点国有林区改革工作。国有林区改革的指导思想是“加快林区经济转型，促进林区森林资源逐步恢复和稳定增长，推动林业发展模式由木材生产为主转变为生态修复和建设为主、由利用森林获取经济利益为主转变为保护森林提供生态服务为主，为建设生态文明和美丽中国、实现中华民族永续发展提供生态保障”。从2015年4月1日起，东北、内蒙古重点国有林区全面停止天然林商业性采伐，这标志着重点国有林区从开发利用转入全面保护发展的新阶段。各级政府要充分发挥林区绿色资源丰富的优势，大力发展林下种植、特色经济林和森林旅游等绿色低碳产业，积极推进国有林区产业转型。加快森林资源培育与恢复，全面提升森林质量。2019年7月，中共中央办公厅、国务院办公厅印发《天然林保护修复制度方案》中也明确“积极推进国有林区转型发展，保障护林员待遇，保障林权权利人和经营主体的合法权益，确保广大林区职工和林农与全国人民同步进入全面小康社会”。

二、关于改善生产生活条件，促进所在地区经济社会发展

多年来，广大林业职工为国家经济建设和生态建设作出了巨大贡献和牺牲，但由于管理体制不顺、支持政策不健全、森林资源过度开发等原因，林业职工生活十分困难，民生福祉没有与国家改革发展完全同步。在国有林场林区改革中，要把解决林场林区基础设施落后问题作为一项重要改革举措来抓，通过改革使林场林区基础设施落后状况有一个大的改观，促进林场林区与周边地区基本公共服务均等化，有效改善林场林区生产生活条件。中央财政继续加大对森林管护、人工造林、中幼龄林抚育和森林改造培育的支持力度，推进职工转岗就业。对符合政策的就业困难人员灵活就业的，由地方政府按国家有关规定予以支持。地方各级政府对行政区域内的林区经济社会发展负责，要将林区经济社会发展纳入当地国民经济和社会发展总体规划及投资计划。积极推动各类社会资本参与林区企业改制，增加就业岗位，提高林区发展活力。

三、重点林区按照规定享受国家重点生态功能区转移支付等政策

为维护国家生态安全，推进生态文明建设，推动高质量发展，引导地方政府加强生态环境保护，提高国家重点生态功能区等生态功能重要地区所在地政府的基本公共服务保障能力，中央财政设立重点生态功能区转移支付。

2016 年 9 月，国务院《关于同意新增部分县（市、区、旗）纳入国家重点生态功能区的批复》（国函〔2016〕161 号）中提到，同意将东北、内蒙古重点林区 87 个林业局新增纳入国家重点生态功能区。国家重点生态功能区在享受财政转移支付等优惠政策的同时，严格按照主体功能定位谋划经济社会发展，强化生态保护和生态功能。

相关规定

《中华人民共和国环境保护法》第三十一条，《国有林区改革指导意见》，《中共中央、国务院关于全面加强生态环境保护坚决打好污染防治攻坚战的意见》，《中共中央国务院关于加快推进生态文明建设的意见》

第三十一条　国家在不同自然地带的典型森林生态地区、珍贵动物和植物生长繁殖的林区、天然热带雨林区和具有特殊保护价值的其他天然林区，建立以国家公园为主体的自然保护地体系，加强保护管理。

国家支持生态脆弱地区森林资源的保护修复。

县级以上人民政府应当采取措施对具有特殊价值的野生植物资源予以保护。

条文主旨

本条是关于建立以国家公园为主体的自然保护地体系、

生态脆弱地区森林资源的保护修复和具有特殊价值的野生植物资源采取措施予以保护的规定。

立法背景

本条在这次修改森林法时作了部分修改。修改的内容为：将原森林法该条第一款“划定自然保护区”一句修改为“建立以国家公园为主体的自然保护地体系”。

条文解读

一、关于建立以国家公园为主体的自然保护地体系

党的十九大报告指出：“构建国土空间开发保护制度，完善主体功能区配套政策，建立以国家公园为主体的自然保护地体系。”2018 年机构改革后，新组建的国家林业和草原局加挂了国家公园管理局的牌子，统一管理以国家公园为主体的各类自然保护地。2019 年 6 月，中共中央办公厅、国务院办公厅印发《关于建立以国家公园为主体的自然保护地体系的指导意见》，明确按照自然生态系统原真性、整体性、系统性及其内在规律，依据管理目标与效能并借鉴国际经验，将自然保护地按生态价值和保护强度高低依次分为国家公园、自然保护区和自然公园三类。根据《关于建立以国家公园为主体的自然保护地体系的指导意见》，到 2020 年，完成国家公园体制试点，设立一批国家公园；到 2025 年，健全国家公园体制，完成自然保护地整

合归并优化，完善自然保护地体系的法律法规、管理和监督制度；到2035年，自然保护地规模和管理达到世界先进水平，全面建成中国特色自然保护地体系，自然保护地占陆域国土面积18%以上。

二、国家支持生态脆弱地区森林资源的保护修复

生态脆弱地区是指生态系统在自然、人为等因素的多重影响下，生态系统抵御干扰的能力较低，恢复能力较弱，且在现有经济和技术条件下，生态系统退化趋势得不到有效控制的区域，如戈壁、沙地、高寒山区以及坡度较陡的山脊地带等。加快推进生态脆弱地区生态保护与修复需要进行生态监测预警、荒漠化防治、水土流失治理、退化森林修复、生物多样性保护等工作。生态脆弱地区森林资源的保护和修复工作具有明显的公益性、外部性，受盈利能力低、项目风险多等影响，加之市场化投入机制、生态保护补偿机制仍不够完善，缺乏激励社会资本投入生态保护修复的有效政策和措施，生态产品价值实现缺乏有效途径，社会资本进入意愿不强。同时，生态脆弱地区森林资源保护修复的重点区域多为“老、少、边、穷”地区，自有财力不足。因此，生态保护修复工程建设仍以政府投入为主，需要国家大力支持。

党的十九大报告指出，加大生态系统保护力度。实施重要生态系统保护和修复重大工程，优化生态安全屏障体系，构建生态廊道和生物多样性保护网络，提升生态系统

质量和稳定性。2020 年 5 月，为贯彻落实党中央、国务院决策部署，国家发展改革委、自然资源部会同科技部、财政部、生态环境部、水利部、农业农村部、应急管理部、中国气象局、国家林草局等有关部门，共同研究编制了《全国重要生态系统保护和修复重大工程总体规划（2021—2035 年)》，按照中央和地方财政事权和支出责任划分，将全国重要生态系统保护和修复重大工程作为各级财政的重点支持领域，进一步明确支出责任，切实加大资金投入力度。

三、县级以上人民政府应当采取措施对具有特殊价值的野生植物资源予以保护

根据《中华人民共和国野生植物条例》的规定，野生植物是指原生地天然生长的珍贵植物和原生地天然生长并具有重要经济、科学研究、文化价值的濒危、稀有植物。国家保护野生植物及其生长环境。禁止任何单位和个人非法采集野生植物或者破坏其生长环境。按照该条例的规定，野生植物分为国家重点保护野生植物和地方重点保护野生植物。国家重点保护野生植物分为国家一级保护野生植物和国家二级保护野生植物。经国务院批准，国家林业局和农业部 1999 年 9 月 9 日联合发布了《国家重点保护野生植物名录（第一批)》，2001 年 8 月 4 日公布了《国家重点保护野生植物名录（第一批）修正案》。地方重点保护野生植物，是指国家重点保护野生植物以外，由省、自治区、直辖市保护的野生植物。地方重点保护野生植物名录，由省、自治区、直辖市人民政府制定并公布，报国务院备案。本条规定县级以上人民政府应当采取措施对具有特殊价值的野生植物资源予以保护，和《中华人民共和国野生植物保护条例》保持衔接。

相关规定

《关于建立以国家公园为主体的自然保护地体系的指导意见》，《关于建立国家公园体制总体方案》，《国务院办公厅关于健全生态保护补偿机制的意见》，《关于创新体制机制推进农业绿色发展的意见》，《全国林地保护利用规划纲要（2010—2020 年）》，《中华人民共和国野生植物保护条例》第十条、第十一条

第三十二条　国家实行天然林全面保护制度，严格限制天然林采伐，加强天然林管护能力建设，保护和修复天然林资源，逐步提高天然林生态功能。具体办法由国务院规定。

条文主旨

本条是关于国家实行天然林全面保护制度的规定。

立法背景

本条是此次修改新增加的规定，根据新时代我国森林

资源保护的要求，明确了天然林保护制度的法律地位，对天然林实行全面保护，进一步加强了对天然林的保护，并授权国务院制定具体办法。

条文解读

所谓天然林是指未经人为措施而自然发生、成长的森林，但事实上，由于我国的森林资源长期受人为因素的干扰，所以目前在使用“天然林”这一概念时，也泛指非经人工造林而形成的森林，包括封山育林、人工补植、经过间伐而形成的天然起源的林分等。我国的天然林可以分为三种：一是处于基本保护状态的天然林，主要分布在自然保护区、森林公园、尚未开发的西藏林区、已经实施保护的海南热带雨林等地区；二是零星散布在全国各地的天然林；三是亟待保护且集中连片分布于大江大河源头、大型水利工程周围和重要山脉核心地带的、属于重点国有林区的天然林，主要划归西南、西北、东北、内蒙古林区的国有森工企业局经营。天然林周边地区的群众为了发展经济和生存，进行不合理的耕作和侵占，加之毁林开荒、乱砍滥伐、开矿修路等原因，致使天然林资源过度消耗，植被破坏严重，造成林缘回退，资源分布范围逐步缩小，由此引发了局部地区严重的生态环境问题。因此，新修订的森林法将具有特殊保护价值的天然林区纳入以国家公园为主体的自然保护地体系的范围，以加强对天然林的保护和管理。

一、国家实行天然林全面保护制度

实施天然林资源保护工程是党中央、国务院作出的重大部署，是维护国家生态安全的战略举措。天然林保护工程可以划分为三个阶段：

第一阶段试点阶段（1998—1999 年）。1998 年长江、松花江、嫩江流域发生特大洪灾后，党中央、国务院决定停止对长江上游、黄河上中游地区天然林采伐，有计划地对东北地区天然林实行禁伐和限伐，同时采取飞播造林、封山育林和退耕还林等手段尽快恢复林草植被，并在云南、四川、重庆、贵州、陕西、甘肃、青海、新疆、内蒙古、吉林、黑龙江和海南 12 个省区市开始实施天然林保护工程试点。

第二阶段天然林保护一期工程（2000 - 2010 年）。2000 年 10 月，国务院批准了《长江上游、黄河上中游地区天然林资源保护工程实施方案》和《东北、内蒙古等重点国有林区天然林资源保护工程实施方案》，天然林保护工程进入全面实施阶段。这一阶段也称为“天保一期”，规划年限为 11 年，实施范围包括 17 个省（区、市）的 734 个县和 163 个森工局。这是我国全面加强生态保护建设的标志性工程，也是林业发展从以木材生产为主向以生态建设为主转变的历史性举措。

第三阶段天然林保护二期工程（2011—2020 年）。2010 年，为巩固工程一期实施成果、维护国家生态安全、有效应对全球气候变化、促进林区经济社会可持续发展，我国实施天然林资源保护二期工程，时限为2011年至2020年。在延续一期范围的基础上，二期工程增加了丹江口库区的11个县（市、区）。2014年4月1日，经国务院批准，黑龙江重点国有林区开展停止天然林商业性采伐试点。2016年我国全面停止全国国有林场天然林商业性采伐，并在福建、广西等6省区开展集体林区天然林停伐试点。

20多年来，特别是党的十八大以来，我国不断加大天然林保护力度，全面停止天然林商业性采伐，实现了全面保护天然林的历史性转折，取得了举世瞩目的成就。第八次全国森林资源清查结果显示，全国森林植被总碳储量达84.27亿吨，其中80%的贡献来自天然林。通过加强天然林保护和培育，增加碳汇还有巨大潜力。但是，我国天然林数量少、质量差、生态系统脆弱，保护制度不健全、管护水平低等问题仍然存在。鉴于天然林形成的特殊性，对其开展保护、恢复、培育、管理和监督更需要采取不同一般森林的特殊手段和措施。党的十九大明确要求“完善天然林保护制度”。2019年，中共中央办公厅、国务院办公厅印发《天然林保护修复制度方案》（以下简称“方案”），对天然林保护进行了系统全面部署。方案对全国天然林保护修复提出三个阶段性目标任务：第一，到2020年实现“把所有天然林都保护起来”目标，基本建立天然林保护修复各项制度；第二，到2035年天然林面积保有量稳定在2

亿公顷左右，质量实现根本好转，为基本实现美丽中国目标提供有力支撑；第三，到21世纪中叶全面建成以天然林为主体的健康稳定、布局合理、功能完备的森林生态系统，为建设社会主义现代化强国打下坚实生态基础。本条的内容，就是为贯彻落实党中央决策部署作出的规定。

二、严格限制天然林采伐

天然林保护制度确立的重要措施就是严格限制天然林采伐，让森林得以休养生息。2016年以来实施的天然林全面保护制度，提的都是“停止天然林商业性采伐”，而本条表述为“严格限制天然林采伐”。相比之下，本条更为严谨、科学。因为何为“商业性采伐”，难以下一个准确的定义。此外，天然林如果同时也是公益林，其采伐应受本法第五十五条第一款第一项的限制，如果位于自然保护区，其采伐应受本法第五十五条第一款第三项的限制。

三、加强天然林管护能力建设

保护天然林，需要进一步完善天然林管护体系，加强天然林管护站点等建设，提高管护效率和应急处理能力。要充分运用高新技术，构建全方位、多角度、高效运转、天地一体的天然林管护网络，实现天然林保护相关信息获取全面、共享充分、更新及时。要健全天然林防火监测预警体系，加强天然林有害生物监测、预报、防治工作。同时，结合精准扶贫扩大天然林护林员队伍，建立天然林管护人员培训制度。鼓励天然林区居民和社区共同参与天然林管护机制建设。

四、保护和修复天然林资源，逐步提高天然林生态功能

保护和修复天然林资源，需要对全国所有天然林实行保护，禁止毁林开垦、将天然林改造为人工林以及其他破坏天然林及其生态环境的行为。依据国土空间规划划定的生态保护红线以及生态区位重要性、自然恢复能力、生态脆弱性、物种珍稀性等指标，确定天然林保护重点区域，分区施策，分别采取封禁管理，以自然恢复为主，对退化、过密过疏的天然林采取退化林修复、抚育、补植补造等措施，促进天然林顶级群落演替，提升生态功能。

五、关于具体办法由国务院规定

方案对完善天然林保护法律制度作出了规定，要求健全天然林保护修复法律法规，研究制定天然林保护条例。本次森林法修改关于天然林保护的内容比较原则，有必要通过配套制度进一步细化完善，以利于法律的贯彻落实。因此，本条对完善天然林配套制度作出授权性规定，明确天然林保护的具体办法由国务院规定。

相关规定

《中华人民共和国农业法》第十六条、第六十条，《生态文明体制改革总体方案》，《天然林保护修复制度方案》

第三十三条 地方各级人民政府应当组织有关部门建立护林组织，负责护林工作；根据实际需要建设护林设施，加强森林资源保护；督促相关组织订立护林公约、组织群众护林、划定护林责任区、配备专职或者兼职护林员。

县级或者乡镇人民政府可以聘用护林员，其主要职责是巡护森林，发现火情、林业有害生物以及破坏森林资源的行为，应当及时处理并向当地林业等有关部门报告。

条文主旨

本条是关于地方各级人民政府的护林工作和护林员的主要职责的规定。

立法背景

本条在此次修改中进一步完善了护林员的职责，根据实践中森林保护工作的现实需要，增加了护林员发现火情、林业有害生物及时处理并向当地有关部门报告的规定。

条文解读

一、地方各级人民政府在护林方面需要做的工作

保护森林是一项社会性非常强的工作，需要调动社会各方面的力量，因此，各级人民政府应当做好森林资源保

护工作。根据本条第一款的规定，地方各级人民政府应当做好以下工作：

1. 组织有关部门建立护林组织，负责护林工作。建立健全护林组织机构，可以使护林工作有可靠的组织保证。地方各级人民政府都应当根据实际需要，组织有关部门，建立护林组织。在行政区域交界的林区，有关地方人民政府应当建立护林联防组织，本着“自防为主，积极联防，团结互助，保护森林”的原则，确定联防区域，规定联防制度和措施，并进行检查、督促，共同做好联防区内的护林工作。例如，在森林火灾的预防方面，地方各级人民政府应当根据实际需要，组织有关部门建立健全护林防火组织，负责护林防火工作。

2. 根据实际需要建设护林设施。为了有效地保护森林，防止火灾、有害生物等自然灾害对森林资源的破坏，各级人民政府应当组织和督促有关主管部门建设护林设施，以加强森林保护。护林设施一般包括航空护林设施、森林防火设施和林业有害生物防治设施等，这是保护森林的基础性设施，应当根据保护森林的实际需要建立健全，以防患于未然。

3. 督促相关组织订立护林公约，组织群众护林，划定护林责任区，配备专职或者兼职护林员。护林公约是乡规民约的一种，是群众性基层单位在政策法律允许的范围内，基于保护森林的目的而经民主讨论制定的自我教育、互相约束、共同遵守的行为规范。其内容一般包括公约参加者的权利义务及奖励处罚等规定。订立护林公约，可以发动群众参加护林。各地也可以结合林地承包经营等实际情况，划定护林责任区，并且配备专职或者兼职护林员，从而有效地保护森林。

二、护林员的聘用和护林员的职责

森林保护工作是一项群众性很强的工作，涉及的单位和部门很多，需要多方面的协调和配合。在地方各级人民政府组织有关部门建立护林组织的同时，还需要配备专职或者兼职护林人员。因此，本条第二款对护林员聘用、主要职责作出了明确规定。

根据本条该款规定，县级或者乡镇人民政府可以聘用护林员。护林员是在所划定的森林保护区内的管理森林、保护森林的人员。护林员的主要职责有以下两个方面：一是巡护森林，掌握森林情况。二是发现火情、林业有害生物以及破坏森林资源的行为，如发现盗伐滥伐林木的行为、违法野外用火的行为等，应当及时处理并向当地林业等有关部门报告。

相关规定

《森林防火条例》第二十二条

第三十四条　地方各级人民政府负责本行政区域的森林防火工作，发挥群防作用；县级以上人民政府组织领导应急管理、林业、公安等部门按照职责分工密切配合做好森林火灾的科学预防、扑救和处置工作：

（一）组织开展森林防火宣传活动，普及森林防火知识；

（二）划定森林防火区，规定森林防火期；

（三）设置防火设施，配备防灭火装备和物资；

（四）建立森林火灾监测预警体系，及时消除隐患；

（五）制定森林火灾应急预案，发生森林火灾，立即组织扑救；

（六）保障预防和扑救森林火灾所需费用。

国家综合性消防救援队伍承担国家规定的森林火灾扑救任务和预防相关工作。

条文主旨

本条是关于森林火灾的科学预防、扑救和处置的规定。

立法背景

本条对原森林法第二十一条作了修改，进一步完善了地方各级人民政府的森林防火职责，增加了森林防火宣传、森林火灾监测预警、森林火灾应急预案等职责；根据党和国家机构改革的部署，规定了国家综合性消防救援队伍的职责。

条文解读

一、做好森林防火和灭火工作的必要性

森林火灾对森林资源的危害极大，我国是世界上森林火灾多发的国家之一。由于森林火灾能在短时间内破坏大面积的森林，造成严重的财产损失和人身伤亡，而发生的森林火灾有95%以上是人为因素造成的，因此，森林防火要从各级领导加强重视，做好宣传、发动群众，采取有效措施，强化对生产用火、生活用火以及其他非生产用火活动的管理等方面着手，尽可能地减少火灾发生，因此规定对森林火灾的预防、扑救和处置需要做哪些方面的工作是十分必要的。

二、地方各级人民政府负责本行政区域的森林防火工作

森林防火工作是法律赋予地方各级人民政府的一项职责，这也是我国多年来森林防火工作的经验总结。森林防火是一项群众性、社会性很强的工作，涉及面广，特别是扑救重大森林火灾，需要调动部队、交通、电信、气象、民政、公安、商务、卫生健康等多方面的力量。森林防火工作仅靠一个部门是难以完成的，必须由当地人民政府统

一领导、统一组织、统一指挥才能做好这项工作。所以本次森林法修订明确规定“地方各级人民政府负责本行政区域的森林防火工作，发挥群防作用”。

根据《中共中央关于深化党和国家机构改革的决定》、中共中央《深化党和国家机构改革方案》等要求，森林防灭火体制机制发生了重大改革，应急管理、林业、公安等部门在森林火灾预防和扑救工作中都具有职责。本次森林法修订充分体现机构改革精神，在继续明确地方各级人民政府对森林防火工作总体负责的基础上，规定县级以上人民政府组织领导应急管理、林业、公安等部门按照职责分工密切配合做好森林火灾的科学预防、扑救和处置工作。具体包括以下几个方面：

1. 组织开展森林防火宣传活动，普及森林防火知识。通过宣传增强全民森林防火意识，提高全民参与森林防火的积极性和主动性。宣传人员可以走进社区、深入林区，走村入户，通过摆放展板、播放宣传片、发放宣传资料、讲解森林防火知识、展示森林防火装备等方式，提醒广大群众谨慎用火，严防火灾事故发生。

2. 划定森林防火区，规定森林防火期。县级以上地方人民政府应当根据本行政区域内森林资源分布状况和森林火灾发生规律，划定森林防火区，规定森林防火期，并向社会公布。森林防火区是森林火灾防控地域性实施范围，是确定森林防火期内野外用火、森林防火检查、火灾隐患消除等行为是否违法的法律责任追究依据。各地划分森林防火区应以森林植被、新植林地及与森林相邻的草甸、灌丛地、疏林地、荒地等可燃性地被物区域防火安全为标准，将可能引发森林火灾的野外火源、生活火源地域一并划入森林防火区。在森林防火期内，各级人民政府森林防火指挥机构和森林、林木、林地的经营单位和个人，应当根据森林火险预报，采取相应的预防和应急准备措施。

3. 设置防火设施，配备防灭火装备和物资。森林防火设施、防灭火装备和物资的状况是预防和控制森林火灾能力的标志之一，没有足够数量和较高质量的防灭火设施、装备和物资，一旦发生火灾，就不可能及时发现和组织扑救。需要准备的森林防火设施、装备和物资主要有：设置火情瞭望台；开设防火隔离带或者营造防火林带；配备防火交通运输工具、探火灭火器械和通信器械，等等，在重点林区修筑防火道路，建立防火物资储备仓库，建立森林火险监测和预报站（点）。森林防火基础设施建设，要同林区开发建设总体设计和大面积造林设计结合起来，作为一项系统工程，统一规划、统一施工、统筹安排。本法第五十二条规定，防火巡护道、森林防火的设施需要使用林地的，由县级以上人民政府林业主管部门批准。

4. 建立森林火灾监测预警体系，及时消除隐患。森林火灾监测，是为了及时发现森林火灾并实现“打早、打小、打了”，减少森林火灾的损失。监测方法包括：森林防火巡护、卫星林火监测和瞭望监测等。《国务院办公厅关于印发国家森林火灾应急预案的通知》（国办函〔2012〕212 号）指出，根据森林火险等级、火行为特征和可能造成的危害程度，将森林火险预警级别划分为 4 个等级，由高到低依次用红色、橙色、黄色和蓝色表示。各级林业主管部门和气象主管部门加强会商，制作森林火险预警信息，并通过预警信息发布平台和广播、电视、报纸、互联网、手机短信等渠道向涉险区域相关部门和公众发布。

5. 制订森林火灾应急预案，发生森林火灾，立即组织扑救。《国务院办公厅关于印发国家森林火灾应急预案的通知》（国办函〔2012〕212 号）指出，地方各级人民政府结合当地实际制订森林火灾应急预案。森林火灾应对工作坚持统一领导、军地联动，分级负责、属地为主，以人为本、科学扑救的原则。在发生森林火灾时，当地人民政府要立即组织扑救，将损失减少到最低限度，同时要尽快将火情逐级报告省级以上森林防火指挥部，以便及时组织力量扑灭森林火灾。在扑救森林火灾时，气象部门应当做好与火灾有关的气象预报；交通部门应优先提供交通运输工具；电信部门应保证通信的畅通；民政部门应妥善安置灾民；公安部门应及时查处森林火灾案件，加强治安管理；商务、卫生健康等部门应做好物资供应和医疗救护等工作。

6. 保障预防和扑救森林火灾所需费用。预防和扑救森林火灾所需费用，应由国家财政予以承担。主要包括森林防火物资设备购置和储备费用、森林火灾扑救费用、防火基础设施的建设与维护支出等，以及参加扑救森林火灾人员的补贴、医疗和抚恤。

三、国家综合性消防救援队伍承担国家规定的森林火灾扑救任务和预防相关工作

2018 年 3 月，根据中共中央《深化党和国家机构改革方案》的要求，公安消防部队、武警森林部队退出现役，成建制划归中华人民共和国应急管理部，组建国家综合性消防救援队伍。2018 年 10 月，中共中央办公厅、国务院办公厅印发《组建国家综合性消防救援队伍框架方案》，就推进公安消防部队和武警森林部队转制，建设中国特色应急救援主力军和国家队作出部署。本次森林法修改按照机构改革精神明确国家综合性消防救援队伍承担国家规定的森林火灾扑救任务和预防相关工作。

相关规定

《森林防火条例》第五条、第十六条、第十七条、第二十条，《中华人民共和国森林法实施条例》第二十三条，《国务院办公厅关于印发国家森林火灾应急预案的通知》，《国家处置重、特大森林火灾应急预案》，《中共中央关于深化党和国家机构改革的决定》，《深化党和国家机构改革方案》，《中共中央、国务院关于全面推进集体林权制度改革的意见》

第三十五条 县级以上人民政府林业主管部门负责本行政区域的林业有害生物的监测、检疫和防治。

省级以上人民政府林业主管部门负责确定林业植物及其产品的检疫性有害生物，划定疫区和保护区。

重大林业有害生物灾害防治实行地方人民政府负责制。发生暴发性、危险性等重大林业有害生物灾害时，当地人民政府应当及时组织除治。

林业经营者在政府支持引导下，对其经营管理范围内的林业有害生物进行防治。

条文主旨

本条是关于林业有害生物监测、检疫和防治工作的规定。

立法背景

本条是对原森林法第二十二条森林病虫害防治工作规定的修改，根据林业有害生物防治工作的需要，进一步明确了各级人民政府林业主管部门的职责，明确了重大林业有害生物灾害防治实行地方人民政府负责制。

条文解读

一、林业有害生物的概念及监测、检疫和防治工作的必要性

森林病虫害是森林又一大自然灾害，被称为“不冒烟

的森林火灾”，防治森林病虫害是保护森林的重要措施。由于“森林病虫害”一词已不能涵盖所有给林业造成危害的生物，新修订的森林法中不再使用“森林病虫害”，统称为“林业有害生物”。《突发林业有害生物事件处置办法》规定：“本办法所称林业有害生物，是指危害森林、林木和林木种子正常生长并造成经济损失的病、虫、杂草等有害生物。”根据本条第一款的规定，县级以上人民政府林业主管部门负责本行政区域的林业有害生物的监测、检疫和防治工作。截至目前，有8个地方颁布了林业有害生物防治的省级地方性法规或者省级政府规章。

二、省级以上人民政府林业主管部门负责确定林业植物及其产品的检疫性有害生物，划定疫区和保护区

原森林法规定“林业主管部门负责规定林木种苗的检疫对象，划定疫区和保护区”。国家林业局公告（2013年第4号）发布了《全国林业检疫性有害生物名单》，全国林业检疫性有害生物有松材线虫、美国白蛾、苹果蠹蛾等14种，全国林业危险性有害生物有落叶松球蚜、苹果绵蚜、板栗大蚜等190种。《国家林业和草原局关于印发〈全国检疫性林业有害生物疫区管理办法〉的通知》（林造发〔2018〕64号）明确规定，全国检疫性林业有害生物疫情发生地应当划定为疫区。疫区一般以县级行政区为单位划定。划定后的疫区由省级以上林业主管部门公布，其中松材线虫病和美国白蛾的县级疫区由国家林业和草原局负责公布，其他全国检疫性林业有害生物疫区由省级林业主管部门报请省级人民政府批准后公布，并报国家林业和草原局备案。本次森林法修订对原森林法中关于“林业主管部门负责规定林木种苗的检疫对象，划定疫区和保护区”的相关规定进行修改完善，明确省级以上人民政府林业主管部门负责确定检疫性有害生物，划定疫区和保护区。

三、重大林业有害生物灾害防治实行地方人民政府负责制

按照《国务院办公厅关于进一步加强林业有害生物防治工作的意见》（国办发〔2014〕26号）中关于全面落实防治责任的要求，在规定林业主管部门负责本行政区域的林业有害生物的监测、检疫和防治的基础上，新修订的森林法明确了重大林业有害生物防治实行地方人民政府负责制，以及当地人民政府在发生暴发性、危险性等重大林业有害生物灾害时的除治责任。

四、林业经营者在政府支持引导下，对其经营管理范围内的林业有害生物进行防治

林业经营者在政府的指导下对其所有或者经营管理的林业植物及其产品做好有害生物防治工作。县级以上人民政府林业主管部门应当依法履行职责，指导林业经营者采取措施开展林业有害生物防治，减少有害生物给林业经营者造成的损失。在发生林业检疫性有害生物危害时，当地人民政府应当及时指导和支持林业经营者做好除治工作。

相关规定

《中华人民共和国环境保护法》第三十三条,《植物检疫条例》第二条、第四条、第五条、第六条,《森林病虫害防治条例》,《国务院办公厅关于进一步加强林业有害生物防治工作的意见》

第三十六条　国家保护林地,严格控制林地转为非林地,实行占用林地总量控制,确保林地保有量不减少。各类建设项目占用林地不得超过本行政区域的占用林地总量控制指标。

条文主旨

本条是关于占用林地实行总量控制的规定。

立法背景

本条是此次修改新增加的规定。新修订的森林法通过四个条款确立了林地用途管制制度体系。第一,占用林地总量控制制度(第三十六条);第二,占用林地审核制度(第三十七条);第三,临时使用林地审批制度(第三十八条);第四,直接为林业生产经营服务的工程设施占用林地审批制度(第五十二条)。

条文解读

一、严格控制林地转为非林地，实行占用林地总量控制

林地是森林资源保护发展的根基。保护林地，尽可能不占或者少占林地，直接关系到林业发展。林地必须用于林业发展和生态建设，不得擅自改变用途。一是不能违法将林地转为建设用地。各级人民政府必须高度重视生态建设和保护工作，正确处理保护生态与发展经济的关系。二是不能违法将林地转为其他农用地。坚决制止毁林开垦、乱采滥挖等违法违规行为。

多年来，占用林地总量控制制度在保护林地方面发挥了重要作用，新修订的森林法总结实践经验，将占用林地总量控制制度上升为法律，以确保林地保有量不减少。本法第四条规定“国家实行森林资源保护发展目标责任制”，其中“林地保有量”是目标责任制的一项约束性指标。

二、各类建设项目占用林地不得超过本行政区域的占用林地总量控制指标

占用林地总量控制指标是指年度内国家允许矿藏勘查、开采以及其他各类工程建设占用林地面积的最大限量，是年度内林地转为非林地面积控制指标。各地要严格执行，采取有效措施，确保每年林地转为非林地面积控制在规定的指标内。

相关规定

《中华人民共和国土地管理法》第四条、第二十三条、第四十四条，《全国林地保护利用规划纲要（2010—2020年）》

第三十七条 矿藏勘查、开采以及其他各类工程建设，应当不占或者少占林地；确需占用林地的，应当经县级以上人民政府林业主管部门审核同意，依法办理建设用地审批手续。

占用林地的单位应当缴纳森林植被恢复费。森林植被恢复费征收使用管理办法由国务院财政部门会同林业主管部门制定。

县级以上人民政府林业主管部门应当按照规定安排植树造林，恢复森林植被，植树造林面积不得少于因占用林地而减少的森林植被面积。上级林业主管部门应当定期督促下级林业主管部门组织植树造林、恢复森林植被，并进行检查。

条文主旨

本条是关于占用林地审核及征收森林植被恢复费的规定。

立法背景

本条是在原森林法第十八条的基础上修订而来。

本条主要修改了三处：第一，删除了“征收、征用”。2009 年，全国人大常委会对涉及征收、征用的法律进行了一系列修改，将原森林法“占用或者征用”修改为“占用或者征收、征用”。占用林地是指用地单位因进行勘查、开采矿藏和各项建设工程的需要，依法使用林地并改变林地用途。征收土地是指因公共利益，将集体所有的土地依照法定程序调整为国家所有。征用土地是指因公共利益，使用集体土地；在使用完毕后，土地使用权应返还给被征用主体。例如，宪法第十条第三款规定：“国家为了公共利益的需要，可以依照法律规定对土地实行征收或者征用并给予补偿。”民法典第二百四十五条规定：“因抢险救灾、疫情防控等紧急需要，依照法律规定的权限和程序可以征用组织、个人的不动产或者动产。被征用的不动产或者动产使用后，应当返还被征用人。组织、个人的不动产或者动产被征用或者征用后毁损、灭失的，应当给予补偿。”本次修改将“占用、征收或者征用林地”修改为“占用”更加准确。因为林业主管部门的审核内容为是否允许改变林地用途，而不对土地征收或者征用进行审查。如果需要征收或者征用林地的，应当按照土地管理法的有关规定办理。第二，增加了森林植被恢复费征收使用管理办法由国务院财政主管部门会同林业主管部门制定的规定。第三，删除了任何单位和个人不得挪用森林植被恢复费并由县级以上人民政府审计机关对森林植被恢复费使用的情况加强监督的规定。《财政违法行为处罚处分条例》第二条第一款规定，县级以上人民政府财政部门及审计机关在各自职权范围内，依法对财政违法行为作出处理、处罚决定。因此，森林法不再进行重复性规定。

条文解读

一、确需占用林地的应当严格履行法定程序

所谓占用林地是指用地单位因进行矿藏勘查、开采和其他各类建设工程的需要，依法使用国家所有或者集体所有的林地。在本条“确需占用林地”的表述中林地可以是国有林地，也可以是集体林地。我国是一个森林资源相对缺乏的国家，尽可能地少占或者不占林地是直接关系到林业发展的重要问题。因此本条对占用林地的原则作出规定，即实施勘查、开采矿藏及其他各类建设工程，应当不占或者少占林地。

依照本条规定，必须占用林地的，应当经过三个程序：一是经县级以上人民政府林业主管部门审核同意；二是依法办理建设用地审批手续；三是占用林地的单位应当缴纳森林植被恢复费。

1. 占用林地必须经林业主管部门审核同意。这一规定是1998年修改森林法时增加的规定。实践证明，占用林地

经林业主管部门审核把关，是控制林地占用，保护森林资源的有效措施之一，也是十分必要的。本次修法予以保留。

2. 占用林地必须依法办理建设用地审批手续。根据原国家林业局《建设项目使用林地审核审批管理办法》[①] 的有关规定，林业主管部门对建设项目使用林地审核和审批，主要是从占用林地对森林生态环境的影响程度，以及建设项目是否合理和节约、集约利用林地等方面进行审查，并不涉及土地的征收、安置补偿等与相对人具体权利义务相关的内容，也不涉及林地转为建设用地的内容。因此，本次修改森林法，将“必须占用或者征收、征用林地的，经县级以上人民政府林业主管部门审核同意后，依照有关土地管理的法律、行政法规办理建设用地审批手续”修改为“必须占用林地的，经县级以上人民政府林业主管部门审核同意，依法办理建设用地审批手续”。也就是说，占用林地如果涉及林地权属的变更，涉及如何给原所有者、原使用者安置、补偿等问题，涉及林地转为建设用地的问题，必须依照土地管理法等法律和土地管理法实施条例等行政法规的规定办理建设用地审批手续。

3. 占用林地的单位必须缴纳森林植被恢复费。这一规定是1998年修改森林法时增加的规定，本次修法依然保留。矿藏勘查、开采及其他各类工程建设，都会给森林资源造成一定的损失，因此，占用林地的单位应当缴纳森林

① 部分失效。

植被恢复费。2002 年 10 月 25 日，财政部和原国家林业局发布《森林植被恢复费征收使用管理暂行办法》(财综〔2002〕73 号)，规定了森林植被恢复费具体征收标准，并于 2015 年上调了森林植被恢复费的征收标准。对占用林地的，要缴纳森林植被恢复费，一方面，能够保证森林资源和森林覆盖率不因占用林地而减少；另一方面，对占用林地的单位也是一种经济约束机制，可以利用经济手段控制林地的减少。这一规定为林地在被占用后，有资金恢复森林植被、重新造林提供了法律保障，用地单位必须严格遵守。本次森林法修订还明确森林植被恢复费征收使用管理办法由国务院财政主管部门会同林业主管部门制定。

二、森林植被恢复费的使用和监督

1. 森林植被恢复费的使用。为更加合理、有效地利用森林植被恢复费，森林法专门对森林植被恢复费如何使用作出明确规定，即在本条第三款规定县级以上人民政府林业主管部门应当按照规定安排植树造林，恢复森林植被。同时还规定植树造林面积不得少于因占用林地而减少的森林植被面积。

2. 森林植被恢复费的监督。为对森林植被恢复费的使用情况进行监督，使森林植被恢复费真正用在植树造林，恢复森林植被上，森林法规定了监督措施。法律要求上级林业主管部门应当定期督促下级林业主管部门组织植树造林、恢复森林植被，并进行检查。

相关规定

《中华人民共和国土地管理法》第四十四条，《中华人民共和国森林法实施条例》第十六条，《大中型水利水电工程建设征地补偿和移民安置条例》第十六条

第三十八条 需要临时使用林地的，应当经县级以上人民政府林业主管部门批准；临时使用林地的期限一般不超过二年，并不得在临时使用的林地上修建永久性建筑物。

临时使用林地期满后一年内，用地单位或者个人应当恢复植被和林业生产条件。

条文主旨

本条是关于临时使用林地应当经林业主管部门审批和期满后恢复林业生产条件的规定。

立法背景

本条是此次修改新增加的规定，将森林法实施条例关于临时使用林地的有关规定上升为法律。

条文解读

一、临时使用林地由县级以上人民政府林业主管部门批准

临时使用林地通常需要对林地上的林木和植被进行清理，不仅损毁植被和林地，甚至造成山体裸露，恢复成本极高。特别是有些临时使用林地，会造成林地不可逆转的损毁，对生态的影响可能要几十年甚至上百年才能完全消除。各级林业主管部门要提高认识，严把审批关，强化执法监督，切实加强对建设项目临时使用林地的监管，确保临时使用林地合法有序。

二、临时使用林地的期限一般不超过二年，并不得在临时使用的林地上修建永久性建筑物

临时使用林地的期限一般为二年，期满后还需要继续使用林地的，必须办理延续手续。临时使用林地不得修建永久性建筑物、构筑物和其他设施。不得以临时占地为名批准永久性使用林地，不得批准对林地表土层造成永久性破坏的建设项目附属工程临时占用林地，不可恢复林业生产条件的采石（沙）场、取土场等应当办理永久性使用林地手续。

三、临时使用林地期满后一年内，用地单位或者个人应当恢复植被和林业生产条件

建立临时使用林地恢复植被和林业生产条件验收制度，

临时使用林地的单位完成恢复林业生产条件后，由有关部门组织验收。一年内恢复植被和林业生产条件，并经有关主管部门组织验收后，交还给原土地所有权人或使用权人。按照“谁破坏，谁修复”的原则，临时使用林地的单位或者个人为恢复林业生产条件的法定义务人，必须对临时占用林地承担恢复林业生产条件的义务。对临时使用期满后拒不归还、未依法恢复林业生产条件或修建永久性建（构）筑物逾期不拆除的，依照本法第六十九条的规定进行处罚。

相关规定

《中华人民共和国土地管理法》第五十七条，《中华人民共和国森林法实施条例》第十七条，《全国林地保护利用规划纲要（2010—2020年）》

第三十九条 禁止毁林开垦、采石、采砂、采土以及其他毁坏林木和林地的行为。

禁止向林地排放重金属或者其他有毒有害物质含量超标的污水、污泥，以及可能造成林地污染的清淤底泥、尾矿、矿渣等。

禁止在幼林地砍柴、毁苗、放牧。

禁止擅自移动或者损坏森林保护标志。

条文主旨

本条是关于禁止毁坏林木、林地和森林保护标志的规定。

立法背景

本条对原森林法第二十三条作了部分修改。具体修改内容如下：第一，将“毁林行为”修改为“毁坏林木和林地的”行为。第二，新增“禁止向林地排放重金属或者其他有毒有害物质含量超标的污水、污泥，以及可能造成林地污染的清淤底泥、尾矿、矿渣等”规定。第三，删除“禁止在特种用途林内砍柴、放牧”的规定。特种用途林是按照用途对森林的分类，与幼林地不是平行和并列的关系，在特种用途林内实施的毁林行为可以被本条第一款包含。第四，新增禁止在幼林地的“毁苗”行为。第五，将“进入森林和森林边缘地区的人员，不得擅自移动或者损坏为林业服务的标志”修改为“禁止擅自移动或者损坏森林保护标志”。

条文解读

本条的禁止性行为主要有以下几种：

一、禁止毁林开垦、采石、采砂、采土以及其他毁坏林木和林地的行为

所谓毁林开垦，是指通过放火烧山等手段将林木毁掉，使林地转变为种植粮食等农作物的耕地的行为。所谓其他毁坏林木的行为，是指除毁林开垦和毁林采石、采砂、采土外，在长有林木的地方采矿、采种、采脂、修坟、建房等的行为。其他毁坏林地的行为是指除采石、采砂、采土毁坏林地的行为外，在林地上实施建窑、建坟、建房、种植农作物、堆放或排泄废弃物等行为或者进行其他非林业生产、建设，造成林地的原有植被或林业生产条件毁坏或者污染的行为。上述行为或者改变了林地的用途，或者破坏了林地的使用功能，或者直接损坏了林木，都会对森林资源的保护和林业的发展产生不利影响，所以必须加以禁止。

二、禁止向林地排放重金属或者其他有毒有害物质含量超标的污水、污泥，以及可能造成林地污染的清淤底泥、尾矿、矿渣等

为保护生态环境，法律对污染林地的违法行为必须严惩。向林地排放污染物的行为，既是违反森林法第三十九条的行为，也是违反土壤污染防治法第二十八条的行为。考虑到各单行法律对同一违法行为的行政处罚应保持统一，否则对相对人而言就失去了公平，因此，本法第七十四条关于法律责任与土壤污染防治法第八十七条作了衔接性的规定。

三、禁止在幼林地砍柴、毁苗、放牧

所谓幼林地，是指林木尚未成熟的林地（郁闭度 0.3

以下的新造林地）。幼林地是处于森林未郁闭前的状态，其林分结构还不够稳定，极易受到外界环境的影响和破坏，且自我修复功能较差，受到伤害后很难恢复，所以需要特殊保护。

四、禁止擅自移动或者损坏森林保护标志

森林保护标志，是指在森林和森林边缘地区，为进行调查区划、确定权属、保护森林资源等的需要而设立的固定标志，具体来讲，可以包括森林资源调查样地的永久性标志，调查区划的界桩，森林铁路、林区公路的标志，也可以包括造林、护林、育林等各种林业的标志、布告牌等。如果擅自移动或者损坏森林保护标志，就会产生诸如测量数据的不准确性、各种权属界限的混乱等问题，直接影响到森林资源保护和管理、经济建设甚至国防建设，所以需要妥善保护。

相关规定

《中华人民共和国农业法》第六十二条，《中华人民共和国土壤污染防治法》第二十八条，《中华人民共和国环境保护法》第四十二条

第四十条 国家保护古树名木和珍贵树木。禁止破坏古树名木和珍贵树木及其生存的自然环境。

条文主旨

本条是关于保护古树名木和珍贵树木的规定。

立法背景

本条是此次修改新增加的规定，将古树名木和珍贵树木保护首次写入森林法中。

条文解读

一、国家保护古树名木和珍贵树木

《城市绿化条例》第二十四条的规定："百年以上树龄的树木，稀有、珍贵树木，具有历史价值或者重要纪念意义的树木，均属古树名木。"古树名木是自然界和前人留下来的珍贵遗产，是森林资源中的瑰宝，具有极其重要的历史、文化、生态、科研价值和较高的经济价值。据2014年不完全统计，全国共有古树名木1200余万株，它们对于传承中华历史文化，弘扬生态文明理念，积极推进生态文明建设具有十分重大的意义。古树名木总量虽然较为庞大，但是分布十分分散，增长极为缓慢。而且，其中有一定比例属于衰弱甚至濒危期，保护形势不容乐观。这些古树名木一旦受到破坏将难以复壮，一旦受到砍伐将难以复生。为此，新修订的森林法特别增加了国家保护古树名木的规定。

原森林法对保护"珍贵树木"分别有明确规定，第二十四条第三款作出“对自然保护区以外的珍贵树木和林区内具有特殊价值的植物资源，应当认真保护；未经省、自治区、直辖市林业主管部门批准，不得采伐和采集”之规定。第四十条作出“违反本法规定，非法采伐、毁坏珍贵树木的，依法追究刑事责任”之规定。新修订的森林法删除了上述第二十四条、第四十条的内容，将珍贵树木和古树名木并列在一起保护。

二、禁止破坏古树名木和珍贵树木及其生存的自然环境

古树名木和珍贵树木应原地保护，严禁违法砍伐或者移植。要严格保护好古树名木和珍贵树木的原生地生长环境，设立保护标志，完善保护设施。探索划定古树名木和珍贵树木保护红线，严禁破坏古树名木和珍贵树木及其自然环境。破坏珍贵树木和古树名木是一种严重的违法行为。刑法第三百四十四条规定：“违反国家规定，非法采伐、毁坏珍贵树木或者国家重点保护的其他植物的，或者非法收购、运输、加工、出售珍贵树木或者国家重点保护的其他植物及其制品的，处三年以下有期徒刑、拘役或者管制，并处罚金；情节严重的，处三年以上七年以下有期徒刑，并处罚金。”这则法律条款，虽未出现“古树名木”概念，但是，在《最高人民法院关于审理破坏森林资源刑事案件具体应用法律若干问题的解释》（法释〔2000〕36号）第一条作了解释，即“珍贵树木”，包括由省级以上林业主管部门或者其他部门确定的具有重大历史纪念意义、科学研究价值或者年代久远的古树名木，国家禁止、限制出口的珍贵树木以及列入国家重点保护野生植物名录的树木。

相关规定

《中华人民共和国环境保护法》第二十九条，《中华人民共和国刑法》第三百四十四条，《城市绿化条例》第二十四条，《最高人民法院关于审理破坏森林资源刑事案件具体应用法律若干问题的解释》第一条，《中共中央、国务院关于加快推进生态文明建设的意见》

第四十一条　各级人民政府应当加强林业基础设施建设，应用先进适用的科技手段，提高森林防火、林业有害生物防治等森林管护能力。

各有关单位应当加强森林管护。国有林业企业事业单位应当加大投入，加强森林防火、林业有害生物防治，预防和制止破坏森林资源的行为。

条文主旨

本条是关于政府、各有关单位加强林业基础设施建设，增强森林管护能力的规定。

立法背景

本条是此次修改新增加的规定，对各级人民政府、有关单位、国有林业企业事业单位在森林防火、林业有害生物防治等方面的职责提出要求，共同履行好保护森林资源的职责。

条文解读

一、各级人民政府应当加强林业基础设施建设，应用先进适用的科技手段，提高森林管护能力

林业基础设施是否完善直接影响着森林保护效果。《中共中央、国务院关于加快林业发展的决定》中明确提到，要把重大林业基础设施建设的投资纳入各级政府的财政预算，并予以优先安排。各级人民政府要加快林业的基础设施建设，加大投入力度，推进林区道路建设，大幅度提高林区道路网密度，改善林区生产条件。各级人民政府要重点解决林业装备落后、管理手段粗放、应急能力不足、信息化薄弱、科技含量低等突出问题，全面提升林业设施装备保障能力，提高生态风险防控能力，奠定林业现代化基础。因此，本次森林法修订新增了各级人民政府加强林业基础设施建设的规定。

二、各有关单位应当加强森林管护。国有林业企业事业单位应当加大投入，加强森林防火、林业有害生物防治，预防和制止破坏森林资源的行为

本条第二款进一步明确要求各有关单位加强森林管护，特别是国有林业企业事业单位应当切实加大对森林防火、林业有害生物防治等基础设施建设的投入，提高装备技术水平，加强监测预警、检疫御灾和应急处置能力，积极应对森林火灾和突发林业生物灾害。同时，要注意以基层基础建设为重点，坚持加大投入、强化资金支持，积极预防和严厉打击破坏森林资源行为，形成保护森林资源的坚强堡垒。

相关规定

《森林防火条例》第五条、第九条、第二十条，《中华人民共和国农业技术推广法》第二条，《中华人民共和国进出境动植物检疫法》第五条，《中共中央、国务院关于加快林业发展的决定》，《国务院办公厅关于进一步加强林业有害生物防治工作的意见》

第五章　造林绿化

第四十二条　国家统筹城乡造林绿化，开展大规模国土绿化行动，绿化美化城乡，推动森林城市建设，促进乡村振兴，建设美丽家园。

条文主旨

本条是关于统筹城乡造林绿化，开展大规模国土绿化行动的总体性规定。

立法背景

本条是此次修改新增加的规定，主要是将多年来在我国国土绿化中经过实践证明行之有效的做法在法律中予以体现，推动下一步国土绿化行动有效开展。

条文解读

一是开展大规模国土绿化。国土绿化是建设生态文明、维护生态安全的重要内容，也是建成美丽中国、实施乡村振兴战略的有效抓手。2016 年，习近平总书记在主持中央财经领导小组第十二次会议上的讲话中指出，森林关系国家生态安全，要着力推进国土绿化，着力提高森林质量，着力开展森林城市建设，着力建设国家公园。2017 年，党的十九大报告明确提出“开展国土绿化行动”，推进荒漠化、石漠化、水土流失综合治理。因此各地、各部门（系统）应认真践行绿水青山就是金山银山理念，以增绿增质增效为主攻方向，统筹山水林田湖草系统治理，组织动员全社会力量推进大规模国土绿化行动，党的十八大以来，全国平均每年完成造林约一亿亩，国土绿化取得明显成效。

二是推动森林城市建设。开展森林城市建设，是适应中国国情和发展阶段，推进城市生态建设的实践创新。2004 年，在关注森林活动组委会的倡议和推动下，原国家林业局开展了国家森林城市建设，授予贵阳首个国家森林城市称号，成为我国森林城市建设事业正式启动的重要标志。经过多年的发展，全国已有约 200 个城市获得国家森林城市称号。在森林法中明确“推动森林城市建设”，就是将党中央精神和实践做法转化为法律制度，为进一步推动森林城市建设、国土绿化提供法制保障。

三是绿化美化乡村、促进乡村振兴。按照乡村振兴战略、农村人居环境整治的总体要求，开展乡村绿化美化是建设美丽乡村的重要内容。乡村绿化是改善农村环境展示生态建设成果的重要举措，是美丽乡村建设的重要内容，也是党的十九大提出的实施乡村振兴战略的重要组成部分。

绿化美化乡村、以绿色发展引领乡村振兴，要全面保护乡村自然生态系统的原真性和完整性，加强乡村原生植被、自然景观、小微湿地和野生动植物保护，实施严格的开发管控制度，多措并举推进乡村绿化，提高绿化质量和水平，积极改善农村人居环境。北京市出台《关于进一步加强北京市美丽乡村绿化美化工作的指导意见》，创建首都森林城镇6个、首都绿色村庄50个。河北省制定《河北省农村人居环境整治三年行动实施方案（2018—2020年）》，完成环村林建设1.4万公顷、庭院绿化2200公顷。福建省建成森林城市（含城镇）100个、森林村庄1000个。到2020年，全国将建成2万个国家森林乡村。

相关规定

《决胜全面建成小康社会 夺取新时代中国特色社会主义伟大胜利——在中国共产党第十九次全国代表大会上的报告》，《中共中央、国务院关于加快推进生态文明建设的意见》，《中共中央国务院关于全面加强生态环境保护坚决打好污染防治攻坚战的意见》，《“十三五”生态环境保护规划》

第四十三条　各级人民政府应当组织各行各业和城乡居民造林绿化。

宜林荒山荒地荒滩，属于国家所有的，由县级以上人民政府林业主管部门和其他有关主管部门组织开展造林绿化；属于集体所有的，由集体经济组织组织开展造林绿化。

城市规划区内、铁路公路两侧、江河两侧、湖泊水库周围，由各有关主管部门按照有关规定因地制宜组织开展造林绿化；工矿区、工业园区、机关、学校用地，部队营区以及农场、牧场、渔场经营地区，由各该单位负责造林绿化。组织开展城市造林绿化的具体办法由国务院制定。

国家所有和集体所有的宜林荒山荒地荒滩可以由单位或者个人承包造林绿化。

条文主旨

本条是关于造林绿化责任主体和宜林荒山荒地荒滩承包造林的法律规定。

立法背景

本条在此次修改中进一步完善了造林绿化的规定，增加了在荒滩、城市规划区内、工业园区等开展造林绿化的规定。

条文解读

一、关于各级人民政府组织造林绿化

造林绿化需要全国动员、全民动手、全社会共同参与。

各级人民政府要做好组织领导工作。各级地方人民政府应当根据本法第三章“发展规划”中规定的全国造林绿化规划的要求，组织和动员各行各业和城乡居民进行造林绿化。各部门、各系统、各单位要按照造林绿化规划的统一规划，各负其责，认真完成造林绿化任务。在开展全民义务植树活动中，要按照规定层层落实任务，确保完成。

二、关于城市规划区、铁路、公路、江湖等区域造林的规定

搞好城市规划区、铁路、公路两旁、江河、湖泊周围和工矿区、工业园区、机关、学校用地以及部队营区、农场、牧场、渔场等区域的造林绿化，有利于加快国土绿化、改善生态环境。按照全社会办林业、全民搞绿化的原则，各有关主管部门、单位应当对其所属的区域组织或者负责造林。本条第三款和原森林法相比，有两点变化：一是在原森林法明确各行各业、城乡居民造林绿化任务的基础上，根据经济社会发展情况增加了“城市规划区内”“工业园区”有关主管单位负责造林绿化的职责。二是增加“组织开展城市造林绿化的具体办法由国务院制定”的规定。城市绿化是国土绿化的组成部分，1992 年国务院制定了《城市绿化条例》，本次修订增加“组织开展城市造林绿化的具体办法由国务院制定”，实现了法律制度的衔接，有利于推动城市绿化。

三、关于宜林荒山荒地荒滩造林的规定

我国规划的林业用地中还有相当数量的属于无林地，

这为开展植树造林、扩大森林面积提供了有利条件。根据本条第二款的规定，依土地所有权的不同，由不同的部门组织造林绿化。属于国家所有的宜林荒山荒地，由林业主管部门和其他主管部门组织开展造林绿化；属于集体所有的宜林荒山荒地，由该集体经济组织开展造林绿化。修订后的森林法将“宜林荒山荒地”扩大至“宜林荒山荒地荒滩”，主要是与土地管理法、农村土地承包法“荒山、荒沟、荒丘、荒滩”的表述进行衔接，范围更加准确、全面。我国宜林荒山荒地荒滩的造林任务非常繁重，不仅要组织各行各业和城乡居民参加造林绿化，而且要采取各种形式完成绿化荒山荒地荒滩任务。采取由单位或者个人承包造林的方式，可以调动单位或者个人植树造林的积极性，加快荒山荒地荒滩的绿化进程。根据本条第四款的规定，国家所有和集体所有的宜林荒山荒地，可以由集体或者个人承包造林。

相关规定

《中华人民共和国防洪法》第二十五条，《中华人民共和国铁路法》第四十五条，《中华人民共和国公路法》第四十一条，《中华人民共和国农村土地承包法》第五十条，《中华人民共和国水土保持法》第三十四条，《中华人民共和国森林法实施条例》第二十六条，《城市绿化条例》第七条

第四十四条 国家鼓励公民通过植树造林、抚育管护、认建认养等方式参与造林绿化。

条文主旨

本条是关于公民参与造林绿化方式的规定。

立法背景

本条是此次修改新增加的规定。植树造林已经成为造林绿化的重要组成部分，在推进大规模国土绿化行动方面起着重要作用。新修订的森林法在总则中明确了植树造林、保护森林是公民应尽的义务。全民义务植树为植树造林事业做出了重要贡献。然而，随着经济社会发展，尤其对城市居民来说，受植树造林地点有限等因素制约，进行植树造林存在着若干不便，不利于公民充分履行植树造林义务。本条主要是将多年来在造林绿化实践中的一些有效做法上升为法律，促进各地方结合地方实际因地制宜地开展下一步造林绿化行动。

条文解读

为进一步调动社会公众参与造林绿化的积极性，为广大群众提供更多更便利的途径参与造林绿化，2017 年 6 月 13 日，全国绿化委员会印发了《全民义务植树尽责形式管理办法（试行）》（全绿字〔2017〕6 号），规定了包括造林绿化、抚育管护、自然保护、认种认养、设施修建、捐资捐物、志愿服务和其他形式共八种植树形式，并明确了每种形式的含义。其中，抚育管护是指直接参加对现有乔、灌、草植被除草除杂、浇水、松土施肥、有害生物防治、整枝修剪、间伐等抚育管护活动；认建认养是指通过直接投工投劳或者捐资代劳，在指定地点新建乔、灌、草植被，或者对指定乔、灌、草植被进行冠名或者非冠名的养护形式。

本次森林法修订，鼓励公民除植树造林外也可通过参与抚育管护、认建认养等方式参加植树造林活动，赋予公民更大的选择权和自主权，有利于方便更多的民众积极参与造林绿化。

相关规定

《国务院关于开展全民义务植树运动的实施办法》，《全民义务植树尽责形式管理办法（试行）》

第四十五条　各级人民政府组织造林绿化，应当科学规划、因地制宜，优化林种、树种结构，鼓励使用乡土树种和林木良种、营造混交林，提高造林绿化质量。

国家投资或者以国家投资为主的造林绿化项目，应当按照国家规定使用林木良种。

条文主旨

本条是关于各级人民政府组织造林绿化应遵循的原则以及在树种选择方面的规定。

立法背景

本条是此次修改新增加的规定，主要规定了各级人民政府造林绿化的职责和国有投资项目使用林木良种的义务，以促进造林绿化的科学性，提高造林绿化质量。

条文解读

一、科学造林，提高造林绿化质量

造林绿化是一项实践性和技术性很强的工作，必须遵循自然规律，符合造林绿化相关技术规程要求。本法规定各级人民政府组织造林绿化应当科学规划，因地制宜，优化林种、树种结构，突出强调造林绿化的科学性，实现科学造林。在树种的选择上，乡土树种土生土长，经过长期的自然选择，具有抗逆性和适应性强以及育苗成本低、成活率高的优点，鼓励在造林绿化中使用乡土树种有利于提升造林成效。林木良种经由省级以上林木良种审定委员会审定或认定，性状优良，使用价值较高，推广使用林木良种，对提高林地产出率，缓解木材供需矛盾有着重要意义。但由于部分群众对林木良种重要性认识不足、林木良种价格相对较高等因素，我国目前造林良种化程度还不高，全面使用林木良种还不具备条件。因此，鼓励在造林绿化中使用林木良种符合我国目前实际情况，也有利于逐步推广使用林木良种。同时，营造单一纯林在抵抗病虫害等方面存在不足，而营造混交林能更好地利用光能和立地条件，提高林分质量。通过以上各项措施相结合，科学造林，提高造林绿化质量。

二、国家投资或以国家投资为主的造林绿化项目应当使用林木良种

为推广使用林木良种，提高国有造林资金的使用效益，本法对国家投资或以国家投资为主的造林绿化项目使用林木良种提出了明确要求。造林单位应当根据当地林业主管部门制定的林木良种使用计划在造林绿化中使用林木良种，提高林地产出率。这是对国家投资或以国家投资为主的造林绿化项目的特殊规定。对于其他造林绿化项目，可以根据实际情况尽量使用林木良种，法律未作强制性规定。

相关规定

《中华人民共和国种子法》第四十五条，《退耕还林条例》第二十六条，《国务院办公厅关于加强林木种苗工作的意见》

第四十六条 各级人民政府应当采取以自然恢复为主、自然恢复和人工修复相结合的措施，科学保护修复森林生态系统。新造幼林地和其他应当封山育林的地方，由当地人民政府组织封山育林。

各级人民政府应当对国务院确定的坡耕地、严重沙化耕地、严重石漠化耕地、严重污染耕地等需要生态修复的耕地，有计划地组织实施退耕还林还草。

各级人民政府应当对自然因素等导致的荒废和受损山体、退化林地以及宜林荒山荒地荒滩，因地制宜实施森林生态修复工程，恢复植被。

条文主旨

本条是关于保护修复森林生态系统，实施退耕还林还草以及因地制宜实施森林生态修复工程的规定。

立法背景

本条是在原森林法第二十八条的基础上修改而来，丰富完善了森林生态系统修复的内容，增加规定了以自然恢复为主、自然恢复和人工修复相结合的森林生态修复原则，并对坡耕地、严重沙化耕地、严重石漠化耕地、严重污染耕地、荒废和受损山体、退化林地以及宜林荒山荒地荒滩等的修复作出规定。

条文解读

一、科学保护修复森林生态系统

党的十九大报告中指出，必须树立和践行绿水青山就是金山银山的理念，统筹山水林田湖草系统治理，坚持节约优先、保护优先、自然恢复为主的方针，加大生态系统保护力度。党的十九届四中全会通过的《中共中央关于坚持和完善中国特色社会主义制度 推进国家治理体系和治理能力现代化若干重大问题的决定》指出，健全生态保护和修复制度，统筹山水林田湖草一体化保护和修复，加强森林、草原等自然生态保护。森林生态系统作为整个生态系统的重要组成部分，需要采取科学方式保护和修复。本次森林法修订增加了保护修复森林生态系统的内容。考虑到森林生态系统还需要采取人为措施进行人工修复，如退化林改造等。因此，规定科学保护修复森林生态系统应当采取自然恢复为主、自然恢复和人工修复相结合的措施。

二、封山育林就是利用林木天然更新的能力，在有条件的山区，定期封山，经过封禁和管理，使森林植被得以恢复的育林方式

采取封山育林的方式，可以充分发挥林木的天然更新能力，用工少、成本低、效益大。因此，应当在积极开展人工造林的同时，大力发展封山育林。封山育林适合于天然更新能力强的疏林地、造林不易成活需要改善土地条件的荒山荒地、幼林地以及一切其他有天然恢复植被可能的荒山和荒地。由于封山育林涉及山区群众的利益，要制定有效的封山措施，确保封山育林收到良好的效果。因此，本条维持原森林法中关于封山育林的有关规定。

三、退耕还林还草

1999 年，基于对长江、松花江流域特大洪涝灾害的深刻反思，党中央、国务院将“封山植树、退耕还林”放在灾后重建综合措施的首位，启动实施了退耕还林还草工程。2000 年制定的《中华人民共和国森林法实施条例》中规定：“25 度以上的坡地应当用于植树、种草。25 度以上的坡耕地应当按照当地人民政府制定的规划，逐步退耕，植树和种草。”2002 年制定的《退耕还林条例》对实施退耕还林进行了规范。20 多年来，全国累计实施退耕地还林还草 1.99 亿亩，林草植被大幅增加，风沙危害和水土流失得到有效遏制，取得了显著的生态、经济和社会效益。2014 年 8 月，国家发展改革委、财政部会同原国家林业局等五部门联合印发了《新一轮退耕还林还草总体方案》，将退耕还林还草的范围严格限定在 25 度以上坡耕地、严重沙化耕地和重要水源地 15—25 度坡耕地。2018 年 5 月，国家林业和草原局印发了《新一轮退耕地还林检查验收办法》，对退耕地范围进行了调整，除 25 度以上坡耕地、严重沙化耕地、重要水源地 15—25 度坡耕地外，将严重污染耕地、陡坡耕地梯田、国家批准用于退耕还林的其他耕地也纳入了退耕地类别。2018 年 11 月，全国绿化委员会、国家林业和草原局联合印发了《关于积极推进大规模国土绿化行动的意见》，逐步将陡坡耕地、重要水源地 15—25 度坡耕地、严重沙化耕地、严重污染耕地、严重石漠化耕地、易地扶贫搬迁腾退耕地等不宜耕种耕地，特别是将长江经济带生态修复需要的退耕地及禁垦坡度以上坡耕地纳入退耕还林还草工程范围。退耕还林还草作为一项重要的生态保护修复制度，需要继续坚持并不断完善。此次森林法修订将行政法规及相关文件内容上升为法律，为更好地实施退耕还林还草提供了法律保障。

四、实施森林生态修复工程

党的十八大以来，全国共完成造林 4114. 6 万公顷。其中，人工造林 2434. 1 万公顷，飞播造林 82. 4 万公顷，封山育林 1053. 4 万公顷，人工更新造林 147. 3 万公顷，退化林修复 397. 3 万公顷，国土绿化成效显著。为保护和修复生态系统，实现宜林则林、宜草则草、宜灌则灌，本次森林法修订增加各级人民政府应当对自然因素等导致的荒废和受损山体、退化林地以及宜林荒山荒地荒滩，因地制宜实施森林生态修复工程，恢复植被的规定。

相关规定

《中华人民共和国防沙治沙法》第二十条，《中华人民共和国环境保护法》第三十三条，《中华人民共和国土壤污染防治法》第五十四条，《中华人民共和国农业法》第十六条，《退耕还林条例》第十五条，《关于加快推进生态文明建设的意见》，《“十三五”生态环境保护规划》

第六章　经营管理

第四十七条　国家根据生态保护的需要，将森林生态区位重要或者生态状况脆弱，以发挥生态效益为主要目的的林地和林地上的森林划定为公益林。未划定为公益林的林地和林地上的森林属于商品林。

条文主旨

本条是关于公益林和商品林划定基本原则的规定。

立法背景

本条是此次修改新增加的规定，是此次修改的一项重要内容，将森林分为公益林和商品林，实行不同的保护和管理措施，既可以提高森林保护的针对性和有效性，又可以促进森林资源的合理利用。

条文解读

一、明确两类林划定的基本原则的意义

分类经营管理制度是贯穿森林法修改的一条主线，明

确公益林和商品林的划定原则是实行分类经营管理，充分发挥森林多种功能的前提。1995 年，原国家体制改革委员会、林业部联合颁布的《林业经济体制改革总体纲要》中提出“森林资源培育要按照森林的用途和生产经营目的划定公益林和商品林，实施分类经营，分类管理”。2003 年，《中共中央、国务院关于加快林业发展的决定》明确提出，实行林业分类经营管理体制。将全国林业区分为公益林业和商品林业两大类，分别采取不同的管理体制、经营机制和政策措施。截至 2018 年，全国共划定国家级公益林 17 亿亩。本次修改总结实践经验，将公益林划定的基本原则在法律中予以明确，并规定未划定为公益林的林地和林地上的森林属于商品林，为两类林的区划界定和管理提供了法律依据。

二、公益林划定的基本原则

实行分类经营制度的目的是充分发挥森林多种功能，满足全社会的多元需求，提高管理效能。公益林应以发挥森林生态效益为主要目的，在生态区位上：一是江河源头、江河两岸等森林生态区位重要地区；二是荒漠化和水土流失严重等生态状况脆弱地区。因此，本条通过将森林主导功能和生态区位的要求相结合的方式，明确将森林生态区位重要或者生态状况脆弱，以发挥生态效益为主要目的的林地和林地上的森林划定为公益林。

三、两类林区划界定的对象

不同于原森林法中“五大林种”的分类对象仅为森林

和林木，本条规定公益林和商品林的区划界定对象为林地和林地上的森林。主要基于以下两点考虑：一是公益林的划定原则是以主导功能和生态区位为分类依据的，这就要求公益林的内涵不仅是以发挥森林生态效益为主要目的森林，还要林地位于生态区位重要或者生态状况脆弱地区。二是从分类经营管理制度的具体实施出发，两类林的差别化经营管理不仅体现在林木采伐等森林经营管理的要求上，也体现在林地资源和森林景观资源的管理要求上。综上，两类林区划界定的对象为林地和林地上的森林共同构成的整体，而非单一的森林或者林地。

相关规定

《中共中央、国务院关于加快林业发展的决定》，《关于全面推进集体林权制度改革的意见》

第四十八条 公益林由国务院和省、自治区、直辖市人民政府划定并公布。

下列区域的林地和林地上的森林，应当划定为公益林：

（一）重要江河源头汇水区域；

（二）重要江河干流及支流两岸、饮用水水源地保护区；

（三）重要湿地和重要水库周围；

（四）森林和陆生野生动物类型的自然保护区；

（五）荒漠化和水土流失严重地区的防风固沙林基干林带；

（六）沿海防护林基干林带；

（七）未开发利用的原始林地区；

（八）需要划定的其他区域。

公益林划定涉及非国有林地的，应当与权利人签订书面协议，并给予合理补偿。

公益林进行调整的，应当经原划定机关同意，并予以公布。

国家级公益林划定和管理的办法由国务院制定；地方级公益林划定和管理的办法由省、自治区、直辖市人民政府制定。

条文主旨

本条是关于公益林的划定权限、条件、调整和管理办法的规定。

立法背景

本条是此次修改新增加的规定，对公益林的划定、范围、补偿、调整等作出具体规定，明确了公益林保护制度的基本内容，并授权国务院和地方作出具体规定，调动地方保护的积极性。

条文解读

一、公益林的划定权限

实践中，公益林分为国家级公益林和地方级公益林。明确规定公益林由国务院和省、自治区、直辖市人民政府进行划定并公布，体现了公益林划定的重要性和严肃性。公益林划定必须公布，一是公益林需要全社会共同保护，向社会公开，有利于公众监督；二是公益林划定涉及权利人合法权利的保护，要避免权利人在不知情的情况下，其林地和林地上的林木被划入公益林。

二、公益林的划定条件

本条在第四十七条确定的基本原则基础上，为了增强法律的指引性和可操作性，进一步明确了公益林的划定区域。本次修订，在总结公益林划定实践做法的基础上，规定重要江河源头汇水区域，重要江河干流及支流两岸、饮用水水源地保护区，重要湿地和重要水库周围等区域的林地和林地上的森林等，应当划定为公益林。考虑到全国生态状况的差异性，本款第八项作了兜底性规定。

三、非国有公益林划定的特别规定

本次修订加强了对非国有公益林经营者权利的保护。公益林是以发挥生态功能为主要目的，在经营管理中，必然会牺牲其经济功能。例如，根据本法第五十五条的规定，公益林只能进行抚育、更新和低质低效林改造性质的采伐。因此，在公益林划定过程中，对于集体所有的林地以及林地上的森林，如果需要划入公益林的，应当兼顾生态保护需要和林权权利人的利益，征得权利人的同意，并与权利人签订书面协议，并给予合理补偿。特殊情况下，对于生态区位极其重要的非国有公益林，可以依据民法典相关规定以及本法第二十一条的规定，依法征收为国家所有后划定为公益林。

四、公益林调整和管理

实践中由于各种原因，会导致公益林的调入和调出，因此本条对于调整程序作了特别规定。此外，为细化公益林的划定和管理，本次修订授权国务院和省级人民政府制定具体办法。

相关规定

《中华人民共和国防沙治沙法》第十六条，《中华人民共和国水土保持法》第二十二条，《中华人民共和国海洋环境保护法》第二十七条，《中华人民共和国自然保护区条例》第二十六条

第四十九条 国家对公益林实施严格保护。

县级以上人民政府林业主管部门应当有计划地组织公益林经营者对公益林中生态功能低下的疏林、

残次林等低质低效林，采取林分改造、森林抚育等措施，提高公益林的质量和生态保护功能。

在符合公益林生态区位保护要求和不影响公益林生态功能的前提下，经科学论证，可以合理利用公益林林地资源和森林景观资源，适度开展林下经济、森林旅游等。利用公益林开展上述活动应当严格遵守国家有关规定。

条文主旨

本条是关于公益林经营管理的基本规定。

立法背景

本条是此次修改新增加的规定，对公益林的保护和管理作出规定。为防止滥用公益林开展经营活动，本条明确规定对公益林实行严格保护的原则，公益林应当以保护为主，在严格保护的前提下可以适度合理利用。

条文解读

一、公益林经营管理的基本原则

对于公益林，核心就是严格保护。严格保护公益林，充分发挥森林蓄水保土、涵养水源、调节气候、防风固沙、维持生态平衡和生物多样性等生态功能，是造福国家和人民，并荫及子孙后代的一项长期的、艰巨的任务。

二、明确了提升公益林质量

公益林实施严格保护并非排斥科学经营，公益林中存在一些生态功能低下的疏林、残次林等低质低效林，这些林分生长缓慢，质量不高，生态功能低下，依靠自然力恢复需要漫长的时间，需要采取科学的人为干扰，加速它的恢复进程。因此，本条明确对于这样的低质低效林，应当采取林分改造、森林抚育等措施，提高森林质量和生态保护功能，体现了公益林需要严格保护和保育结合的经营理念。

三、公益林的合理利用

公益林也是多功能森林，只不过为了保护目前脆弱的生态系统，赋予它以生态功能为主导。为了提高森林经营质量，调动公益林经营的积极性，本次修订根据森林经营的科学性和实践经验，规定在严格遵守国家有关规定、符合公益林生态区位保护要求、不影响公益林生态功能、经科学论证等前提下，可以合理利用公益林的林地资源和森林景观资源，适度开展林下经济、森林旅游等，发挥森林多种功能，以提升生态公益林的自我补偿能力和增加森林经营者的收益，调动公益林经营者的积极性，达到更好地保护和经营公益林的目的。

相关规定

《关于全面推进集体林权制度改革的意见》，《关于完善集体林权制度的意见》

第五十条 国家鼓励发展下列商品林：

（一）以生产木材为主要目的的森林；

（二）以生产果品、油料、饮料、调料、工业原料和药材等林产品为主要目的的森林；

（三）以生产燃料和其他生物质能源为主要目的的森林；

（四）其他以发挥经济效益为主要目的的森林。

在保障生态安全的前提下，国家鼓励建设速生丰产、珍贵树种和大径级用材林，增加林木储备，保障木材供给安全。

条文主旨

本条是关于国家鼓励发展商品林的规定。

立法背景

本条是此次修改新增加的规定，对鼓励发展商品林作出规定。发展商品林对适应我国经济建设和人民群众生活需要、维护木材安全有着重要意义。因此，本条强调要鼓励发展商品林，建设速生丰产等用材林，保障木材供给安全。

条文解读

一、国家鼓励发展的商品林

商品林类型主要有：一是以生产木材为主要目的的森

林。木材资源问题与生态环境安全、经济及政治安全关系日益紧密，木材供给问题已由一般的经济问题逐步演变为资源战略问题，木材已逐渐成为保障国家社会健康稳定发展的重要的战略性资源。因此，在保障生态安全的前提下，提高木材供给能力是发展林业、森林可持续经营不可或缺的重要任务。二是以生产果品、油料、饮料、调料、工业原料和药材等林产品为主要目的的森林。中国经济林种类多、分布广，2019 年全国经济林种植总面积达 6 亿亩。发展经济林不仅可以持续满足人们对林产品不断增长的需要，同时也是扩大森林面积，改善生态环境的重要途径。三是以生产燃料和其他生物质能源为主要目的的森林，包括以利用林木所含油脂为主，将其转化为生物柴油或其他化工替代产品的油料能源林以及以利用林木木质为主，将其转化为固体、液体、气体燃料或直接发电的木质能源林。四是鼓励发展其他商品林。即以生产多种林产品，获取经济效益为主要目的的森林。中国森林资源丰富，按用途可分为食用、药用、工业用资源等五大类。本条明确提出上述鼓励发展的商品林类型，不仅有利于加快林业产业发展，增加林农收入，同时有利于科学保护、利用森林资源，在保障生态安全的同时，发展林业产业，践行绿水青山就是金山银山的发展理念。

二、保障木材供给安全

为了增加林木储备，保障木材供给安全，重点鼓励发展速生丰产、珍贵树种和大径级用材林类型。速生丰产用材林，是以培育用材为目标，生长快、产量高、质量好、轮伐期短的集约经营人工林，不同的树种有不同的速生丰产林培育标准。珍贵树种是指属于我国特产稀有或濒于灭绝的树种，以及目前虽有一定数量，但逐渐减少的优良树种的统称。珍贵用材树种一般是指材质优良或具有特殊用途的用材树种（一般用于高档实木家具、高档乐器，或用作装饰装修材料等的珍贵树种）。大径材一般是指去皮直径最少达到24 厘米，长度为2.5 米以上的原木，而以培育大径级木材为主要目的的林分即为大径材用材林。我国木材生产具有小径材多、大径材少；针叶材多、阔叶少；低质材多、珍贵材少的特点。2018 年全国商品材总产量仅为8810.86 万立方米，木材进口依存度持续升高。本条突出了在保障生态安全的前提下，鼓励各地合理选择立地条件好的林业用地，用于培育优质高效木材生产为主导的速生丰产林、地域特色显著的珍贵用材林，以及大径级用材林，实现增加林木储备，保障木材供给安全的分类经营管理目标。同时，针对实践中一些不科学造林影响生态环境的情况，对发展速生丰产用材林等提出了“在保障生态安全的前提下”的要求。

相关规定

《中共中央、国务院关于加快林业发展的决定》

第五十一条 商品林由林业经营者依法自主经营。在不破坏生态的前提下，可以采取集约化经营措施，合理利用森林、林木、林地，提高商品林经济效益。

条文主旨

本条是关于商品林经营管理的规定。

立法背景

本条是此次修改新增加的规定，对商品林的经营管理作出规定。与公益林实行严格保护不同，商品林由林业经营者依法自主经营，与公益林的保护管理相辅相成，共同组成了我国森林保护和经营管理的基本制度。

条文解读

一、商品林经营管理的基本原则

对于商品林，核心是依法自主经营。本次修订明确，未划定为公益林的林地和林地上的森林属于商品林。商品林的主要经营目的是通过生产木（竹）材和提供其他林特产品，满足人类社会的经济需求，进而获得最大经济产出。商品林的产出与市场需求密切相关，产出高低直接关系到经营者的利益。必须放开商品林经营，赋予经营者充分的自主权，采用符合商品运作规律的管理办法，按市场需要组织生产，以提高经营者的积极性，从而为提高我国商品林的经营水平奠定坚实的基础。

二、商品林经营管理的要求

发展商品林是世界各国满足日益增长的林产品需求，保护日渐脆弱的生态环境的重要而有效的途径。本条规定，为了提高商品林的经济效益产出，商品林经营者可采用高科技投入，实行定向化、基地化、集约化经营，提高经营强度和林地生产力，最大限度地获取经济收入。集约化的经营措施包括高标准整地、良种壮苗、林地施肥、林地灌溉与排水、采用先进的抚育管理和有害生物防治、机械化作业等。在获取最大限度经济收入的同时要符合以下前提条件：一是不破坏生态；二是合理利用森林、林木、林地，保证林地用途不变。

相关规定

《中共中央、国务院关于全面推进集体林权制度改革的意见》，《中共中央、国务院关于加快林业发展的决定》，《国务院办公厅关于完善集体林权制度的意见》，《林业发展“十三五”规划》

第五十二条 在林地上修筑下列直接为林业生产经营服务的工程设施，符合国家有关部门规定的标准的，由县级以上人民政府林业主管部门批准，不需要办理建设用地审批手续；超出标准需要占用林地的，应当依法办理建设用地审批手续：

（一）培育、生产种子、苗木的设施；

（二）贮存种子、苗木、木材的设施；

（三）集材道、运材道、防火巡护道、森林步道；

（四）林业科研、科普教育设施；

（五）野生动植物保护、护林、林业有害生物防治、森林防火、木材检疫的设施；

（六）供水、供电、供热、供气、通讯基础设施；

（七）其他直接为林业生产服务的工程设施。

条文主旨

本条是关于直接为林业生产经营服务的工程设施占用林地的审批规定。

立法背景

本条是此次修改新增加的规定，对在林地上修筑直接为林业生产经营服务的工程设施作出规定，区分不同情况采取不同的管理措施，既切实保护林地，又促进林业生产经营的发展。

条文解读

一、设定了修筑直接为林业生产经营服务的工程设施占用林地的行政许可事项

根据本法第三十七条的规定，建设项目占用林地，经林业主管部门审核同意，并依法办理建设用地审批手续，并缴纳森林植被恢复费。建设项目占用林地审核审批，对于保护林地发挥着重要作用。但在森林经营管理中，为了合理利用森林、林木和林地、保护森林资源，需要在林地上修筑必要的直接为林业生产服务的工程设施。为促进高效、快捷地开展科学的森林经营活动，《中华人民共和国森林法实施条例》第十八条专门对修筑直接为林业生产服务的工程设施占用林地做了特别规定，即需要占用林地的，可以无须办理建设用地审批手续，直接由县级以上人民政府林业主管部门批准，也不需要缴纳森林植被恢复费。本次修订，在对实施条例第十八条进行补充完善基础上，从法律的层面明确直接为林业生产经营服务的工程设施，符合规定标准的，不需要办理建设用地审批手续，从而较大程度上简化了占用林地手续，提高了审批效率。

二、明确了不需要办理建设用地审批手续的七大类设施范围

与实施条例第十八条相比，本条拓宽了在林地上为林业生产经营服务的工程设施的范围。在第三类中增加了

"防火巡护道、森林步道"，将第四类的"林业科研、试验、示范基地"，按照用途、目的，重新合并归纳为"林业科研设施、科普教育设施"两小类；将第五类中的"森林病虫害防治"拓宽为"林业有害生物防治"。第七类"其他直接为林业生产服务的工程设施"，为未来新的林业生产服务工程设施的建设预留了空间。

三、在林地上修筑直接为林业生产经营服务的工程设施不用办理建设用地转用审批的约束条件

本条在对适用本项行政许可，设置了一个符合"国家有关部门规定的标准"的前置条件。也就是说，适用本项行政许可，应当符合三个要件：一是修筑工程设施的目的是林业生产经营服务；二是修筑的工程设施必须属于第一款列举的七大类；三是修筑的工程设施在占地规模、建筑面积等方面必须符合国家有关部门规定的标准。不符合标准的，要按照本法第三十八条的规定办理建设用地审批手续。增加第三个要件，主要是在实践中存在滥用本项许可，将本应办理建设用地审批的项目，修建超规格的公路、宾馆等情形；另外，由于没有明确的标准，林业主管部门在审批中也存在不敢审批的问题，影响了正当的森林经营活动的开展。因此，急需明确标准，以达到既保护林地，又鼓励森林经营的目的。国务院有关部门应当抓紧完善有关标准，确保行政审批于法有据。

与实施条例第十八条相比，本次修订没有将适用主体限定为“森林经营单位”，也就是说，只要修筑为林业生产经营服务的工程设施的单位和个人，都可以成为本项行政许可申请人。

相关规定

《中华人民共和国土地管理法》第四十四条，《中华人民共和国森林法实施条例》第十八条

第五十三条 国有林业企业事业单位应当编制森林经营方案，明确森林培育和管护的经营措施，报县级以上人民政府林业主管部门批准后实施。重点林区的森林经营方案由国务院林业主管部门批准后实施。

国家支持、引导其他林业经营者编制森林经营方案。

编制森林经营方案的具体办法由国务院林业主管部门制定。

条文主旨

本条是关于森林经营方案的规定。

立法背景

本条对原森林法第十六条作了修改，对森林经营方案

的编制作出规定，并由国务院林业主管部门制定编制森林经营方案的具体办法。

条文解读

一、编制和实施森林经营方案是科学经营森林的重要标志

主要体现在：（1）指引森林经营方向和目标，使森林经营单位在若干年内保持方向和行动上的连贯性。（2）合理安排各项森林经营措施，使森林从当前状态转向预期状态，以实现森林经营目标。（3）避免或减缓森林经营活动对环境和社会的不利影响。（4）遵从与森林相关的法律、政策规定及地方传统。（5）促进森林经营单位的能力建设。因此，国有林业企业事业单位应当编制森林经营方案，国家支持、引导其他林业经营者（如农村集体经济组织、林业专业合作社、家庭林场等林业经营主体）编制森林经营方案。需要说明的是，与原森林法相比，没有再单独列举“自然保护区”，主要考虑到自然保护区管理机构也属于国有林业企业事业单位，而且按照中共中央办公厅、国务院办公厅印发的《关于建立以国家公园为主体的自然保护地体系的指导意见》，还可能会涉及国家公园管理、自然公园等管理机构。

二、编制森林经营方案的要求

编制森林经营方案，应当以林业发展规划和森林经营

规划为依据，符合森林法及相关林业法律、政策的规定，应用符合要求的最新的森林资源规划设计调查成果，确保森林经营方案的科学性和可操作性。森林经营方案的内容依据不同的森林经营单位、经营对象、性质及经营目的而不同，一般包括以下方面：森林经营方针和目标，组织经营单位，森林采伐，更新与造林，森林抚育，林分改造，非木质资源经营，森林保护，林道等基础设施建设与维护等。

三、森林经营方案的审批

国有林业企业事业单位编制的森林经营方案必须报县级以上人民政府林业主管部门批准后方可实施。重点林区的森林经营方案由国务院林业主管部门批准后实施。本次修订，为增强森林经营方案的法律地位，本法第七十二条对未编制或者未按照规定编制森林经营方案设定了法律责任。

为加强森林经营方案编制的科学性，本条第三款明确由国务院林业主管部门制定编制森林经营方案的具体办法。新森林法实施后，国家林草局应当根据本条规定尽快制定编制森林经营方案的具体办法。

相关规定

《中华人民共和国森林法实施条例》第十一条，《中共中央、国务院关于全面推进集体林权制度改革的意见》，

《国有林区改革指导意见》，《国有林场改革方案》，《国务院关于全国“十三五”期间年森林采伐限额的批复》

第五十四条 国家严格控制森林年采伐量。省、自治区、直辖市人民政府林业主管部门根据消耗量低于生长量和森林分类经营管理的原则，编制本行政区域的年采伐限额，经征求国务院林业主管部门意见，报本级人民政府批准后公布实施，并报国务院备案。重点林区的年采伐限额，由国务院林业主管部门编制，报国务院批准后公布实施。

条文主旨

本条是关于控制森林年采伐量的原则和森林年采伐限额编制的法律规定。

立法背景

本条在原森林法第二十九条的基础上作了修改完善，下放了森林采伐限额的审批权，增加规定了重点林区的年采伐限额的编制和批准。

条文解读

一、坚持了森林采伐限额制度

森林年采伐限额是国家根据森林可持续经营利用原则，

同时兼顾森林的生态效益、经济效益和社会效益，控制消耗量低于生长量，规定每年采伐森林消耗林木蓄积的最大限量。1984 年通过的森林法规定了森林采伐限额编制的原则和程序，标志着森林采伐限额制度正式确立。1987 年，《国务院批转林业部关于各省、自治区、直辖市年森林采伐限额审核意见报告的通知》正式批准了 1987 年至 1990 年的全国年森林采伐限额，明确了森林采伐限额每 5 年调整一次，我国开始正式实施森林采伐限额制度。自 1987 年实行采伐限额制度以来，全国已编制实施七期、三十余年森林采伐限额。森林采伐限额制度在控制森林资源消耗、保证森林资源持续增长方面发挥了重要作用。但在三十余年的实践执行中也反映出一些问题，特别森林采伐限额与实际需求存在一定脱节，采伐限额执行率低下。导致这一问题产生的原因既有管理基础薄弱的问题，也有技术层面要求过细的问题。在修订森林法过程中，是否保留采伐限额制度存在两种不同的意见。林木采伐是放活还是管死，是这次法律修改的焦点。经过反复研究、广泛听取意见，普遍认为采伐限额制度是保护森林资源的宏观调控手段，目前完全废止采伐限额的基础条件尚不具备。因此，本次修订保留了森林采伐限额制度，但作了修改完善。

二、完善了年采伐限额编制原则

本次修改将原森林法中“根据用材林的消耗量低于生长量的原则”，改为“根据消耗量低于生长量和森林分类经营管理的原则”，取消了只考虑用材林的原则，扩展到考虑所有类别的森林，还要考虑森林分类经营管理的原则，对于公益林和商品林，在编制采伐限额时要区别对待，以发挥主导功能为目标合理确定年采伐限额。实际工作中，采伐限额编制是一种自下而上的过程，即国家所有的森林和林木以国有林业企业事业单位、农场、厂矿为单位，集体所有的森林和林木、个人所有的林木以县为单位，对森林、林木进行科学测算后，提出本单位年采伐限额的建议指标，逐级上报，根据消耗量低于生长量和森林分类经营管理的原则，省级林业主管部门汇总平衡，经征求国务院林业主管部门意见后，由省、自治区、直辖市人民政府批准，形成本区域的年采伐限额。重点林区的年采伐限额，由国务院林业主管部门编制，报国务院批准后公布实施。年采伐限额一经批准，就必须严格遵守。

三、下放了年采伐限额的审批权限

本次将原森林法有关采伐限额由省级人民政府审核后报国务院批准的规定，修改为采伐限额经征求国务院林业主管部门意见，报省级人民政府批准后公布实施，并报国务院备案。将审批权下放后，有利于地方结合本地实际科学编制采伐限额，压实地方责任。省级在编制采伐限额过程中，需要征求国务院林业主管部门意见，并报国务院备案，也有利于国家准确掌握森林资源消耗情况，提高监管效率。

相关规定

《中华人民共和国森林法实施条例》第二十八条，《关于全面推进集体林权制度改革的意见》，《关于完善集体林权制度的意见》，《国有林场改革方案》

第五十五条 采伐森林、林木应当遵守下列规定：

（一）公益林只能进行抚育、更新和低质低效林改造性质的采伐。但是，因科研或者实验、防治林业有害生物、建设护林防火设施、营造生物防火隔离带、遭受自然灾害等需要采伐的除外。

（二）商品林应当根据不同情况，采取不同采伐方式，严格控制皆伐面积，伐育同步规划实施。

（三）自然保护区的林木，禁止采伐。但是，因防治林业有害生物、森林防火、维护主要保护对象生存环境、遭受自然灾害等特殊情况必须采伐的和实验区的竹林除外。

省级以上人民政府林业主管部门应当根据前款规定，按照森林分类经营管理、保护优先、注重效率和效益等原则，制定相应的林木采伐技术规程。

条文主旨

本条是关于各类森林、林木采伐方式和条件的规定。

立法背景

本条在原森林法第三十一条的基础上作了修改，在公益林、商品林分类经营管理的基础上，对公益林、商品林的采伐实行不同的管理措施，将公益林的采伐严格限定在抚育更新性质的采伐范围内，对商品林采伐实行相对宽松的管理措施，并与自然保护区条例等的规定相协调，对自然保护区内的林木禁止采伐。

条文解读

按照公益林严格保护、商品林依法自主经营的分类经营管理原则，本条对公益林和商品林规定了不同的采伐方式和条件。

一、公益林的采伐方式和条件

公益林以发挥森林生态功能为主要目的，加之生态区位重要。因此，本法规定公益林只能进行抚育、更新和低质低效林改造性质的采伐。这三种采伐方式的主要目的不是生产木材，而是维持与提高公益林的质量和生态保护功能，可以对公益林中的生态功能低下的疏林、残次林等低质低效林实施包括抚育、更新和低质低效林改造性质的采伐在内的森林经营措施。同时，根据科研、抢险救灾等特殊情况，还特别规定因科研或者实验、防治林业有害生物、建设护林防火设施、营造生物防火隔离带、遭受自然灾害等需要采伐公益林的，可以采取抚育、更新和低质低效林改造性质采伐以外的采伐方式。

二、商品林的采伐方式和条件

商品林由经营者自主经营，一般都在立地条件好的林地，采伐后的更新也更为容易。因此，本次修改规定经营者可以根据不同情况自主选择采伐方式。不同情况，包括立地条件、经营目的、林分年龄、林分密度、林分健康状况等。采伐方式，包括主伐、抚育采伐、低产（效）林改造采伐、更新采伐和其他采伐方式，其中主伐又分为皆伐、渐伐和择伐。但商品林也承担着发挥生态功能的作用，其采伐不能绝对的无约束，应当严格控制皆伐面积，采伐和培育森林应当同步规划、同步实施，采伐之后应按规定及时完成更新造林。

三、自然保护区林木的采伐

自然保护区林木原则上禁止采伐。自然保护区是指保护典型的自然生态系统、珍稀濒危野生动植物种的天然集中分布区、有特殊意义的自然遗迹的区域。具有较大面积，确保主要保护对象安全，维持和恢复珍稀濒危野生动植物种群数量及赖以生存的栖息环境。自然保护区，对于建设健康稳定高效的自然生态系统，维护国家生态安全和实现经济社会可持续发展具有十分重要的意义。对自然保护区内的林木必要严格保护，为此本条第一款第三项在两类林之外特别强调禁止采伐自然保护区的林木。原森林法规定自然保护区森林禁止采伐，没有规定任何例外，在修改过程中，普遍认为自然保护区林木绝对禁止采伐的规定不符合客观需要。客观上，自然保护区由于遭受病虫害等重大灾害或是开展科研等特殊性保护，需对自然保护区内的林木进行采伐清理。因此，本次修订根据自然保护区建设和管理的实际需要，特别规定因防治林业有害生物、森林防火、维护主要保护对象生存环境、遭受自然灾害等特殊情况必须采伐自然保护区林木和采伐自然保护区实验区的竹林不受禁止采伐的限制。

四、制定林木采伐技术规程

为了规范采伐管理，本条第二款规定省级以上人民政府林业主管部门应当根据采伐对象、采伐方式等按照森林分类经营管理、保护优先、注重效率和效益等原则制定林木采伐技术规程。林木采伐技术规程一般包括森林采伐机构及人员能力、采伐类型、采伐规划设计、采伐作业准备、林木采伐作业、森林更新、伐后检查验收等内容，是林业管理者、森林经营者和采伐作业人员应当遵守的作业指导原则和要求，是森林采伐作业合理、有序、安全的保证，有利于提高采伐作业质量和效益、降低森林采伐对环境与社会负面影响、实现森林可持续经营。国家林业局于2005

年制定了《森林采伐作业规程》（LYT 1646－2005）。新森林法实施后，省级以上人民政府林业主管部门，应当按照本条规定，尽快修订完善林木采伐技术规程。

相关规定

《中华人民共和国水土保持法》第二十二条，《中华人民共和国防沙治沙法》第十六条，《中华人民共和国自然保护区条例》第二十六条，《关于全面推进集体林权制度改革的意见》

第五十六条 采伐林地上的林木应当申请采伐许可证，并按照采伐许可证的规定进行采伐；采伐自然保护区以外的竹林，不需要申请采伐许可证，但应当符合林木采伐技术规程。

农村居民采伐自留地和房前屋后个人所有的零星林木，不需要申请采伐许可证。

非林地上的农田防护林、防风固沙林、护路林、护岸护堤林和城镇林木等的更新采伐，由有关主管部门按照有关规定管理。

采挖移植林木按照采伐林木管理。具体办法由国务院林业主管部门制定。

禁止伪造、变造、买卖、租借采伐许可证。

条文主旨

本条是关于申请林木采伐许可证的范围的法律规定。

立法背景

改革林木采伐许可制度，也是本次森林法修改的焦点。与采伐限额制度类似，对于是否保留凭证采伐制度，特别是对商品林是否还需要凭证采伐，有不同意见。本次修订仍然保留了公益林和商品林的凭证采伐制度。主要理由：一是从国情林情看，我国缺林少绿、生态脆弱，森林覆盖率远低于全球31%的平均水平。通过实行凭证采伐，将森林分类经营、分类管理、分区施策的政策和要求落实到位，减少不合理的森林资源消耗，维护和巩固生态文明建设成果。二是凭证采伐是森林保护管理的有效方法。通过核发采伐许可证，林业部门可以快速、准确地掌握森林资源消耗，有利于提高监管效率。三是林木采伐许可证可以有效地保护森林、林木所有者和经营者的合法权益。采伐许可证标明了采伐的地点、林种、面积等情况，可以规范采伐行为，提高伐区作业质量，促进采伐迹地及时更新。四是破坏林木案件居高不下。2017年，全国林业行政案件173260起，其中盗伐滥伐和毁坏森林、林木案件49826件，占28.7%。2018年，全国林业行政案件182913起，其中盗伐滥伐和毁坏森林、林木案件53311件，占29.2%。森林资源保护管理形势仍十分严峻。

条文解读

本条按照“放管服”改革精神，完善了采伐许可证制度，既坚持森林资源的有效管理，又有利于充分保护个人和非公有制林业经营主体的合法权益。

一、调整采伐许可证核发范围

原森林法规定，采伐林木必须申请采伐许可证。本次修订规定采伐林地上的林木应当申请采伐许可证，自然保护区以外的竹林不需要申请。非林地上的农田防护林、防风固沙林、护路林、护岸护堤林和城镇林木的采伐，由有关主管部门按照有关规定管理。需要注意的是，相关修改并不意味着削弱非林地上林木的保护管理，如护路林、护堤护岸林、城镇林木等的采伐还应当按照公路法、防洪法、城市绿化条例等规定进行管理。自留地和个人房前屋后不属于林地，按照第一款的规定，不再办理采伐许可证。在审议中，考虑到对林农的宣传，避免出现误解，因此在第二款又再次强调农村居民采伐自留地和房前屋后个人所有的零星林木，不办理采伐许可证。

二、采伐竹林的规定

根据森林法第八十三条第二项的规定，林木包括树木和竹子。采伐林地上的林木时，都需要申请采伐许可证。考虑到竹子独特的生物学特性，按照修订后的森林法，采伐竹林，不再需要办理采伐许可证。但由于自然保护区的重要生态地位，采伐位于自然保护区范围以内的竹林，仍需要申请办理采伐许可证。为了有序、规范自然保护区范围以外的竹林采伐，实现竹林的持续利用和保护生态，本款规定了自然保护区范围以外的竹林采伐，需要执行林木采伐技术规程的规定。

三、采挖移植林木的管理

改革开放以来，我国经济社会取得了举世瞩目的成就，大规模的城市建设、道路建设等也促进了绿化的发展。为满足群众对生产生活条件、生态质量等的日益增长的需求，栽植大树、“一次成林成景”等成为现实需求，一些地方为解决大树苗缺乏状况，出现了从山上、现有林地上采挖移植林木的现象。通过采挖移植林木，提高了绿化美化效果，但也在一定程度上破坏了采挖移植地的土壤和生态，本款将采挖移植林木纳入采伐管理，原则上应申请采伐许可证。采挖移植林木情况比较复杂，申请采伐许可证条件和程序需要更加细化、更具有可操作性，因此，同时授权国务院林业主管部门制定采挖移植林木管理的具体办法。

四、禁止伪造、变造、买卖、租借采伐许可证

采伐许可证应当由林权权利人申请并获得，禁止通过伪造、变造、买卖、租借等行为取得采伐许可证。为打击非法取得采伐许可证行为，本法第七十七条规定了上述非法取得采伐许可证行为的法律责任。

原则上，林木采伐许可证应当在采伐林木前申请办理。

但在某些紧急情况必须采伐林木，但又来不及申请办理采伐许可证。针对这种情况，在有关法律法规中也有明确规定，如根据《中华人民共和国防洪法》第四十五条的规定，在紧急防汛期，根据防汛抗洪的需要，砍伐林木的，在汛期结束后依法向有关部门补办手续，对砍伐的林木组织补种。

相关规定

《中华人民共和国防沙治沙法》第十六条，《中华人民共和国水土保持法》第二十二条，《中华人民共和国防洪法》第二十五条，《中华人民共和国森林法实施条例》第十六条，《中华人民共和国自然保护区条例》第二十六条

第五十七条 采伐许可证由县级以上人民政府林业主管部门核发。

县级以上人民政府林业主管部门应当采取措施，方便申请人办理采伐许可证。

农村居民采伐自留山和个人承包集体林地上的林木，由县级人民政府林业主管部门或者其委托的乡镇人民政府核发采伐许可证。

条文主旨

本条是关于林木采伐许可证审核发放机关的法律规定。

立法背景

此次修改，按照“放管服”改革的精神，结合实践中采伐许可证核发中存在的突出问题，对采伐许可证制度作了修改完善，明确规定县级以上人民政府林业主管部门应当采取措施，方便申请人办理采伐许可证。

条文解读

一、林木采伐许可证的核发主体

林木采伐许可证由所在地县级以上林业主管部门审核发放。按照实施条例的有关规定，审核发放林木采伐许可证的林业主管部门层级是：县属国有林场，由所在地的县级林业主管部门审核发放；省、自治区、直辖市和设区的市、自治州所属的国有林业企业事业单位、其他国有企业事业单位，由所在地的省、自治区、直辖市林业主管部门审核发放；重点林区的国有林业企业事业单位，由国务院林业主管部门核发。

二、采伐许可证的核发程序

针对实践中林木采伐申请“办证繁、办证慢、办证难”“来回跑、不方便”等问题，新修订的森林法完善了采伐许可证的核发程序，明确要求县级以上人民政府林业主管部门应当采取措施，方便申请人办理采伐许可证。各级林业主管部门要落实国务院深化“放管服”改革的要求，创新林木采伐管理机制，强化便民服务举措，提高采伐审批效能。例如，按照“最多跑一次”的要求，林业主管部门应当事先一次性告知采伐申请人办理条件、申请材料和服务流程，全面推行“一窗受理”、“一站式办理”等便捷高效服务。坚持服务站点向基层延伸，充分发挥乡镇林业站作用，积极为林农采伐办证提供集中受理、统一送审等服务。进一步拓展林木采伐在线申请、办理服务，让数据多跑路，让群众少跑腿。

三、本条第三款是关于农村居民采伐自留山和个人承包集体林地上林木采伐许可证的规定

农村居民采伐自留地和房前屋后个人所有的零星林木，根据本法第五十六条第二款的规定是不需要申请林木采伐许可证的。但是农村居民采伐自留山和个人承包集体林地上的林木，则应当申请取得林木采伐许可证，这是因为：一是自留山和集体林地属于林地。按照第五十六条的规定，采伐林地上的林木应当申请采伐许可证。二是自留山和个人承包集体林地上的林木，是国家森林资源的重要组成部分，不能随意采伐。因此，本条款规定，农村居民采伐自留山和个人承包集体林地上的林木，在需要采伐时，由县级林业主管部门或者其委托的乡、镇人民政府依照有关规定审核发放采伐许可证。为了方便林农申请采伐许可证，鼓励县级林业和草原主管部门委托乡镇政府办理林农的采伐审批发证，有条件的地方可在村（组）一级设立林木采伐受理点。

相关规定

《中华人民共和国行政许可法》第二十四条、第三十三条，《中共中央、国务院关于全面推进集体林权制度改革的意见》

第五十八条　申请采伐许可证，应当提交有关采伐的地点、林种、树种、面积、蓄积、方式、更新措施和林木权属等内容的材料。超过省级以上人民政府林业主管部门规定面积或者蓄积量的，还应当提交伐区调查设计材料。

条文主旨

本条是明确林木采伐许可证申请的法律规定。

立法背景

本条是对原有规定的修改，主要是简化了申请采伐许可证的材料要求，以方便申请者申领采伐许可证。

条文解读

一是对申请林木采伐许可证应当提交的材料进行了统一。包括“申请采伐许可证，应当提交有关采伐的地点、林种、树种、面积、蓄积、方式、更新措施和林木权属等内容的材料”，与原规定相比，删除了采伐目的、林况等采伐申请材料要求。

二是对提交伐区调查设计材料进行了简化。原规定要求国有林业企业事业单位申请采伐许可证时，必须提出伐区调查设计文件。本次修改不再“一刀切”地要求申请人应当提交伐区调查设计材料，而是由省级以上人民政府林业主管部门规定一定的面积或者蓄积量基准，超过基准量的，申请者应当提交伐区调查设计材料。

相关规定

《中华人民共和国行政许可法》第三十一条，《中华人民共和国森林法实施条例》第三十条

第五十九条 符合林木采伐技术规程的，审核发放采伐许可证的部门应当及时核发采伐许可证。但是，审核发放采伐许可证的部门不得超过年采伐限额发放采伐许可证。

条文主旨

本条是关于采伐许可证审核发放的规定。

立法背景

本条是此次修改新增加的规定。针对实践中采伐许可

证核发中存在的效率低下、不公正、不规范等突出问题，按照“放管服”改革的要求，对采伐许可证的核发提出明确要求，提高采伐许可证核发效率，促进依法行政，方便申请者申领。

条文解读

1. 本条明确林木采伐技术规程是审核发放采伐许可证的基本依据。林木采伐技术规程由省级以上人民政府林业主管部门制定，是林木采伐作业规范化、科学化、制度化，提高采伐作业质量和效益、实现森林资源合理利用、维护生态环境、保护生物多样性、促进林业可持续发展的技术保证。

2. 本条在这次修改中作了完善，对审核发放采伐许可证部门的工作效率提出了要求：一是要求“及时核发”，不得无故拖延；二是只要申请者依法符合林木采伐技术规程，审核发放采伐许可证的部门就应当及时核发采伐许可证，不得违法增设许可证发放的条件。森林资源是属于可再生资源，林木采伐生产作业具有季节性，因此，应当及时审核发放采伐许可证以确保林木采伐作业的各生产工序顺利实施，提高林木采伐效率，从而实现合理利用森林资源、调节森林结构、促进森林生长和正向演替的重要经营目的。

3. 本条强调了限额发放采伐许可证的要求。根据第五十四条的规定，年采伐限额是年度采伐消耗林木的最高限，是采伐量的控制数。因此，本条规定，所发放的采伐许可证准许采伐林木的总量，不能超过批准的年森林采伐限额，防止随意发放林木采伐许可证，造成超限额采伐森林和林木。

相关规定

《中华人民共和国行政许可法》第三十三条、第三十四条、第三十七条、第三十八条、第三十九条、第四十二条

第六十条 有下列情形之一的，不得核发采伐许可证：

（一）采伐封山育林期、封山育林区内的林木；

（二）上年度采伐后未按照规定完成更新造林任务；

（三）上年度发生重大滥伐案件、森林火灾或者林业有害生物灾害，未采取预防和改进措施；

（四）法律法规和国务院林业主管部门规定的禁止采伐的其他情形。

条文主旨

本条是关于不予核发采伐许可证情形的规定。

立法背景

本条在第五十五条至第五十九条关于林木采伐和采伐

许可证核发原则、规定和程序的基础上，将森林法实施条例规定的不予许可情形修改完善后上升为法律。

条文解读

一、采伐封山育林期、封山育林区内的林木

封山育林期、封山育林区内的林木禁止采伐，因此也就不能核发采伐许可证。封山育林是森林培育和经营的有效措施，目的是减少人类干扰，使森林通过自然演替，形成森林或恢复森林健康。实施封山育林措施的对象主要是处于生态脆弱期的疏林地、未成林造林地、具有一定数量的幼树或母树且有望通过自然演替成林的林地以及森林健康状况较差的有林地等。这些林区生态系统一经干扰和破坏，将造成不可恢复的逆向演替，带来巨大的生态损失。一旦划定为封山育林区，就要禁止无益的人类干扰行为。林木采伐是人类对森林生态系统的强度干扰，在封山育林期内和处于封山育林区内的林木，必须杜绝一切商业采伐行为，不得列入林木采伐计划，不能核发林木采伐许可证。

二、上年度采伐后未按照规定完成更新造林任务

根据森林法第六十一条的规定，采伐林业后应当按照规定完成更新造林。该规定能够保证森林资源具有相对稳定的质量和数量。森林资源属于可更新可再生资源，及时更新造林是保证森林资源越采越多的重要措施，是实现森林永续利用和可持续经营的保证。为督促采伐林木的单位

和个人及时更新造林，本次修订除增加未按照规定造林更新的法律责任外，还进一步明确对该单位和个人以后的采伐申请不予许可的规定。

三、上年度发生重大滥伐案件、森林火灾或者林业有害生物灾害，未采取预防和改进措施

乱砍滥伐、森林火灾和林业有害生物灾害是破坏森林资源的重要原因，应当尽力减少和杜绝。滥伐是指没有获得林木采伐许可证，或者虽持有林木采伐许可证，但违反林木采伐许可证规定，采伐自己所经营管理的森林、林木的行为。行为人一般都是具有主观故意的，在被追究法律责任后，如果行为人不能及时采伐补种树木等改进措施，林业主管部门应当对其后续的采伐许可申请，作出不予核发的决定。森林火灾和林业有害生物的发生，可能是不可避免的自然灾害，也有不按照《森林防火条例》《森林病虫害防治条例》等规定，没有履行应尽的义务。不论何种原因，上述情形发生后，都必须及时采取措施进行预防和改进，避免灾害结果的进一步扩大，以免对森林生态系统造成不可逆转的破坏。

防沙治沙法、水土保持法等有关法律法规和国务院林业主管部门根据森林资源保护管理的需要，还规定了其他不得核发采伐许可证的情形，也应当遵守。本条的规定，主要目的是确保森林资源的永续利用，并对违法行为人或者责任人通过不得核发采伐许可证来实施外部压力传导。

因此，在具体适用上，应针对相关的行为主体，而不能扩大到某一行政区域内的所有森林经营单位和个人。

相关规定

《中华人民共和国行政许可法》第三十八条，《中华人民共和国森林法实施条例》第三十一条，《中华人民共和国防沙治沙法》第十六条，《中华人民共和国种子法》第八条，《中华人民共和国军事设施保护法实施办法》第十六条

第六十一条　采伐林木的组织和个人应当按照有关规定完成更新造林。更新造林的面积不得少于采伐的面积，更新造林应当达到相关技术规程规定的标准。

条文主旨

本条是关于采伐林木的单位和个人应当完成更新造林任务的法律规定。

立法背景

本条在此次修改中进一步完善了采伐林木的组织和个人的更新造林义务，增加规定了更新造林应当达到相关技术规程规定的标准，以提高更新造林的质量，防止敷衍应付更新造林任务。

条文解读

1. 森林资源属于可更新资源，更新造林是保证森林资源越采越多的重要措施，从而达到永续利用的目的。森林更新有人工更新、人工促进天然更新和天然更新三种方式。人工更新就是在采伐迹地上用人工种植的方式重新形成森林。采伐林木的单位和个人应当及时按照有关规定更新造林，这是一项法定的义务。

2. 更新造林的面积不得少于采伐的面积。本次修改将原森林法中的“按照采伐许可证规定”修改为“按照有关规定”，将“更新造林的面积和株树不得少于采伐的面积和株树”修改为“更新造林的面积不得少于采伐的面积”。这一修改，在表述上更加科学、合理。这是因为，抚育、更新性质等类型的采伐，不需要在获得采伐许可证后再次更新造林；而且不同的林相，不同的采伐方式，不同的立地条件，更新的株树大于采伐株树不一定有利于森林资源保护，因此本次修订作了进一步修改完善，强调了要遵守相关技术规程。

相关规定

《中华人民共和国水土保持法》第二十二条，《森林采伐更新管理办法》第十四条，《中华人民共和国森林法实施条例》第四十二条

第六十二条 国家通过贴息、林权收储担保补助等措施，鼓励和引导金融机构开展涉林抵押贷款、林农信用贷款等符合林业特点的信贷业务，扶持林权收储机构进行市场化收储担保。

条文主旨

本条是关于鼓励开展林业信贷业务的规定。

立法背景

本条是此次修改中新增加的规定，针对实践中林业经营者融资难的问题，增加规定了扶持措施，为林业经营者提供资金支持，促进林业经营稳定发展。

条文解读

一、开展林业信贷的意义

林业信贷是以借款人或第三方合法所拥有的森林资源资产作为抵押物发放的贷款，贷款人不转移占有森林资源资产抵押物，但当借款人不能按期偿还贷款本金加利息时，贷款人有权依法处分森林资源资产抵押物，并优先受偿。林业信贷作为融资的重要渠道，不仅可以满足林业扩大再生产对补充资金的需要，增加林权权利人财产性收益，还能够使资本、技术、人才、信息、理念等现代市场生产要素加速流向山区林业，把优质的林产品和生态产品推向城市，对林业发展具有重大意义。

二、鼓励金融机构开展林业信贷业务

国家鼓励建立和完善财政贴息政策与管理制度，拓展贴息范围，支持贷款主体申请财政林业贴息，降低林业经营单位和个人抵押贷款的成本。针对林农贷款金额小、缺乏合适抵押物等特点，鼓励金融机构针对林农提供无抵押物的信用贷款，提高林农从事林业经营的能力和意愿。

三、林权收储担保

林权收储是对森林、林木的所有权和林地的使用权进行收购，并依法处置的森林资源流转行为。建立林权收储机制主要是在林权抵押贷款人到期不能偿还贷款时，由林权收储机构按相关程序，对抵押林权进行收购，解决金融机构不良林权抵押贷款抵押物处置难的问题。同时，林权收储机构还可以为林农林企的林权抵押贷款提供担保。这对于防控林业金融风险，消除银行业金融机构的后顾之忧，推进林权抵押贷款“增户扩面”具有重要的意义。林权收储担保是伴随集体林权制度改革产生的新生事物。在林权处置中，如果能够采取“收储”的方式，即借款人、贷款人、抵押人与收储中心签订多方协议，完善林权担保方式，即可形成符合林业发展实际的金融支持模式。该模式正在浙江、福建等省份试行。它对于解决融资难的问题提供一种双赢的思路。在本次修订中，增加了扶持林权收储机构进行市场化收储担保的规定。

相关规定

《中共中央办公厅、国务院办公厅关于加快构建政策体系培育新型农业经营主体的意见》,《深化农村改革综合性实施方案》,《中共中央、国务院关于全面推进集体林权制度改革的意见》,《国务院办公厅关于完善集体林权制度的意见》

第六十三条　国家支持发展森林保险。县级以上人民政府依法对森林保险提供保险费补贴。

条文主旨

本条是关于森林保险的规定。

立法背景

本条是此次修改新增加的规定,主要是通过规定政府提供保险费补贴,促进森林保险的发展,为林业经营者提供相关保险服务,尽量减少林业经营中的财产损失,提高林业经营者应对自然灾害和市场风险的能力。

条文解读

一、发展森林保险的意义

森林保险是指森林经营者(被保险人)按照一定的标

准缴纳保险费以获得保险企业（保险人）在森林遭受灾害时提供经济补偿的行为。这种行为以契约形式固定下来，并受到法律的保护。森林保险作为增强林业风险抵御能力的重要机制，不仅有利于林业生产经营者在灾后迅速恢复生产，促进林业稳定发展，而且可减少林业投融资的风险，有利于改善林业投融资环境，促进林业持续经营。同时，通过开拓森林保险市场，有利于保险业拓宽服务领域，优化区域和业务结构，有利于培育新的业务增长点，做大做强保险业。因此，开展森林保险对实现林业、保险业与银行业互惠共赢、共促发展有着重要的意义。森林保险的政策性经营与商业性运作之间存在矛盾，为充分发挥森林保险中的外部效应，政府应制定扶持政策，支持森林保险发展。

二、提供森林保费补贴的必要性

森林保险的保费补贴有助于提高林业生产经营主体投保积极性，扩大森林保险覆盖面，维护森林保险市场运营的有效性，发挥森林保险在保证森林覆盖率、化解林业经营风险、减轻农民负担和促进我国林业产业振兴等方面的基础保障作用。从实践情况看，对公益林和商品林保险，中央和地方财政都给予了不同比例的财政补贴。本次修改，为提高林业经营者森林经营的积极性，规定县级以上人民政府依法对森林保险提供保险费补贴。

相关规定

《中共中央、国务院关于全面推进集体林权制度改革的意见》，《国务院办公厅关于完善集体林权制度的意见》，《中共中央、国务院关于全面深化农村改革加快推进农业现代化的若干意见》

第六十四条　林业经营者可以自愿申请森林认证，促进森林经营水平提高和可持续经营。

条文主旨

本条是关于自愿申请森林认证的规定。

立法背景

本条是此次修改新增加的规定，主要是为林业经营者开展市场经营活动提供相关认证服务，促进林业经营活动进一步规范化、科学化。

条文解读

森林认证的作用体现在：一是提高森林经营单位的森林经营水平，促进森林可持续经营；二是提高林产品的直接收入；三是提高林业发展地位和林业企业形象，规范林业生产经营活动；四是提高林产品的社会知名度；五是提高林业社会效益，促进林业增效、农民增收。森林认证还可以实现区分林产品、促进利益各方参与、森林服务商品化、获取财政资助、降低投资风险以及加强法律实施等。通过认证，有利于促进现代林业改革与发展，拓展林产品途径，巩固林权制度改革，加快林业发展国际化进程。

根据本条的规定，林业经营者申请森林认证必须以自愿为前提，任何单位和个人不得强迫林业经营者进行认证，有关部门、地方和协会不得将认证作为取得有关审批、财政扶持等的前提条件，也不得通过区别化对待等不公平手段要求林业经营者进行认证。

相关规定

《中华人民共和国产品质量法》第十四条，《中华人民共和国认证认可条例》第十九条，《天然林保护修复制度方案》

第六十五条　木材经营加工企业应当建立原料和产品出入库台账。任何单位和个人不得收购、加工、运输明知是盗伐、滥伐等非法来源的林木。

条文主旨

本条是关于木材流通可追溯性和木材来源合法性的规定。

立法背景

本条是此次修改新增加的规定，目的是通过加强流通领域的监管，控制森林采伐量，来打击盗伐滥伐林木等违法行为，防止非法采伐木材进入流通市场。

条文解读

1. 规定了木材经营加工企业应当建立原料和产品出入库台账，目的是通过建立台账管理制度帮助企业记录保存木材来源地、树种和数量等信息，对产品的原料、生产环节进行数据采集跟踪，实现木材采购、销售和流通等环节的全链条监督和可追溯性，为规范木材经营加工企业经营活动提供了更加清晰的法律指引。

2. 加强了非法来源林木的管理。按照本法第五十六条的规定，采伐林地上的林木必须申请采伐许可证，否则就构成盗伐、滥伐林木。盗伐、滥伐的林木进入流通领域，就成为非法来源的木材。但需要说明的是，采伐许可证作为合法来源凭证不可能伴随木材流通全过程。因此，不能仅以无采伐许可证就认定收购、加工、运输的木材是非法来源的。单位和个人持有的收购、加工、运输的合同、票据，进口木材的海关报关单等，也可以作为合法来源凭证。按照本条规定，单位和个人应当具有收购、加工、运输非法来源木材的故意，即明知。

相关规定

《中华人民共和国刑法》第三百四十五条，《中华人民共和国森林法实施条例》第三十四条，《最高人民法院关于审理破坏森林资源刑事案件具体应用法律若干问题的解释》第十条、第十一条

第七章　监督检查

第六十六条　县级以上人民政府林业主管部门依照本法规定，对森林资源的保护、修复、利用、更新等进行监督检查，依法查处破坏森林资源等违法行为。

条文主旨

本条是关于县级以上人民政府林业主管部门依法行使监督检查权的规定。

立法背景

本条对原森林法第十三条作了修改完善，增加了对森林资源修复的监督检查，通过赋予县级以上人民政府林业主管部门监督检查职责，促进森林资源的保护、修复、利用、更新，打击破坏森林资源等违法行为。

条文解读

县级以上人民政府林业主管部门依法行使监督检查权，

是法律赋予的职权，是国家对各种自然资源管理法律制度的一项重要内容。森林资源是人类最宝贵的财富之一，在维持和改善人类赖以生存的自然生态环境、提供人类生活、生产所需等方面作出了巨大贡献，其所带来的社会效益、生态效益和经济效益是不可估量的。森林资源作为可再生资源，如果不采取措施进行有效的保护、修复、合理利用和及时更新，过度开发利用、随意乱砍滥伐、侵占林地，就有可能迅速枯竭，并会严重危及人类的生存环境。因此，加强对森林资源的保护、修复、利用、更新的监督检查，依法查处破坏森林资源等违法行为，是一项十分必要的工作，也是造福国家和人民，并荫及子孙后代的一项长期艰巨的任务。

县级以上人民政府林业主管部门依法行使监督检查权受法律保护，不受其他行政部门、社会组织和个人的干涉。根据本条规定，县级以上人民政府林业主管部门实施本条规定的监督检查权，必须遵循下列原则：

1. 监督检查的主体要合法。根据本条规定，县级以上人民政府林业主管部门是监督检查的主体，包括国家林业和草原局及省（自治区、直辖市）、设区的市、自治州、不设区的市、县级人民政府林业主管部门。非县级以上人民政府林业主管部门，如乡（镇）人民政府及乡镇林业站，都不是森林资源监督检查的主体，不得行使本法赋予县级以上人民政府林业主管部门的监督检查权。乡（镇）人民政府及乡镇林业站，发现违反森林法律、法规的行为时，应当及时向当地县级以上人民政府林业主管部门报告，由县级以上人民政府林业主管部门依法核实并查处。

2. 监督检查的对象要合法。根据本条规定，监督检查的对象必须是县级以上人民政府林业主管部门在履行监督管理职责过程中发现的，或者被检举、控告有违反森林法律、法规行为的公民、法人和其他组织，各级政府及其有关部门、公务人员和林业主管部门自身的违法行为也包括在内。

3. 监督检查的内容要合法。根据本条规定，监督检查的内容必须是在森林资源的保护、修复、利用、更新活动中，森林法律、法规要求当事人遵守或者执行的规定，当事人采取作为或者不作为方式违反这些规范的行为。

4. 监督检查的程序要合法。如林业监督检查人员履行监督检查职责时，应当出示监督检查证件，并且不得少于2人。不依法出示监督检查证件的，被检查单位和个人有权拒绝接受检查。

5. 监督检查采取的措施要合法，即只能采取森林法律、法规允许采取的措施，如本法第六十七条规定的有权采取的措施，不得采取森林法律、法规未允许采取的措施。采取的措施超出森林法律、法规的范围，给当事人造成损失的，要依法赔偿；构成犯罪的，要依法追究刑事责任。

森林违法情况复杂，隐蔽性强，多发生在林区或是老少边穷地区，有的是历史遗留问题，有的还会牵涉地方政府或政府部门的违法行为，查处难度较大。为保障对森林资源保护、修复、利用、更新的监督检查，依法查处破坏森林资源等违法行为，县级以上人民政府林业主管部门在依法行使监督检查职权的同时，一是要注意调动一切社会监督力量，及时发现和检举破坏森林资源的违法行为；二是要加强与有关机关的联系和配合，加大查处和打击破坏森林资源违法行为的力度；三是要加大森林法律、法规的宣传。

相关规定

《中华人民共和国地方各级人民代表大会和地方各级人民政府组织法》第六十六条，《中共中央、国务院关于全面推进集体林权制度改革的意见》

第六十七条 县级以上人民政府林业主管部门履行森林资源保护监督检查职责，有权采取下列措施：

（一）进入生产经营场所进行现场检查；

（二）查阅、复制有关文件、资料，对可能被转移、销毁、隐匿或者篡改的文件、资料予以封存；

（三）查封、扣押有证据证明来源非法的林木以及从事破坏森林资源活动的工具、设备或者财物；

（四）查封与破坏森林资源活动有关的场所。

省级以上人民政府林业主管部门对森林资源保护发展工作不力、问题突出、群众反映强烈的地区，可以约谈所在地区县级以上地方人民政府及其有关部门主要负责人，要求其采取措施及时整改。约谈整改情况应当向社会公开。

条文主旨

本条是关于林业主管部门履行森林资源保护监督检查职责时有权采取的措施和实施约谈制度的规定。

立法背景

本条是此次修改新增加的规定，主要是赋予县级以上人民政府林业主管部门相应的职权，保障森林资源保护监督检查工作的顺利开展，促进林业经营者依法经营，督促有关机关和地方依法履行森林资源保护和管理职责。

条文解读

一、县级以上人民政府林业主管部门履行森林资源保护监督检查职责有权采取的措施

履行森林资源保护监督检查职责，纠正和查处违反森林法律、法规的行为，是法律赋予县级以上人民政府林业主管部门的职权和林业主管部门应当履行的责任。为了加大对森林资源保护的力度，提高对违反森林法律、法规行

为的查处工作效率，保证查处工作质量，有效打击破坏森林资源的违法行为，需要赋予县级以上人民政府林业主管部门必要的监督检查手段。为此，本条规定，县级以上人民政府林业主管部门在履行监督检查职责时，有权采取下列措施：

1. 进入生产经营场所进行现场检查。这是保证县级以上人民政府林业主管部门依法履行监督检查职责，直接获取有关资料的重要手段。县级以上人民政府林业主管部门进入生产经营场所进行现场检查时，被检查的单位或者个人应当配合并提供便利条件，不得拒绝或者阻挠。必要时，县级以上人民政府林业主管部门可以指派或者聘请有专门知识的技术人员，在县级以上人民政府林业主管部门主持下进行现场检查。林业主管部门进行现场检查应做好现场记录，作为查处违法行为的依据。

2. 查阅、复制有关文件、资料，对可能被转移、销毁、隐匿或者篡改的文件、资料予以封存。这是保证县级以上人民政府林业主管部门依法履行监督检查职责，查清违法事实，获取书证的重要手段。这一规定包含两个方面的内容：

一是查阅、复制权。通过查阅、复制有关文件、资料，可以掌握当事人是否实施了违法活动，其行为性质、情节轻重、危害后果如何，能够为林业主管部门作出处罚决定提供依据。因此，本条赋予县级以上人民政府林业主管部门查阅、复制有关文件、资料的职权。县级以上人民政府林业主管部门依法行使该项查阅、复制文件和资料权时，被检查的单位或者个人必须如实提供，不得拒绝、转移、销毁有关文件和资料，不得提供虚假的文件和资料。县级以上人民政府林业主管部门查阅有关文件和资料时，应当以原始凭证为据，查阅原始凭证有困难的，可以复制，但复制件应当注明“经确认与原件无误”的字样，并由出具该文件、资料的单位或者个人签名或盖章。

二是封存权。县级以上人民政府林业主管部门对可能被转移、销毁、隐匿或者篡改的文件、资料予以封存。对有关文件、资料的封存，是县级以上人民政府林业主管部门采取的行政强制措施，一定要慎重，前提是有可能被转移、销毁、隐匿或者篡改，若不采取封存措施，有关文件、资料一旦被转移、销毁、隐匿或者篡改，造成证据灭失或无法查证，就会严重影响破坏森林资源案件的查处。

县级以上人民政府林业主管部门依法履行监督检查职责时，不得随意扩大查阅、复制和封存有关文件和资料的范围。

3. 查封、扣押有证据证明来源非法的林木以及从事破坏森林资源活动的工具、设备或者财物。这是保证县级以上人民政府林业主管部门依法履行监督检查职责，获得物证的重要手段。查封、扣押权都属于行政强制措施，是指行政机关在行政管理过程中，为制止违法行为、防止证据损毁、避免危害发生、控制危险扩大等情形，依法对公民、法人或者其他组织的财物实施暂时性控制的行为。其中查封是指行政机关限制当事人对其财物的使用和处分的强制措施，主要是对不动产或者其他不便移动的财产，由行政机关以加贴封条的方式限制当事人对财产的移动或者使用；扣押是行政机关解除当事人对其财物的占有，并限制其处分的强制措施，主要针对可以移动的财产，扣押的财产由行政机关保管。本条规定的查封、扣押对象限于有证据证明来源非法的林木以及从事破坏森林资源活动的工具、设备或者财物，不得查封、扣押没有证据证明来源非法的林木，以及没有证据证明用于破坏森林资源的工具、设备或者财物。有证据证明来源非法的林木，如没有取得采伐许可证采伐的林木，盗伐、滥伐的林木等；有证据证明从事破坏森林资源活动的工具、设备或者财物，如采挖机械等。

采取查封、扣押措施，对当事人影响较大，县级以上林业主管部门采取这一措施时一定要慎重，需符合行政强制法规定的目的，即为制止违法行为、防止证据损毁、避免危害发生、控制危险扩大等情形。采取查封、扣押措施后，应当及时查清事实，在法定期限内作出处理决定。查封、扣押的程序、期限应符合行政强制法的规定。县级以上人民政府林业主管部门应当依法行使查封、扣押权，不得滥用，违者要依法承担法律责任。

4. 查封与破坏森林资源活动有关的场所。这是保证县级以上人民政府林业主管部门依法履行监督检查职责，依法获得物证，避免破坏活动进一步扩大的必要手段。查封有关场所有可能影响生产经营活动，一定要慎重使用，不能查封与破坏森林资源活动无关的场所。

二、约谈

根据本条第二款的规定，省级以上人民政府林业主管部门对森林资源保护发展工作不力、问题突出、群众反映强烈的地区，可以约谈所在地区县级以上地方人民政府及其有关部门主要负责人，要求其采取措施及时整改。约谈整改情况应当向社会公开。

约谈是一种具有中国特色的制度。具体是指拥有行政职权的机关通过约谈沟通、分析讲评、了解政策法规等方式，对下级组织中存在的问题进行纠正和规范的行为。约谈有上级主管部门约谈下级部门主要负责人、监管部门约谈被监管单位主要负责人等，本条规定的是上级主管部门约谈下级部门主要负责人，即省级以上人民政府林业主管部门约谈县级以上地方人民政府及其有关部门主要负责人。本条规定的约谈制度包含以下几个方面的内容：

1. 约谈的主体。本条规定有权进行约谈的主体是负有森林资源监督检查职责的省级以上人民政府林业主管部门。也就是说，只有省级以上人民政府林业主管部门才可以实施约谈，包括省级和国务院林业主管部门。

2. 约谈的对象。被约谈的对象是森林资源保护发展工作不力、问题突出、群众反映强烈地区的县级以上地方人民政府及其有关部门主要负责人。

3. 约谈的情形。采取约谈措施的情形是对森林资源保护发展工作不力、问题突出、群众反映强烈的地区。约谈应当按照规定的权限和程序进行。约谈方应听取约谈对象有关森林资源保护、修复、利用、更新等情况的汇报，指出约谈对象在森林资源的保护、修复、利用、更新中存在的问题，对约谈地区县级以上地方人民政府进一步加强森林资源保护等提出具体要求，明确整改措施，督促约谈地区县级以上地方人民政府及时整改。

4. 约谈的法律效力。被约谈对象应当按照约谈方的要求采取措施，及时整改。被约谈对象无正当理由不接受整改意见或者不落实整改措施的，约谈部门应当采取进一步的监管和追责措施。

实施约谈制度，是森林资源监督管理方式的创新，是为了督促有问题的地区尽快整改，也是在警示有问题的其他地区。约谈整改情况应当向社会公开，让群众监督，让整改措施真正落实。

相关规定

《中华人民共和国行政强制法》第九条、第十七条至第二十八条，《中共中央、国务院关于全面加强生态环境保护坚决打好污染防治攻坚战的意见》，《中共中央办公厅、国

务院办公厅关于建立资源环境承载能力监测预警长效机制的若干意见》

第六十八条　破坏森林资源造成生态环境损害的，县级以上人民政府自然资源主管部门、林业主管部门可以依法向人民法院提起诉讼，对侵权人提出损害赔偿要求。

条文主旨

本条是关于有关主管部门对破坏森林资源给国家造成重大损失的责任者提出损害赔偿要求的规定。

立法背景

本条是此次修改新增加的规定，赋予有关主管部门行使森林资源所有者的职责，向破坏森林资源的责任者提出损害赔偿要求，通过提起损害赔偿诉讼督促有关组织和个人履行森林资源保护义务，挽回因破坏活动给国家造成的生态等方面的损失，恢复被破坏的森林资源。

条文解读

一、县级以上人民政府自然资源主管部门、林业主管部门可以依法提起损害赔偿诉讼

宪法第九条规定，矿藏、水流、森林、山岭、草原、

荒地、滩涂等自然资源，都属于国家所有，即全民所有；由法律规定属于集体所有的森林和山岭、草原、荒地、滩涂除外。土地管理法、草原法、海域使用管理法等法律规定，国家所有的土地、草原、海域等资源，由国务院代表国家行使所有权。随着经济社会的发展，我国的自然资源保护和管理制度不断完善。2015 年，中共中央、国务院印发的《生态文明体制改革总体方案》提出，健全国家自然资源资产管理体制，按照所有者和监管者分开及一件事情由一个部门负责的原则，整合分散的全民所有自然资源资产所有者职责，组建对全民所有的矿藏、水流、森林、山岭、草原、荒地、海域、滩涂等各类自然资源统一行使所有权的机构，负责全民所有自然资源的出让等。探索建立分级行使所有权的体制，对全民所有的自然资源资产，按照不同资源种类和在生态、经济、国防等方面的重要程度，研究实行中央和地方政府分级代理行使所有权职责的体制。2019 年，中共中央办公厅、国务院办公厅印发的《关于统筹推进自然资源资产产权制度改革的指导意见》中提出，明确国务院授权国务院自然资源主管部门具体代表统一行使全民所有自然资源资产所有者职责；研究建立国务院自然资源主管部门行使全民所有自然资源资产所有权的资源清单和管理体制；探索建立委托省级和市（地）级政府代理行使自然资源资产所有权的资源清单和监督管理制度，法律授权省级、市（地）级或县级政府代理行使所有权的特定自然资源除外。

根据党中央关于自然资源保护和管理制度改革的精神，修改后的森林法第十四条规定，国家所有的森林资源的所有权由国务院代表国家行使，国务院可以授权国务院自然资源主管部门统一履行国有森林资源所有者职责。本条规定由县级以上人民政府自然资源主管部门、林业主管部门对破坏森林资源的行为提出损害赔偿要求，是自然资源主管部门、林业主管部门行使森林资源所有者权利的体现。对有关部门提起损害赔偿诉讼，相关法律已作了类似规定。海洋环境保护法第八十九条规定，对破坏海洋生态、海洋水产资源、海洋保护区，给国家造成重大损失的，由依照本法规定行使海洋环境监督管理权的部门代表国家对责任者提出损害赔偿要求。

有的破坏森林资源的行为，既可能给集体经济组织或者个人的森林、林地、林木的所有权或者使用权造成损害，也可能使生态环境遭受破坏，给国家造成损害。对于这种行为，有关集体经济组织或者个人可以作为森林、林地、林木所有权人或者使用权人提起损害赔偿诉讼，县级以上人民政府自然资源主管部门、林业主管部门也可以根据本条的规定提起损害赔偿诉讼，但是应当充分考虑违法行为的破坏程度和责任人的承担能力，维护好集体和个人合法的财产权益。

二、县级以上人民政府自然资源主管部门、林业主管部门提起损害赔偿诉讼的要求

本条仅对损害赔偿诉讼作了原则规定，主要是解决损害赔偿诉讼职责的问题，对具体的损害赔偿案件，需要依据相关法律法规和司法解释的规定确定赔偿范围和责任。

1. 关于损害赔偿事由。中共中央办公厅、国务院办公厅印发的《生态环境损害赔偿制度改革方案》提出，发生较大及以上突发环境事件的，在国家和省级主体功能区规划中划定的重点生态功能区、禁止开发区发生环境污染、生态破坏事件的，发生其他严重影响生态环境后果的，违反法律法规造成生态环境损害的单位或个人，应当承担生态环境损害赔偿责任。

2. 关于损害赔偿责任。中共中央办公厅、国务院办公厅印发的《生态环境损害赔偿制度改革方案》提出，生态环境损害赔偿范围包括清除污染费用、生态环境修复费用、生态环境修复期间服务功能的损失、生态环境功能永久性损害造成的损失以及生态环境损害赔偿调查、鉴定评估等合理费用。各地区可根据生态环境损害赔偿工作进展情况和需要，提出细化赔偿范围的建议。

民法典侵权责任编作了相关规定，第一千二百三十四条规定，违反国家规定造成生态环境损害，生态环境能够修复的，国家规定的机关或者法律规定的组织有权请求侵权人在合理期限内承担修复责任。侵权人在期限内未修复

的，国家规定的机关或者法律规定的组织可以自行或者委托他人进行修复，所需费用由侵权人负担。第一千二百三十五条规定，违反国家规定造成生态环境损害的，国家规定的机关或者法律规定的组织有权请求侵权人赔偿下列损失和费用：（一）生态环境修复期间服务功能丧失导致的损失；（二）生态环境功能永久性损害造成的损失；（三）生态环境损害调查、鉴定评估等费用；（四）清除污染、修复生态环境费用；（五）防止损害的发生和扩大所支出的合理费用。

有关司法解释也作了相关规定，最高人民法院已出台了《关于审理环境侵权责任纠纷案件适用法律若干问题的解释》《关于审理环境民事公益诉讼案件适用法律若干问题的解释》《关于审理海洋自然资源与生态环境损害赔偿纠纷案件若干问题的规定》等司法解释，对环境资源损害赔偿诉讼作出具体规定。

相关规定

《中华人民共和国民法典》第一千二百三十五条，《中华人民共和国民事诉讼法》第五十五条，《中华人民共和国环境保护法》第五十八条，《生态环境损害赔偿制度改革方案》

第六十九条　审计机关按照国家有关规定对国有森林资源资产进行审计监督。

条文主旨

本条是关于对国有森林资源资产进行审计监督的规定。

立法背景

本条是此次修改新增加的规定，将国有森林资源资产纳入审计范围，加强对国有森林资源资产的监督，防止资源浪费。

条文解读

一、将国有森林资源资产纳入审计范围

审计，是指审计机关依法独立检查被审计单位的会计凭证、会计账簿、财务会计报告以及其他与财政收支、财务收支有关的资料和资产，监督财政收支、财务收支真实、合法和效益的行为。审计监督是我国监督体系中的重要组成部分。宪法规定，国务院设立审计机关，对国务院各部门和地方各级政府的财政收支，对国家的财政金融机构和企业事业组织的财务收支进行审计监督；审计机关依照法律规定独立行使审计监督权，不受其他行政机关、社会团体和个人的干涉。县级以上地方各级人民政府设立审计机关，依照法律规定独立行使审计监督权，对本级人民政府

和上一级审计机关负责。

以往的审计工作，主要是对各级政府及其各部门的财政收支、国有的金融机构和企业事业组织的财务收支等进行审计，对国有自然资源资产的审计相对较少。随着经济社会的发展，自然资源在生态环境、经济社会发展中的地位越来越重要，自然资源有偿使用的范围不断扩大，加强对国有自然资源资产的审计监督十分必要。2015 年，中共中央办公厅、国务院办公厅印发的《关于实行审计全覆盖的实施意见》提出，要对公共资金、国有资产、国有资源和领导干部履行经济责任情况实行审计全覆盖，明确将森林资源纳入审计范围。此次修法将国有森林资源资产纳入审计范围，审计机关应当依据本法及国家相关规定加强对国有森林资源资产的审计监督。

二、审计的具体范围

中共中央办公厅、国务院办公厅印发的《关于实行审计全覆盖的实施意见》提出，审计机关要依法对土地、矿藏、水域、森林、草原、海域等国有自然资源，特许经营权、排污权等国有无形资产，以及法律法规规定属于国家所有的其他资源进行审计。主要检查国有资源管理和开发利用过程中遵守国家法律法规情况，贯彻执行国家重大政策措施和宏观调控部署情况，国有资源开发利用和生态环境保护情况，相关资金的征收、管理、分配和使用情况，资源环境保护项目的建设情况和运营效果、国有资源管理部门的职责履行情况，以促进资源节约集约利用和生态文明建设。根据国有资源的稀缺性、战略性和分布情况等因素，确定重点审计对象。加大对资源富集和毁损严重地区的审计力度，对重点国有资源进行专项审计，将国有资源开发利用和生态环境保护等情况作为领导干部经济责任审计的重要内容，对领导干部实行自然资源资产离任审计。

审计机关在确定对国有森林资源资产的具体审计范围时，应当严格按照党中央确定的审计范围要求，做到应审尽审，强化对国有森林资源资产的审计监督。

三、审计后的整改落实

一是实行整改责任制。被审计单位的主要负责人为整改第一责任人，对重大问题应当亲自管、亲自抓。对审计发现的问题和提出的审计建议，被审计单位要及时整改和认真研究，整改结果在书面告知审计机关的同时，要向同级政府或主管部门报告，并向社会公告。

二是加强整改检查。对审计反映的问题，被审计单位主管部门要及时督促整改。审计机关要建立整改检查跟踪机制，必要时可提请有关部门协助落实整改意见。各级政府也应当加强对整改情况的督查督办。

三是严格考核问责。各地区、各部门要把审计结果及其整改情况作为考核、奖惩的重要依据。对审计发现的重大问题，要依法依纪作出处理，严肃追究有关人员责任。对审计发现的典型性、普遍性、倾向性问题和提出的审计建议，有关部门和单位要认真研究，及时清理不合理的制度和规则，建立健全有关制度规定。对整改不到位的，要与被审计单位主要负责人进行约谈。对整改不力、屡审屡犯的，要严格追责问责。

相关规定

《中共中央、国务院关于加快推进生态文明建设的意见》，《中共中央办公厅、国务院办公厅关于统筹推进自然资源资产产权制度改革的指导意见》，《中共中央办公厅、国务院办公厅印发〈关于完善审计制度若干重大问题的框架意见〉及相关配套文件的通知》

第八章 法律责任

第七十条 县级以上人民政府林业主管部门或者其他有关国家机关未依照本法规定履行职责的，对直接负责的主管人员和其他直接责任人员依法给予处分。

依照本法规定应当作出行政处罚决定而未作出的，上级主管部门有权责令下级主管部门作出行政处罚决定或者直接给予行政处罚。

条文主旨

本条是关于林业主管部门等国家机关未依法履职的法律责任的规定。

立法背景

本条是由原森林法第四十一条和第四十六条合并修改而来的，进一步完善了林业主管部门和其他有关国家机关未依法履职的法律责任。

条文解读

一、承担本条规定的法律责任的主体是县级以上人民政府林业主管部门或者其他有关国家机关的工作人员

这是根据实践中出现的林业主管部门的工作人员和其他国家机关的工作人员在涉及林业管理方面未依照本法规定履行职责的，有法不依、执法不严、违法不究，滥用职权、玩忽职守、徇私舞弊等，给森林资源造成破坏或给国家造成重大损失的实际情况而作出的规定。本条所说的林业主管部门的工作人员是指林业主管部门内部的行政管理人员和依法履行林业主管部门管理职能的人员，如林业主管部门内部的林政管理、野生动物保护、森林防火、野生植物保护、病虫害防治、植物检疫、种苗管理等从事森林保护、林业监督管理的工作人员。其他国家机关工作人员是指人民政府的工作人员或者依照法律规定履行职务涉及林业行业管理工作的人员，如人民政府中从事涉及林业管理的领导人员、海关、市场监督管理等部门的工作人员。直接负责的主管人员是指直接组织实施了本条规定的违法行为的领导人员。其他直接责任人员，是指虽非直接领导者，但对违法行为负有直接责任的人员。

二、本条规定的违法行为，是指未依照本法规定履行职责的行为

保护、培育和合理利用森林资源，本法对县级以上人民政府林业主管部门和其他有关国家机关保护、管理森林的职责作了规定。凡是违反这些法定职责规定的行为，都属于未依照本法规定履行职责的行为。具体而言，主要有以下几种：

1. 不依法作出行政许可。本法对采伐林地上的林木，占用林地，临时使用林地，编制森林经营方案，在林地上修筑直接为林业生产经营服务的工程设施，以及林业经营者转让、出租、作价出资依法取得的国有林地和林地上的森林、林木的使用权等行为设定了行政许可。行政许可的决定机关接到当事人的申请后，应当依法进行审查，决定是否给予行政许可。不依法作出行政许可的行为既包括应许可而不许可的行政不作为，如对符合法定条件的行政许可申请不予受理、对符合法定条件的申请人不予许可或者不在法定期限内作出准予许可决定；也包括不依法许可的行政乱作为，如对不符合法定条件的申请人准予行政许可或者超越法定职权作出准予行政许可决定等。

2. 发现违法行为或者接到对违法行为的举报不予查处或者不依法查处。根据本法规定，县级以上人民政府林业主管部门和其他有关国家机关，应当履行森林资源保护监督管理职责，忠于职守，秉公执法，对发现或者举报的违法行为予以查处。如本法第六十六条规定，县级以上人民政府林业主管部门依照本法规定，对森林资源的保护、修复、利用、更新等进行监督检查，依法查处破坏森林资源等违法行为；第八十二条规定，公安机关按照国家有关规定，可以依法行使本法第七十四条第一款、第七十六条、第七十七条、第七十八条规定的行政处罚权。

3. 其他不依法履行职责的行为。例如，第三十五条规定，县级以上人民政府林业主管部门负责本行政区域的林业有害生物的监测、检疫和防治；省级以上人民政府林业主管部门负责确定林业植物及其产品的检疫性有害生物，划定疫区和保护区；重大林业有害生物灾害防治实行地方人民政府负责制；发生暴发性、危险性等重大林业有害生物灾害时，当地人民政府应当及时组织除治。如果有关部门不履行法规规定的义务，应对直接负责的主管人员和其他直接责任人员依法给予处分。

三、违反本条规定的法律责任

根据本条规定，应当对直接负责的主管人员和其他直接责任人员依法给予处分。

1. 处分。县级以上人民政府林业主管部门或者其他有关国家机关未依照本法规定履行职责的，对直接负责的主管人员和其他直接责任人员依法给予处分。这里的处分包括一般处分和政务处分。根据公务员法规定，处分分为警告、记过、记大过、降级、撤职、开除。具体应当给予哪一种处分，由有权作出处分决定的机关根据违法性质、情节及认错表现决定。对同一违纪违法行为，监察机关已经作出政务处分决定的，公务员所在机关不再给予处分。

2. 处分决定机关。根据公务员法第六十一条的规定，公务员因违纪违法应当承担纪律责任的，依照本法给予处分或者由监察机关依法给予政务处分。《行政机关公务员处分条例》第三十四条规定，对行政机关公务员给予处分，由任免机关或监察机关按照管理权限决定，即“处分决定机关”由任免机关、单位或监察机关按照职责负责。目前全国人大常委会正在审议政务处分法草案，将来法律法规对此有新规定的，适用新法的规定。

依照本法规定应当作出行政处罚决定而未作出的，上级主管部门有权责令下级主管部门作出行政处罚决定或者直接给予行政处罚。

相关规定

《中华人民共和国公务员法》第六十二条，《中华人民共和国行政处罚法》第五十五条至第五十八条，《中华人民共和国行政许可法》第七十二条至第七十五条，《中华人民共和国行政强制法》第六十一条至第六十七条，《中华人民共和国公职人员政务处分法》

第七十一条 违反本法规定，侵害森林、林木、林地的所有者或者使用者的合法权益的，依法承担侵权责任。

条文主旨

本条是关于侵害森林、林木、林地的所有者或者使用者的合法权益的民事责任的规定。

立法背景

本条是此次修改新增加的规定，主要是保护森林、林木、林地的所有者或者使用者的合法权益，对因侵害行为而受到的损失依照相关法律的规定获得相应的赔偿。

条文解读

侵权责任，是指行为人实施侵权行为应承担的法律后果。本法第十五条第二款规定，森林、林木、林地的所有者和使用者的合法权益受法律保护，任何组织和个人不得侵犯。因此，任何单位或者个人侵害森林、林木、林地的所有者或者使用者的合法权益的，应当依法承担侵权责任。考虑到其他法律，特别是《中华人民共和国民法典》第七编“侵权责任”已经对侵权责任的归责原则、免责事由、承担方式等作了明确规定，本法没有必要再重复规定，只是作了衔接性规定。

相关规定

《中华人民共和国民法典》第一千二百二十九条，《中华人民共和国农业法》第六十七条，《中华人民共和国行政强制法》第六十八条，《中华人民共和国行政处罚法》第六十条、第六十一条

第七十二条 **违反本法规定，国有林业企业事业单位未履行保护培育森林资源义务、未编制森林经营方案或者未按照批准的森林经营方案开展森林经营活动的，由县级以上人民政府林业主管部门责令限期改正，对直接负责的主管人员和其他直接责任人员依法给予处分。**

条文主旨

本条是关于国有林业企业事业单位未履行保护培育森林资源义务、未编制森林经营方案或者未按照批准的森林经营方案开展森林经营活动的法律责任的规定。

立法背景

本条是此次修改新增加的规定，强化了国有林业企业事业单位保护培育森林资源，规范了开展森林经营活动的义务。

条文解读

一、未履行保护培育森林资源义务的行为

本法第十六条第二款规定，林业经营者应当履行保护、

培育森林资源的义务，保证国有森林资源稳定增长，提高森林生态功能。从权利义务相一致的原则出发，森林法不仅保护森林、林木、林地所有者或者使用者的合法权益，也要求权利人，特别是国有林业企业事业单位，依法履行保护和合理利用森林资源的义务。森林法也明确了国有林业企业事业单位保护培育森林资源的部分具体义务，如本法第四十一条第二款规定："各有关单位应当加强森林管护。国有林业企业事业单位应当加大投入，加强森林防火、林业有害生物防治，预防和制止破坏森林资源的行为。"国有林业企业事业单位，以作为或不作为的方式不履行保护培育森林资源义务，都可能构成本条规定的违法行为。

二、未编制森林经营方案或未按照批准的森林经营方案开展森林经营活动的行为

本法第五十三条第一款规定："国有林业企业事业单位应当编制森林经营方案，明确森林培育和管护的经营措施，报县级以上人民政府林业主管部门批准后实施。重点林区的森林经营方案由国务院林业主管部门批准后实施。"《国家林业和草原局关于加快推进森林经营方案编制工作的通知》（林资发〔2018〕57号）提出，加快编制和严格实施森林经营方案既是林业主管部门履行法定职责的基本要求，又是科学经营森林、提升森林经营水平的紧迫任务。本法将编制森林经营方案明确为国有林业企业事业单位的强制性义务，并倡导其他经营主体编制森林经营方案，是进一步提升森林资源保护管理科学化和精准化的重要保障。未编制森林经营方案或者不按照编制规范或技术规程编制森林经营方案的，国有林业企业事业单位的相关责任人需要承担法律责任和相应的法律后果。另外，未按照批准的森林经营方案开展森林经营活动，使森林经营方案形同虚设，和未编制森林经营方案的法律后果是一样的。所以，国有林业企业事业单位应当按照主管部门批准的森林经营方案开展森林经营活动是本法的应有之义，未按照批准的森林经营方案开展森林经营活动的国有林业企业事业单位，相关责任人也应承担相应责任。

三、违反本条规定的法律责任

1. 责令限期改正。“责令”是常用的表示命令的用语，是指行政主体依法要求行政相对人为或者不为一定行为（作为或者不作为）的意思表示。所谓限期改正，根据本条规定的违法行为的特点，是指责令违法者在确定的期限内，及时履行职责或停止违法行为，切实履行保护培育森林资源的义务，保证国有森林资源稳定增长。具体而言，未编制森林经营方案的，应在一定的期限内按要求编制森林经营方案，经有关主管部门批准后，才算达到了限期改正的要求。未按照批准的森林经营方案开展森林经营活动的，应在主管部门规定的期限内，按照森林经营方案的要求，对不符合森林经营方案的森林经营活动进行纠正，使其恢复到符合要求的状态。

2. 处分。对直接负责的主管人员和其他直接责任人员，按照管理权限，由执法机关依法作出处分或政务处分。这里的处分适用于单位违法。事业单位有违法违纪行为，应当追究纪律责任的，依法对负有责任的领导人员和直接责任人员给予处分，分为两种情形：一是对行政机关任命的事业单位工作人员，法律、法规授权的具有公共事务管理职能的事业单位中不参照公务员法管理的工作人员，国家行政机关依法委托从事公共事务管理活动的事业单位工作人员给予处分，适用《事业单位工作人员处分暂行规定》。处分种类分为：警告、记过、降低岗位等级或者撤职、开除。给予处分，应当与其违法违纪行为的性质、情节、危害程度相适应，对主动交代违法违纪行为，并主动采取措施有效避免或者挽回损失的，应当减轻处分或者免予处分。其中，警告、记过、降低岗位等级或者撤职处分，按照干部人事管理权限，由事业单位或者事业单位主管部门决定；由事业单位决定的，应当报事业单位主管部门备案。开除处分由事业单位主管部门决定，并报同级事业单位人事综合管理部门备案。对中央和地方直属事业单位工作人员的处分，按照干部人事管理权限，由本单位或者有关部门决定；由本单位作出开除处分决定的，报同级事业单位人事综合管理部门备案。二是对法律、法规授权的具有公共事务管理职能的事业单位中经批准参照公务员法管理的工作人员给予处分，参照《行政机关公务员处分条例》的有关规定办理。处分种类分为：警告、记过、记大过、降级、撤职、开除。由任免机关或者监察机关按照管理权限决定。对国有企业管理人员，由监察机关进行监察，监察机关依照监察法和有关法律规定履行监督、调查、处置职责，对违法的公职人员依照法定程序作出警告、记过、记大过、降级、撤职、开除等政务处分决定。目前全国人大常委会正在审议政务处分法草案，将来法律法规对此有新规定的，适用新法的规定。

相关规定

《中共中央、国务院关于深化国有企业改革的指导意见》，《国有林场改革方案》

第七十三条 违反本法规定，未经县级以上人民政府林业主管部门审核同意，擅自改变林地用途的，由县级以上人民政府林业主管部门责令限期恢复植被和林业生产条件，可以处恢复植被和林业生产条件所需费用三倍以下的罚款。

虽经县级以上人民政府林业主管部门审核同意，但未办理建设用地审批手续擅自占用林地的，依照《中华人民共和国土地管理法》的有关规定处罚。

在临时使用的林地上修建永久性建筑物，或者

临时使用林地期满后一年内未恢复植被或者林业生产条件的，依照本条第一款规定处罚。

条文主旨

本条是关于擅自改变林地用途或者占用林地的法律责任的规定。

立法背景

本条是此次修改新增加的规定，对违反法律规定，擅自改变林地用途或者擅自占用林地的行为规定了法律责任。原法对该违法行为没有设定法律责任，而是由森林法实施条例规定了法律责任。森林法实施条例第四十三条规定："未经县级以上人民政府林业主管部门审核同意，擅自改变林地用途的，由县级以上人民政府林业主管部门责令限期恢复原状，并处非法改变用途林地每平方米 10 元至 30 元的罚款。临时占用林地，逾期不归还的，依照前款规定处罚。"本条在森林法实施条例的基础上，作了部分修改：将"责令限期恢复原状"修改为"责令限期恢复植被和林业生产条件"；将"并处非法改变用途林地每平方米 10 元至 30 元的罚款"修改为"可以处恢复植被和林业生产条件所需费用三倍以下的罚款"。

条文解读

一、未经县级以上人民政府林业主管部门审核同意，擅自改变林地用途的法律责任

（一）擅自改变林地用途的违法情形

林地是国家重要的自然资源和战略资源，是森林赖以生存和发展的根基。为严格控制林地转为非林地，本法第三十七条第一款规定："矿藏勘查、开采以及其他各类工程建设，应当不占或者少占林地；确需占用林地的，应当经县级以上人民政府林业主管部门审核同意，依法办理建设用地审批手续。"按照这一规定，各类工程建设在占用林地前，需先经林业主管部门的审核，再办理建设用地审批手续。原国家林业局颁布的《建设项目使用林地审核审批管理办法》（2015 年国家林业局第 35 号令）对办理手续进行了细化，第九条规定："建设项目需要使用林地的，用地单位或者个人应当向林地所在地的县级人民政府林业主管部门提出申请；跨县级行政区域的，分别向林地所在地的县级人民政府林业主管部门提出申请。"违反本法及国家有关规定，不向林业主管部门提起申请，或尚未获得审核同意，擅自侵占林地或者越权审批占用林地的行为，都有可能构成违法。典型的违法情形有：（1）有关单位和个人未向林业主管部门提交使用林地申请即擅自使用林地的行为；（2）当事人向林业主管部门申请使用林地，在林业主管部门审核

过程中，擅自使用林地的行为，包括需要分别向不同行政区划林业主管部门提出申请，部分完成审核，部分未完成审核，擅自使用林地的行为；（3）当事人向林业主管部门申请使用林地，经林业主管部门审核后未同意，仍然擅自使用林地的行为。

（二）擅自改变林地用途的法律责任

1. 责令限期恢复植被和林业生产条件。森林法实施条例第四十三条将该项法律责任规定为“责令限期恢复原状”。实践中，“责令限期恢复原状”的执行、恢复标准、恢复时间等存在诸多争议。本次修法，将擅自改变林地用途的法律责任明确为“责令限期恢复植被和林业生产条件”：一是，对占用的林地进行整治，通过平整土地、覆盖种植土等适宜的方式，确保被占用的地块恢复生产条件；二是，根据地形地貌、水土环境、周边环境等自然因素，实事求是、因地制宜地选择适当的物种和适当的方法进行植被恢复活动。该规定更具科学性和可操作性。根据本法第八十一条的规定，对拒不恢复植被和林业生产条件，或者恢复植被和林业生产条件不符合国家有关规定的，由县级以上人民政府林业主管部门依法组织代为履行，代为履行所需费用由违法者承担。

2. 罚款。罚款是一种财产罚，是指行政处罚机关依法强制违法行为人当场或在一定期限内缴纳一定数额货币的处罚行为。本条规定，对上述违法行为“可以”处以罚款，修改了森林法实施条例第四十三条“并处”罚款的规定，赋予林业主管部门行政处罚自由裁量权。林业主管部门根据违法行为的性质、情节、损害后果等因素，在作出责令限期恢复植被和林业生产条件的同时，可以作出并处罚款的决定，也可以不处罚款。同时，本次修法将森林法实施条例第四十三条规定的“并处非法改变用途林地每平方米10元至30元的罚款”修改为“可以处恢复植被和林业生产条件所需费用三倍以下的罚款”。森林法实施条例规定的罚款数额在社会经济不断发展的情况下，已明显不符合发展需要。并且，采矿、建设工程对林地的破坏往往是立体的，森林法实施条例规定的罚款数额计算以每平方米为单位也不合理，有必要对此作出修改，以提高罚款幅度，增加违法成本。

二、虽经县级以上人民政府林业主管部门审核同意，但未办理建设用地审批手续擅自占用林地的法律责任

（一）矿藏勘查、开采以及其他各类工程建设，经县级以上人民政府林业主管部门审核同意，但未办理建设用地审批手续擅自占用林地的违法情形

国家实行土地用途管制制度，严格限制农用地转为建设用地，本法第三十七条规定：“矿藏勘查、开采以及其他各类工程建设，应当不占或者少占林地；确需占用林地的，应当经县级以上人民政府林业主管部门审核同意，依法办理建设用地审批手续。”按照这一规定，工程建设占用林地需先经林业主管部门审核，审核同意后还需要依法办理建设用地审批手续，未办理建设用地审批手续或者自然资源主管部门对行为人的申请未予批准，便开展矿藏勘查、开采以及其他各类工程建设活动的，即构成本条规定的违法行为。需要注意的是，本条规定存在例外情形，如因抢险救灾等急需使用林地的建设项目，依据土地管理法律法规的有关规定，可以先行使用林地。按照《建设项目使用林地审核审批管理办法》（2015 年国家林业局第 35 号令）的规定，用地单位或者个人应当在灾情结束后 6 个月内补办使用林地审核手续。属于临时用地的，灾后应当恢复林业生产条件，依法补偿后交还原林地使用者，不再办理用地审批手续。按照原国家林业局的规定，因抢险救灾等急需占用林地不再办理建设用地审批的情况仅适用于“临时占用林地”，需要永久性占用林地的仍然需要依法办理审批手续，否则，依旧要承担本条规定的法律责任。

（二）在林地上修筑直接为林业生产经营服务的工程设施超出标准，未办理建设用地审批手续的情形

本法第五十二条规定：“在林地上修筑直接为林业生产经营服务的工程设施，符合国家有关部门规定的标准的，由县级以上人民政府林业主管部门批准，不需要办理建设用地审批手续；超出标准需要占用林地的，应当依法办理建设用地审批手续。”未办理建设用地审批手续，在林地上修筑直接为林业生产经营服务的工程设施超出国家有关部

门规定的标准，即构成本条规定的违法行为。另外，《建设项目使用林地审核审批管理办法》（2015 年国家林业局第 35 号令）第十五条规定，建设项目需要使用林地的，用地单位或者个人应当一次申请；严禁化整为零、规避林地使用审核审批。对违反国家规定，化整为零、规避审批的行为，依法应予处罚。

此外，对于上述两种违法情形，根据土地管理法第七十七条第二款的规定，超过批准的数量占用土地，多占的土地以非法占用土地论处。因而，建设单位或者个人超出批准数量擅自占用林地的行为，也构成本条规定的违法行为。

（三）擅自占用林地的行政法律责任

根据本条规定，虽经林业主管部门审核同意，但未办理建设用地审批手续擅自占用林地的，适用土地管理法的相关处罚规定。土地管理法第七十七条规定，未经批准或者采取欺骗手段骗取批准，非法占用土地的，由县级以上人民政府自然资源主管部门责令退还非法占用的土地，对违反土地利用总体规划擅自将农用地改为建设用地的，限期拆除在非法占用的土地上新建的建筑物和其他设施，恢复土地原状，对符合土地利用总体规划的，没收在非法占用的土地上新建的建筑物和其他设施，可以并处罚款；对非法占用土地单位的直接负责的主管人员和其他直接责任人员，依法给予处分；构成犯罪的，依法追究刑事责任。

具体适用如下：

1. 责令退还非法占用的林地。即由县级以上人民政府自然资源主管部门责令非法占用林地的单位或者个人将非法占用的林地返还给土地的合法所有者或者使用者。非法占用土地的单位或者个人应当及时解除对所占用林地的实际控制状态。

2. 责令限期拆除在非法占用的林地上新建的建筑物和其他设施，恢复林地原状。即对违反土地利用总体规划擅自将林地改为建设用地的，由县级以上人民政府自然资源主管部门责令非法占用土地的单位或者个人限期拆除在非法占用的林地上新建的建筑物和其他设施，恢复林地原状，包括恢复林地生产条件和植被。本条的执行标的物限定为新建的建筑物和其他设施。根据土地管理法实施条例第三十六条的规定，“新建”包括对在土地利用总体规划制定前已建的不符合土地利用总体规划确定的用途的建筑物、构筑物重建、扩建的行为，依法应当责令限期拆除。逾期不拆除的，由作出处罚决定的机关依法申请人民法院强制执行。

3. 没收非法财物。没收非法财物是指行政机关将违法行为人非法占有的违禁品和其他财物无偿收缴的处罚形式。在本条中，财物虽系当事人所有，但因其产生于非法活动而被没收。该处罚种类仅适用于符合土地利用总体规划，在非法占用的土地上新建建筑物和其他设施的行为，由县级以上人民政府自然资源主管部门没收在非法占用的林地上新建的建筑物和其他设施。对依法没收的非法财物，适用行政处罚法第五十三条的规定，按照国家规定公开拍卖或者按照国家有关规定处理。

4. 罚款。土地管理法第七十七条规定“可以”处罚款，赋予了执法部门行政处罚的自由裁量权。执法部门根据违法行为的性质、情节、危害等因素，可以对违法行为人处罚款，也可以不处罚款。如果违法行为人及时、积极地退还其违法占用的林地，弥补造成的损失，执法部门可以不处或少处罚款。

5. 处分。对擅自占用林地的单位的直接负责的主管人员和其他直接责任人员，按照管理权限，由其所在单位、任免机关依法给予处分或者由监察机关依法给予政务处分。

（四）擅自占用林地的刑事法律责任

根据土地管理法第七十七条的规定，未经批准或者采取欺骗手段骗取批准，或者超过批准的数量，擅自占用林地，构成犯罪的，应当依照刑法第三百四十二条非法占用农用地罪处罚，即违反土地管理法规，非法占用耕地、林地等农用地，改变被占用土地用途，数量较大，造成耕地、林地等农用地大量毁坏的，处五年以下有期徒刑或者拘役，并处或者单处罚金。关于“数量较大，并造成林地大量毁坏”的认定，《最高人民法院关于审理破坏林地资源刑事案件具体应用法律若干问题的解释》（法释〔2005〕15号）

第一条规定，违反土地管理法规，非法占用林地，改变被占用林地用途，在非法占用的林地上实施建窑、建坟、建房、挖沙、采石、采矿、取土、种植农作物、堆放或排泄废弃物等行为或者进行其他非林业生产、建设，造成林地的原有植被或林业种植条件严重毁坏或者严重污染，并具有下列情形之一的，属于刑法第三百四十二条规定的犯罪行为，应当以非法占用农用地罪判处五年以下有期徒刑或者拘役，并处或者单处罚金：（一）非法占用并毁坏防护林地、特种用途林地数量分别或者合计达到五亩以上；（二）非法占用并毁坏其他林地数量达到十亩以上；（三）非法占用并毁坏本条第（一）项、第（二）项规定的林地，数量分别达到相应规定的数量标准的百分之五十以上；（四）非法占用并毁坏本条第（一）项、第（二）项规定的林地，其中一项数量达到相应规定的数量标准的百分之五十以上，且两项数量合计达到该项规定的数量标准。

三、在临时使用的林地上修建永久性建筑物，或者临时使用林地期满后一年内未恢复植被或者林业生产条件的法律责任

（一）违法临时使用林地的情形

本法第三十八条规定，不得在临时使用的林地上修建永久性建筑物。临时使用林地期满后一年内，用地单位或者个人应当恢复植被和林业生产条件。据此，本条第三款规定的违法行为包括两种情形：一是，在临时使用的林地上修建永久性建筑物，即构成违法，就应当承担本款规定的法律责任。二是，临时使用林地期满后一年内未恢复植被或者林业生产条件，包括恢复植被或者林业生产条件不符合国家有关规定的行为。

（二）违法临时使用林地的法律责任

考虑到临时占用林地往往造成植被和土壤的损毁，恢复成本极高，本次修法，在森林法实施条例第十七条、第四十三条的基础上进行修改，明确了违反本法第三十八条规定的法律责任，参照本条第一款的规定进行处罚。

1. 责令限期恢复植被和林业生产条件。按照本条第三款的规定，两种违法情形的具体责任分别为：（1）林业主管部门在行政执法中，发现并确认违法行为人有在临时占用的林地上修建永久性建筑物的行为后，可以依据职权责令违法行为人停止正在进行的违法活动，拆除违法修建的永久性建筑物，限期恢复植被和林业生产条件，并且，恢复植被和林业生产条件必须符合国家有关规定方可。（2）林业主管部门在行政执法中，发现并确认违法行为人有临时占用林地期满后超过一年的时间，未恢复植被和林业生产条件或者恢复植被和林业生产条件不符合国家有关规定的行为后，可以依据职权责令违法行为人在一定期限内恢复植被和林业生产条件。对以上两种情形的违法行为，拒不恢复植被和林业生产条件或者恢复植被和林业生产条件不符合国家有关规定的，适用本法第八十一条的规定，由县级以上人民政府林业主管部门依法组织代为履行，代为履行所需费用由违法者承担。

2. 罚款。依照本条第一款的规定，对违法行为可以处恢复植被和林业生产条件所需费用三倍以下的罚款。

相关规定

《中华人民共和国土地管理法》第七十六条，《中华人民共和国森林法实施条例》第四十三条，《中华人民共和国土地管理法实施条例》第四十二条

第七十四条 违反本法规定，进行开垦、采石、采砂、采土或者其他活动，造成林木毁坏的，由县级以上人民政府林业主管部门责令停止违法行为，限期在原地或者异地补种毁坏株数一倍以上三倍以下的树木，可以处毁坏林木价值五倍以下的罚款；造成林地毁坏的，由县级以上人民政府林业主管部门责令停止违法行为，限期恢复植被和林业生产条件，可以处恢复植被和林业生产条件所需费用三倍以下的罚款。

违反本法规定，在幼林地砍柴、毁苗、放牧造成林木毁坏的，由县级以上人民政府林业主管部门责令停止违法行为，限期在原地或者异地补种毁坏株数一倍以上三倍以下的树木。

向林地排放重金属或者其他有毒有害物质含量超标的污水、污泥，以及可能造成林地污染的清淤底泥、尾矿、矿渣等的，依照《中华人民共和国土壤污染防治法》的有关规定处罚。

条文主旨

本条是关于非法开垦、采石、采砂等毁坏林木、林地行为以及在幼林地和特种用途林内砍柴、放牧等毁林行为的法律责任的规定。

立法背景

本条是由原森林法第四十四条和森林法实施条例第四十一条修改而来，与原法相比，增加了造成林地毁坏的法律后果和在幼林地毁苗的违法行为，明确了责令补种树木的地点是原地或者异地，以更严格的责任、更明确的举措保护森林资源。

条文解读

一、非法毁坏林木的情形和法律责任

（一）造成林木毁坏的违法情形

1. 非法毁林开垦、采石、采砂、采土以及其他活动，毁坏林木的行为。在实际中，未经林业主管部门的批准，非法进行开垦、采石、采砂、采土、采种、采脂等活动，

毁坏林木的现象比较普遍，这些行为所采取的手段多种多样，如有挖倒树木、砍下树梢取种、环剥取脂等方式，造成的危害和损失并不亚于盗伐、滥伐林木，对森林资源危害较大。为了制止这些违法行为，保护森林资源，本法第三十九条第一款规定："禁止毁林开垦、采石、采砂、采土以及其他毁坏林木和林地的行为。"本条规定对这类毁林行为要给予处罚，所谓"毁坏"行为，按照《国家林业局关于如何适用〈森林法实施条例〉第四十一条第一款有关规定的函》（林函策字〔2003〕109号）的解释，是指致使林木不能正常生长或者造成林木死亡等情形。非法开展上述活动，造成林木毁坏的，即构成本条的违法行为。

2. 在幼林地砍柴、毁苗、放牧的行为。本法第三十九条第三款规定："禁止在幼林地砍柴、毁苗、放牧。"第四十六条规定："新造幼林地和其他应当封山育林的地方，由当地人民政府组织封山育林。"幼林地是处于森林未郁闭前的状态，其林分结构还不够稳定，极易受到外界环境的影响和破坏，砍柴、毁苗、放牧行为直接损害幼林，且这种损害难以自我修复，很可能造成幼林不能正常生长甚至死亡。因此，本法对幼林地给予保护，禁止在幼林地开展砍柴、毁苗、放牧行为。违反本法规定，从事上述行为的，依法应予惩处。

（二）造成林木毁坏的法律责任

1. 责令停止违法行为。对违反本法规定，进行开垦、采石、采砂、采土或者其他活动，或者在幼林地砍柴、毁苗、放牧，造成林木毁坏的，由县级以上人民政府林业主管部门责令违法行为人，立即停止继续实施违法行为。

2. 责令限期在原地或者异地补种树木。对违反本法规定，进行开垦、采石、采砂、采土或者其他活动，或者在幼林地砍柴、毁苗、放牧，造成林木毁坏的，由县级以上人民政府林业主管部门责令违法行为人，限期在原地或者异地补种毁坏株数一倍以上三倍以下的树木。拒不补种树木，或者补种不符合国家有关规定的，适用本法第八十一条的规定，由县级以上人民政府林业主管部门依法组织代为履行，代为履行所需费用由违法者承担。

3. 罚款。本条第一款规定，对违反本法规定，进行开垦、采石、采砂、采土或者其他活动，造成林木毁坏的，可以处毁坏林木价值五倍以下的罚款，授予了林业主管部门行政处罚的自由裁量权。有关执法部门在作出责令停止违法行为，限期补种的决定的同时，根据违法行为的性质、情节、危害等多种因素，可以对违法行为人处以罚款，也可以不处以罚款。本条罚款的数额是按照被毁坏林木的价值来计算的。根据《国家林业局关于如何适用〈森林法实施条例〉第四十一条第一款有关规定的函》（林函策字〔2003〕109号）的规定，“毁坏林木的价值”，是指毁坏林木造成的直接经济损失，有国家定价的，按国家规定的价格计算；没有国家定价的，按主管部门规定的价格计算；

既没有国家定价，也没有主管部门定价的，按市场价格计算。为进一步规范涉案林木价格认定工作，国家发展改革委价格认证中心制定了《林木价格认定规则》（发改价证办〔2013〕202号），可以参照执行。

此外，对违反本法规定，进行开垦、采石、采砂、采土、采种、采脂和其他活动，致使森林、林木受到毁坏的违法行为，本条修改时删除了“依法赔偿损失”的内容。实践中，有的林业主管部门将赔偿损失写入行政处罚决定书，是不恰当的。《国家林业局关于如何适用〈森林法实施条例〉第四十一条第一款有关规定的函》（林函策字〔2003〕109号）明示，“赔偿损失”属于民事责任。对此，可以适用本法第七十一条关于侵权责任的规定，双方当事人可以先协商解决，若侵权方不履行此项义务，受害方可向法院提起民事诉讼，以维护自身合法权益。

二、非法毁坏林地的法律责任

（一）造成林地毁坏的违法情形

本法第三十九条第一款规定，禁止毁林开垦、采石、采砂、采土以及其他毁坏林木和林地的行为。早在1998年，《国务院关于保护森林资源制止毁林开垦和乱占林地的通知》（国发明电〔1998〕8号）要求，必须采取严厉措施，坚决制止毁林开垦和乱占林地行为，抢救和保护森林资源。实践中，非法进行开垦、采石、采砂、采土等活动，毁坏林地的现象依旧比较普遍，应依法予以打击。本条打击的对象是非法开垦、采石、采砂、采土或其他活动毁坏林地的行为，其适用范围限定为“非法活动”，并非绝对地禁止所有可能造成林木、林地毁坏的开垦、采石、采砂、采土以及其他活动。如果符合有关法律规定的条件，经过法定程序来实施，虽然客观上导致了破坏林地的后果，但并不构成违法行为。如根据防洪法第四十五条的规定，在紧急防汛期，防汛指挥机构根据防汛抗洪的需要，有权在其管辖范围内决定采取取土占地等必要的紧急措施。

（二）造成林地毁坏的法律责任

1. 责令停止违法行为。对违反本法规定，进行开垦、采石、采砂、采土或者其他活动，造成林地毁坏的，由县级以上人民政府林业主管部门责令违法行为人，立即停止继续实施违法行为。

2. 责令限期恢复植被和林业生产条件。根据本条第一款的规定，违法行为人在接到林业主管部门限期恢复植被和林业生产条件的决定通知后，应当在规定的期限内，对占用的林地进行整治，通过平整土地、覆盖种植土等适宜的方式，确保被占用的地块恢复生产条件；并根据地形地貌、水土环境、周边环境等自然因素，实事求是、因地制宜地选择适当的物种和适当的方法进行植被恢复活动，将被其占用林地的植被和林业生产条件恢复起来。对拒不恢复植被和林业生产条件，或者恢复植被和林业生产条件不符合国家有关规定的，适用本法第八十一条的规定，由县级以上人民政府林业主管部门依法组织代为履行，代为履行所需费用由违法者承担。

3. 罚款。本条第一款规定："对违反本法规定，进行开垦、采石、采砂、采土或者其他活动，造成林地毁坏的……可以处恢复植被和林业生产条件所需费用三倍以下的罚款。""可以"处罚款，赋予了林业主管部门行政处罚的自由裁量权。县级以上地方人民政府林业主管部门应当准确核算恢复植被和林业生产条件所需费用，作为决定罚款数额的依据。

4. 刑事责任。对非法占用农用地，改变林地用途的行为，不仅规定了行政责任，构成犯罪的，还应依法追究刑事责任。刑法第三百四十二条规定："违反土地管理法规，非法占用耕地、林地等农用地，改变被占用土地用途，数量较大，造成耕地、林地等农用地大量毁坏的，处五年以下有期徒刑或者拘役，并处或者单处罚金。"根据刑法这一条的规定，本条规定的违法行为构成非法占用农用地罪，要具备以下两个要件：一是非法占用林地，改变林地用途；二是占用林地数量较大，并造成林地大量毁坏的。关于"数量较大，并造成林地大量毁坏"的认定，《最高人民法院关于审理破坏林地资源刑事案件具体应用法律若干问题的解释》（法释〔2005〕15 号）第一条规定："违反土地管理法规，非法占用林地，改变被占用林地用途，在非法占用的林地上实施建窑、建坟、建房、挖沙、采石、采矿、取土、种植农作物、堆放或排泄废弃物等行为或者进行其他非林业生产、建设，造成林地的原有植被或林业种植条件严重毁坏或者严重污染，并具有下列情形之一的，属于刑法第三百四十二条规定的犯罪行为，应当以非法占用农用地罪判处五年以下有期徒刑或者拘役，并处或者单处罚金：（一）非法占用并毁坏防护林地、特种用途林地数量分别或者合计达到五亩以上；（二）非法占用并毁坏其他林地数量达到十亩以上；（三）非法占用并毁坏本条第（一）项、第（二）项规定的林地，数量分别达到相应规定的数量标准的百分之五十以上；（四）非法占用并毁坏本条第（一）项、第（二）项规定的林地，其中一项数量达到相应规定的数量标准的百分之五十以上，且两项数量合计达到该项规定的数量标准。”

三、向林地排污的法律责任

本条第三款规定了违反本法第三十九条的规定，向林地排污的法律责任。本法第三十九条第二款规定：“禁止向林地排放重金属或者其他有毒有害物质含量超标的污水、污泥，以及可能造成林地污染的清淤底泥、尾矿、矿渣等。”与之相对应，任何单位和个人向林地排放以下三类物质，即构成违法：一是重金属或者其他有毒有害物质含量超标的污水；二是重金属或者其他有毒有害物质含量超标的污泥；三是可能造成土壤污染的清淤底泥、尾矿、矿渣等。其中，前两项的污水、污泥要求“重金属或者其他有毒有害物质含量超标”，排放可能造成土壤污染的清淤底泥、尾矿、矿渣等则没有某种物质超标的要求。

为了保护生态环境，法律对污染林地的违法行为必须严惩。向林地排放重金属或者其他有毒有害物质含量超标的污水、污泥，以及可能造成林地污染的清淤底泥、尾矿、矿渣等，既是违反森林法的行为，也是违反土壤污染防治法的行为。本条与土壤污染防治法第八十七条作了衔接性规定，对向林地排污的单位或者个人的处罚，适用土壤污染防治法的规定。土壤污染防治法第八十七条规定：“违反本法规定，向农用地排放重金属或者其他有毒有害物质含量超标的污水、污泥，以及可能造成土壤污染的清淤底泥、尾矿、矿渣等的，由地方人民政府生态环境主管部门责令改正，处十万元以上五十万元以下的罚款；情节严重的，处五十万元以上二百万元以下的罚款，并可以将案件移送公安机关，对直接负责的主管人员和其他直接责任人员处五日以上十五日以下的拘留；有违法所得的，没收违法所得。”具体适用如下：

1. 责令改正。对于上述违法行为，应当由县级以上人民政府生态环境主管部门责令改正，包括停止违法行为，清除污泥、清淤底泥、尾矿、矿渣等污染物，采取必要措施，根据林地破坏的状态和自然条件进行整治，恢复到林地的生产条件和植被。

2. 罚款。本条规定“并处”罚款，对一般违法情节，并处十万元以上五十万元以下的罚款；对情节严重的，并处五十万元以上二百万元以下的罚款。土壤污染防治法第八十七条所称的“情节严重”，既包括造成严重后果的，也包括违法行为性质恶劣的。

3. 行政拘留。对向林地排放重金属或者其他有毒有害物质含量超标的污水、污泥，以及可能造成林地污染的清淤底泥、尾矿、矿渣等，情节严重的，还可以将案件移送公安机关，对直接负责的主管人员和其他直接责任人员处五日以上十五日以下的拘留。行政拘留是指法定的行政机关依法对违反行政法律规范的人，在短期内限制人身自由的一种行政处罚。“可以将案件移送公安机关”并非必须移送，是否移送应由生态环境主管部门综合违法情节、危害程度等综合判断。如果需要对违法行为人处以行政拘留，拘留决定只能由公安机关作出。

4. 没收违法所得。没收违法所得的处罚决定，由县级以上人民政府生态环境主管部门作出。该处罚的相对人，是向林地排放重金属或者其他有毒有害物质含量超标的污水、污泥，以及可能造成林地污染的清淤底泥、尾矿、矿渣等污染物的单位和个人。不论情节是否严重，只要有违法所得，均应没收违法所得。没有违法所得的，不适用该处罚措施。

5. 刑事责任。向林地排放重金属或者其他有毒有害物质含量超标的污水、污泥，以及可能造成林地污染的清淤底泥、尾矿、矿渣等，不仅要承担行政责任，达到入罪标准后，还可能承担污染环境罪刑事责任。刑法第三百三十八条规定，违反国家规定，排放、倾倒或者处置有放射性的废物、含传染病病原体的废物、有毒物质或者其他有害物质，严重污染环境的，处三年以下有期徒刑或者拘役，并处或者单处罚金；后果特别严重的，处三年以上七年以下有期徒刑，并处罚金。《最高人民法院、最高人民检察院关于办理环境污染刑事案件适用法律若干问题的解释》（法释〔2016〕29 号）第一条列举了十八项实施刑法第三百三十八条规定的行为，应当认定为严重污染环境的情形，包括第十二项"致使基本农田、防护林地、特种用途林地五亩以上，其他农用地十亩以上，其他土地二十亩以上基本功能丧失或者遭受永久性破坏的"；第十三项"致使森林或者其他林木死亡五十立方米以上，或者幼树死亡二千五百株以上的"等情形。向林地排放重金属或者其他有毒有害物质含量超标的污水、污泥，以及可能造成林地污染的清淤底泥、尾矿、矿渣等违法行为，存在刑法、司法解释规定的"严重污染环境"情形的，则应按照刑法第三百三十八条的规定，依法追究刑事责任，处三年以下有期徒刑或者拘役，并处或者单处罚金。实施刑法第三百三十八条、第三百三十九条规定的行为，具有《最高人民法院、最高人民检察院关于办理环境污染刑事案件适用法律若干问题的解释》（法释〔2016〕29号）第三条规定的“致使基本农田、防护林地、特种用途林地十五亩以上，其他农用地三十亩以上，其他土地六十亩以上基本功能丧失或者遭受永久性破坏”或者“致使森林或者其他林木死亡一百五十立方米以上，或者幼树死亡七千五百株以上的”等情形的，应当认定为后果特别严重，对违法行为人处三年以上七年以下有期徒刑，并处罚金。

相关规定

《中华人民共和国土地管理法》第八十二条，《中华人民共和国土壤污染防治法》第八十七条，《中华人民共和国森林法实施条例》第四十五条

第七十五条　违反本法规定，擅自移动或者毁坏森林保护标志的，由县级以上人民政府林业主管部门恢复森林保护标志，所需费用由违法者承担。

条文主旨

本条是关于擅自移动或毁坏森林保护标志的法律责任的规定。

立法背景

本条是此次修改新增加的规定。原法并未对该违法行

为设定法律责任，森林法实施条例进行了规范。森林法实施条例第四十五条规定："擅自移动或者毁坏林业服务标志的，由县级以上人民政府林业主管部门责令限期恢复原状；逾期不恢复原状的，由县级以上人民政府林业主管部门代为恢复，所需费用由违法者支付。"本条在森林法实施条例第四十五条的基础上作了部分修改：将"林业服务标志"修改为"森林保护标志"；将"责令限期恢复原状，逾期不恢复原状的，由县级以上人民政府林业主管部门代为恢复"修改为"由县级以上人民政府林业主管部门恢复"；将"所需费用由违法者支付"修改为"所需费用由违法者承担"。

条文解读

一、擅自移动或者毁坏森林保护标志的行为

森林保护标志，是指在森林和森林边缘地区，为了进行调查区划、确定权属、保护森林资源等的需要而设立的固定标志。本法第三十九条第四款规定，禁止擅自移动或者损坏森林保护标志。如果擅自移动或者毁坏森林保护标志，就可能会使保护的对象失去指示牌，产生统计数据不准确、权属界限不明晰等问题，直接影响到森林资源的保护、经济建设甚至国防建设。对森林保护标志的移动、替换应由管理部门安排专人完成，对违反法律规定，擅自移动或者毁坏森林保护标志，使其无法正确、清晰地发挥原

有作用的行为，必须严厉打击。

二、擅自移动或者毁坏森林保护标志的法律责任

按照本条规定，违法行为人擅自移动或者毁坏森林保护标志的，由县级以上人民政府林业主管部门恢复森林保护标志，删除了森林法实施条例第四十五条中“责令限期恢复原状”的内容。主要原因是：森林防火安全标志等森林保护标志有明确的设计规范和设置要求等行业标准，由林业主管部门恢复相关标志，能够提高执法效率、降低执法成本，避免使用不符合行业标准的标志，更有利于法律责任的落实。同时规定，恢复森林保护标志所花费的费用由违法行为人承担，让违法行为人以承担有关费用的方式承担相应的法律责任。

相关规定

《中华人民共和国森林法实施条例》第四十五条，《中华人民共和国野生植物保护条例》第十一条，《森林防火条例》第五十二条

第七十六条　盗伐林木的，由县级以上人民政府林业主管部门责令限期在原地或者异地补种盗伐株数一倍以上五倍以下的树木，并处盗伐林木价值五倍以上十倍以下的罚款。

滥伐林木的，由县级以上人民政府林业主管部

门责令限期在原地或者异地补种滥伐株数一倍以上三倍以下的树木，可以处滥伐林木价值三倍以上五倍以下的罚款。

条文主旨

本条是关于盗伐、滥伐林木的法律责任的规定。

立法背景

原森林法第三十九条对盗伐、滥伐林木如何处罚进行了规定，相比于原森林法，本条维持了对盗伐、滥伐林木的，责令限期补种以及处以罚款的处理方式，同时作了如下修改：一是将盗伐、滥伐的对象由“森林或者其他林木”修改为“林木”。森林是一个集合概念，本法第八十三条第一项规定：“森林，包括乔木林、竹林和国家特别规定的灌木林。按照用途可以分为防护林、特种用途林、用材林、经济林和能源林。”林木是一个特定概念，本法第八十三条第二项规定：“林木，包括树木和竹子。”成为盗伐、滥伐对象的只能是特定的林木，而不是作为集合概念的森林。二是删去了“依法赔偿损失”“没收盗伐的林木或者变卖所得”的规定。在实践中，盗伐案件是有被害方的，其财产权益受到损害，如有查获盗伐的林木或者变卖所得，应当在第一时间返还给被害人，如果对盗伐的林木或者变卖所得进行没收，则不利于保护被害人的合法权益。原法规定的“依法赔偿损失”不能替代原物返还，现实中行为人无力赔偿损失的情况也较为普遍，林木所有权人难以得到赔偿，将原物返还给林木所有权人，可以避免这一问题。三是明确了补种地点，可以在原地补种，也可以在异地补种。在同一地块，如果相同面积种不下处罚条款中的补种数量，可能导致补种数目因为缺乏可种植地而难以落实。规定在原地或者异地补种，使得补种更具有可操作性、科学性和合理性。四是将补种树木数量的绝对值修改为区间数量。原条文规定的补种数量为盗伐株数的十倍，滥伐株数的五倍。在森林法的实施过程中，有关方面反映，盗伐、滥伐的情形很复杂，毁坏林木的程度区别很大，一体规定补种数量为盗伐林木株数的十倍、滥伐林木株数的五倍，在实践中可能出现罪责罚不相适应的情况，因此将补种数量的绝对倍数修改为区间数量；同时，考虑到补种是一种补救措施，法律还规定了对于盗伐林木的，应当并处罚款，滥伐林木的，可以并处罚款，罚款更体现对违法行为的处罚，因此，适当下调了补种的倍数，使得补救和惩罚相结合，行责罚相适应。五是提高了罚款的倍数下限，盗伐林木的，罚款数额由盗伐林木价值的“三倍以上十倍以下”修改为“五倍以上十倍以下”；滥伐林木的，罚款数额由滥伐林木价值的“二倍以上五倍以下”修改为“三倍以上五倍以下”，这样修改，适当压缩了裁量空间，尽量统一执法标准，减少随意性。六是删去原条文中了行政机关代为履行和构成犯罪的，追究刑事责任的规定，统一在法律责任一章第八十一条、第八十二条中作出规定。

条文解读

森林是重要的生态资源，是人类生存发展的重要生态屏障。虽然林木的经济价值很大，但是，采伐林木必须在合理的范围内，必须在保障生态安全的前提下对林木资源加以利用。林木的采伐量和采伐方式是否得当，直接关系到合理利用林木资源和林木再生产问题。要确保林木资源永续利用，必须有计划地采伐，以科学的方法采伐，以保证林木的消耗量不超过生产量。因此，森林法规定了采伐限额和采伐许可证制度。按照森林法第五十六条的规定，采伐林木按照位置和权属不同，应当区分以下情况：一是采伐林地上的林木，应当申请采伐许可证，并按照采伐许可证的规定进行采伐；二是采伐自然保护区以外的竹林，不需要申请采伐许可证，但是应当符合林木采伐技术规程；三是农村居民采伐自留地和房前屋后个人所有的零星林木，不需要申请采伐许可证；四是更新采伐非林地上的农田防护林、防风固沙林、护路林、护岸护堤林和城镇林木的，按照有关主管部门的规定进行；五是采挖移植林木，按照采伐林木管理，具体按照林业主管部门的规定进行。采伐林木，应当对应上述种类，按照不同的方式进行。没有采伐许可证或者不按照采伐许可证的要求进行采伐或者违反有关部门关于采伐的具体规定的，有可能构成盗伐、滥伐的行为，应当依法予以处罚。

盗伐林木是指砍伐他人所有林木的行为，采伐本单位或者本人所有的林木不构成盗伐的行为。根据本法第十五条的规定，林地和林地上的森林、林木的所有权、使用权，由不动产登记机构统一登记造册，核发证书。实践中，可以根据不动产登记证书确定林木的权属，判断砍伐林木的行为是否属于盗伐。对于盗伐林木的，由县级以上人民政府林业主管部门责令行为人在限期内补种盗伐株数一倍以上五倍以下的树木，并且要处以盗伐林木价值五倍以上十倍以下罚款。

滥伐指的是未经林业主管部门批准并核发采伐许可证，或者虽持有采伐许可证，但违反采伐许可证规定的时间、数量、树种或者方式，任意采伐本单位所有或者本人所有林木的行为。采伐林木首先应当取得采伐许可证，其次应当按照采伐许可证的规定进行采伐。采伐许可证的内容包括采伐的地点、面积、蓄积、树种、方式、期限和完成更新造林的时间等。超出采伐许可证载明的地点、时间或使用采伐许可证规定的方式以外的方式采伐等行为，都属于滥伐行为。对于滥伐林木的，由县级以上人民政府林业主管部门责令行为人在限期内补种滥伐株数一倍以上三倍以下的树木，可以处滥伐林木价值三倍以上五倍以下的罚款，也可以视情节仅责令补种，不处以罚款。

在处理盗伐、滥伐林木案件时，需要注意以下几个方面的问题：一是农村居民采伐自留地和房前屋后个人所有的零星林木，不需要申请采伐许可证。因此，农村居民采伐自留地和房前屋后个人所有的零星林木的，不构成盗伐或者滥伐行为；但是，采伐他人自留地和房前屋后的零星林木的，是盗窃行为，按照治安管理处罚法、刑法的有关规定处理。二是采伐许可证的发放范围是采伐林地上的林木，更新采伐非林地上的农田防护林、放风固沙林、护路林、护岸护堤林和城镇林木的，按照有关主管部门的规定进行，违反有关主管部门的规定进行采伐的，也可能构成盗伐或者滥伐行为。三是刑法第三百四十五条规定了盗伐林木罪、滥伐林木罪，违反本条规定，盗伐、滥伐林木数量较大的，应当依照刑法追究刑事责任。

相关规定

《中华人民共和国森林法实施条例》第三十八条，《森林采伐更新管理办法》第二十条

第七十七条　违反本法规定，伪造、变造、买卖、租借采伐许可证的，由县级以上人民政府林业主管部门没收证件和违法所得，并处违法所得一倍以上三倍以下的罚款；没有违法所得的，可以处二万元以下的罚款。

条文主旨

本条是关于伪造、变造、买卖、租借采伐许可证法律责任的规定。

立法背景

原森林法第四十二条对买卖、伪造林木采伐许可证、木材运输证件、批准出口文件、允许进出口证明书规定了处罚措施。相比于原森林法，本条作了如下修改：一是增加了对变造、租借采伐许可证行为的处罚，违法行为的形式由“买卖、伪造”修改为“伪造、变造、买卖、租借”。二是将违法行为的对象由“林木采伐许可证、木材运输证件、批准出口文件、允许进出口证明书”修改为“采伐许可证”，删去了木材运输证件、批准出口文件、允许进出口证明书的有关规定。修改后的森林法取消了木材凭证运输制度，木材运输证不复存在；“批准出口文件”和“允许进出口证明书”是原森林法第三十八条的内容，该条是对珍贵树木及其制品、衍生物进出口和批准程序的规定，修改后的森林法已经删除该条。因此，本条相应删除了“木材运输证件、批准出口文件、允许进出口证明书”的有关规定。三是在处罚上将“违法买卖证件、文件的价款一倍以上三倍以下的罚款”修改为“违法所得一倍以上三倍以下的罚款”；同时，增加了“没有违法所得的，可以处二万元以下的罚款”的规定。四是将刑事责任统一到第八十二条中规定。

条文解读

审核发放采伐许可证是国家统筹协调保护林木资源、进行林木采伐管理的重要措施。采伐许可证具有特定性，记载持证人、采伐面积、林种、采伐量等具体信息，是采伐林地上林木的合法凭证，采伐林地上的林木，只有持有林业管理部门发放的采伐许可证，方可进行，并应当按照采伐许可证的规定进行采伐。违反本法规定，伪造、变造、买卖、租借采伐许可证有以下特征：一是行为人在主观上属于故意，至于行为人出于何种动机不影响违法行为的成立，行为人是否以营利为目的也不影响违法行为的成立。二是行为人在客观上实施了伪造、变造、买卖、租借采伐许可证的行为。本条规定的“伪造”，是指没有制作权的人，冒用名义，非法制作采伐许可证的行为；“变造”，是指用涂改、擦消、拼接等方法，对真实的采伐许可证进行改制，变更其原来真实内容的行为；“买卖”，是指非法购买或者出售采伐许可证的行为；“租借”，是指出租采伐许可证或者将采伐许可证借给他人使用的行为。本条规定的以上几种妨害采伐许可证管理的行为，行为人可能只实施其中一种，也可能实施几种，行为人只要实施了上述行为之一就构成本条规定的违法行为。有上述违法行为的，由县级以上人民政府林业主管部门没收证件，有违法所得的，没收违法所得，并处违法所得一倍以上三倍以下的罚款。这里的违法所得，根据行为种类不同表现方式也有所区别，对于伪造、变造采伐许可证的，违法所得体现为持伪造、变造的采伐许可证采伐林木所获得的违法收益，购买、承租采伐许可证的，违法所得也体现为违法采伐林木所获得的收益；出卖、出租采伐许可证的，违法所得体现为出卖、出租采伐许可证所获得的价款。对于没有违法所得的，县级以上人民政府林业主管部门可以根据情节轻重，处二万元以下的罚款。

需要说明的是，本条规定的是伪造、变造、买卖、租借采伐许可证的行政处罚。采伐许可证是有权机关颁发的制式证书，伪造、变造、买卖、租借采伐许可证的行为还可能妨害国家机关公文、证件、印章的管理秩序，触犯刑法，构成刑法第二百八十条规定的伪造、变造、买卖国家机关的公文、证件、印章罪，处三年以下有期徒刑、拘役、管制或者剥夺政治权利，并处罚金；情节严重的，处三年以上十年以下有期徒刑，并处罚金。还需要说明的是，对买卖、租借采伐许可证的行为，林业主管部门在实施处罚时，对买方、卖方、出租方和承租方都应当依照本法进行处罚。

相关规定

《中华人民共和国治安管理处罚法》第五十二条，《中华人民共和国刑法》第二百八十条

第七十八条 **违反本法规定，收购、加工、运输明知是盗伐、滥伐等非法来源的林木的，由县级以上人民政府林业主管部门责令停止违法行为，没收违法收购、加工、运输的林木或者变卖所得，可以处违法收购、加工、运输林木价款三倍以下的罚款。**

条文主旨

本条是关于收购、加工、运输非法来源林木法律责任的规定。

立法背景

原森林法第四十三条规定了在林区非法收购明知是盗伐、滥伐林木的处罚。相比于原条文，本条作了如下修改：一是删去了“在林区”的限制条件。近年来，各地加大了植树的力度，林木生长状况已经发生了较大的变化，无论是在林区还是在非林区，皆有大量的林木需要保护；此外，2002 年刑法修正案（四）取消了刑法第三百四十五条中收购、运输盗伐、滥伐林木罪中“在林区”的限制，因此，本条删去了“在林区”的限制条件，无论是否在林区，收购、加工、运输明知是盗伐、滥伐等非法来源的林木的，均是违法行为。二是增加了对违法加工、运输非法来源林木的处罚。收购、加工、运输非法来源林木实际上是销赃行为，会助长盗伐、滥伐等上游违法犯罪，如果不将非法收购、加工、运输环节堵住，盗伐、滥伐等非法获取林木资源的行为很难禁止。因此，既有必要从源头上对盗伐、滥伐林木等行为加大打击力度，也有必要从整个产业链上严格加以防控，控制非法获取的林木资源的流向。加工是处理非法来源林木的重要环节，同时，大量收购、加工非法来源林木的案件是在运输环节查获的。因此，为了严密对此类违法行为的惩治机制，增加了对加工、运输非法来源林木的处罚。三是将“盗伐、滥伐的林木”修改为“盗伐、滥伐等非法来源的林木”。除明确能够证明是盗伐、滥伐外，实践中还有其他非法获取林木资源的行为，如将国家、集体、他人所有并已经伐倒的树木窃为己有，或者偷砍他人房前屋后、自留地种植的零星树木的行为，或者其他没有合法来源证明的情况等。这类行为获取的林木，同样禁止收购、加工。四是删去了罚款金额的下限，将罚款金额由“一倍以上三倍以下”修改为“三倍以下”。五是，将刑事责任统一到第八十二条中规定。

条文解读

构成本条规定的违法行为，违法行为人在主观上应当是故意的，明知其收购、加工、运输的林木是属于盗伐、滥伐等非法来源的。《最高人民法院关于审理破坏森林资源刑事案件具体应用法律若干问题的解释》中规定，刑法第三百四十五条规定的“非法收购明知是盗伐、滥伐的林木”

中的“明知”是指知道或者应当知道。具有下列情形之一的，可以视为应当知道，但是有证据证明确属被蒙骗的除外：（一）在非法的木材交易场所或者销售单位收购木材的；（二）收购以明显低于市场价格出售的木材的；（三）收购违反规定出售的木材的。参照这一界定，这里的“明知”也应当具备上述特征或与这些特征相类似的判断标准，尽管行为人有可能不确切知道林木的具体来源，但是结合交易场所、交易价款、交易习惯等因素，一般能够判断林木的来源是否合法。对于虽然辩称并不明知林木系非法来源的，但是从客观的交易过程来看，以明显低于市场价格收购木材、在合法交易场所以外收购木材、加工没有采伐许可证的木材等的情形，行为人又不能提供其他合理证明的，可以判断为行为人明知是非法来源的林木而收购、加工、运输。实践中，无论是收购，还是加工、运输的经营者均应当要求交易对方提供采伐许可证等可以证明林木来源合法的证明，以保障自己收购、加工、运输的林木来源合法，避免自己为盗伐、滥伐等非法获取林木资源的行为提供帮助，引发法律责任。

根据本条规定，收购、加工、运输明知是盗伐、滥伐等非法来源的林木的，有三个层次的处罚：首先，由县级以上人民政府林业主管部门责令停止违法行为，无论是收购、加工还是运输，必须立即停止。其次，县级以上人民政府林业主管部门没收违法收购、加工、运输的林木或者变卖所得，如果盗伐、滥伐等其他非法来源的林木尚在非法收购、加工、运输者手中，林业主管部门应当将这些林木没收，如果行为人已经将非法收购、加工、运输的林木变卖，林业主管部门应当将变卖所得没收。最后，林业主管部门可以视违法行为的轻重，处违法收购、加工、运输林木价款三倍以下的罚款。

需要说明的是，本法第八十二条对刑事责任统一进行了规定，违反本条规定的行为，情节严重的，还可能构成刑法第三百四十五条规定的非法收购、运输盗伐、滥伐的林木罪。根据《最高人民法院关于审理破坏森林资源刑事案件具体应用法律若干问题的解释》的规定，具有下列情形之一的，属于在林区非法收购盗伐、滥伐的林木"情节严重"：（一）非法收购盗伐、滥伐的林木二十立方米以上或者幼树一千株以上的；（二）非法收购盗伐、滥伐的珍贵树木二立方米以上或者五株以上的；（三）其他情节严重的情形。

相关规定

《中华人民共和国森林法实施条例》第四十条，《中华人民共和国刑法》第三百四十五条，《最高人民法院关于审理破坏森林资源刑事案件具体应用法律若干问题的解释》第十一条

第七十九条 违反本法规定，未完成更新造林任务的，由县级以上人民政府林业主管部门责令限期完成；逾期未完成的，可以处未完成造林任务所需费用二倍以下的罚款；对直接负责的主管人员和其他直接责任人员，依法给予处分。

条文主旨

本条是关于未完成更新造林任务的法律责任的规定。

立法背景

本条是在原法第四十五条的基础上修改而来的，一是删除了“发放采伐许可证的部门有权不再发给采伐许可证，直到完成更新造林任务为止”的规定；二是明确了处以罚款的情形和罚款数额的确定标准，将“情节严重的，可以由林业主管部门处以罚款”改为“逾期未完成的，可以处未完成造林任务所需费用二倍以下的罚款”；三是将“直接责任人员”改为“直接负责的主管人员和其他直接责任人员”；四是将“由所在单位或者上级主管机关给予行政处分”改为“依法给予处分”。

条文解读

一、未完成更新造林任务的行为

根据本法第六十一条的规定，采伐林木的组织和个人应当按照有关规定完成更新造林；更新造林的面积不得少于采伐的面积，更新造林应当达到相关技术规程规定的标准。这里的“采伐林木的组织和个人”，是指依法取得采伐许可证，并完成了采伐作业的单位和个人。根据上述规定以及本条的规定，未完成更新造林任务的行为，主要包括以下几种情形：

1. 更新造林的面积少于采伐的面积的。采伐林木的组织和个人进行更新造林的面积，应当不少于林木采伐许可证上注明的采伐面积，否则也属于未完成更新造林任务的行为，将会受到执法机关的行政处罚。另外，在实践中，由于林木采伐许可证上需要同时标明采伐面积和更新造林面积，因此有关主管部门在颁发林木采伐许可证时，也要注意填写的更新造林面积不得少于采伐的面积，否则就不符合本法规定的要求。

2. 更新造林未达到相关技术规程规定的标准的。植树造林应当遵守造林技术规程，实行科学造林，提高林木的成活率。《森林采伐更新管理办法》规定，人工更新和造林应当执行林业部发布的有关造林规程，做到适地适树、细致整地、良种壮苗、密度合理、精心栽植、适时抚育。根据标准化法的规定，标准包括国家标准、行业标准、地方标准和团体标准、企业标准。国家标准分为强制性标准和推荐性标准，行业标准、地方标准是推荐性标准。目前造林技术方面的国家标准只有推荐性标准，即 2016 年 6 月发布，2017 年 1 月 1 日起开始施行的《造林技术规程（GBT _ 15776 –2016）》。

3. 未按照林木采伐许可证的要求更新造林的。目前，县级以上人民政府林业主管部门核发的采伐许可证上，一般会注明更新期限、更新面积，以及备注的要求等，采伐林木的组织和个人更新造林不符合采伐许可证上注明的具体要求的，也属于未完成更新造林任务的行为。

4. 其他未按照有关法规、规章和规范性文件的要求更新造林的。森林法实施条例第四十二条规定了四种未按照有关规定完成更新造林的情形：（1）连续两年未完成更新造林任务的；（2）当年更新造林面积未达到应更新造林面积50%的；（3）除国家特别规定的干旱、半干旱地区外，更新造林当年成活率未达到85%的；（4）植树造林责任单位未按照所在地县级人民政府的要求按时完成造林任务的。根据《森林采伐更新管理办法》的规定，采伐林木的单位和个人，在采伐后的当年或者次年内必须完成更新造林任务。更新质量必须达到以下标准：（1）人工更新，当年成活率应当不低于百分之八十五，三年后保存率应当不低于百分之八十；（2）人工促进天然更新，补植、补播后的成活率和保存率达到人工更新的标准；天然下种前整地的，达到本条第三项规定的天然更新标准；（3）天然更新，每公顷皆伐迹地应当保留健壮目的树种幼树不少于三千株或者幼苗不少于六千株，更新均匀度应当不低于百分之六十。

择伐、渐伐迹地的更新质量，也应当达到《森林采伐更新管理办法》规定的标准。森林更新后，核发林木采伐许可证的部门应当对更新面积和质量进行检查验收，核发更新验收合格证。

二、未完成更新造林任务的行为的法律责任

1. 责令限期完成。根据行政处罚法第二十三条的规定，行政机关实施行政处罚时，应当责令当事人改正或者限期改正违法行为。责令限期改正违法行为，不属于行政处罚法第八条规定的七种行政处罚的范围，而是确保违法行为得以纠正的手段，目的是避免出现“以罚代管”，实施行政处罚后违法行为依然存在的不合理现象。对于未完成更新造林任务的，县级以上人民政府林业主管部门应当责令负有更新造林义务的责任人在规定的期限内完成造林任务，更新造林的面积少于采伐面积的，应当增加更新造林的面积，使其达到或者超过采伐林木的面积；更新造林不符合相关技术规程规定的标准的，应当采取措施使其符合标准；更新造林不符合森林法实施条例、森林采伐更新管理办法等法规、规章和规范性文件要求的，应当限期改正，使更新造林符合有关要求；更新造林不符合林木采伐许可证上注明的具体要求的，应当责令其限期符合要求。责任人在县级以上人民政府林业主管部门规定的期限内完成更新造林任务后，应当通过林业主管部门的验收，才算按期完成更新造林任务。

2. 罚款。负有更新造林义务的责任人在县级以上人民政府林业主管部门规定的期限内未能完成造林任务的，县级以上人民政府林业主管部门可以对当事人处未完成造林任务所需费用二倍以下的罚款。这里有三点需要注意：一是执法机关不是在发现当事人未完成更新造林任务的当时就作出罚款的行政处罚，而是在发现当事人未完成更新造林任务，责令其限期完成后，当事人在执法机关要求的期限内仍然未能完成更新造林任务的，才可以作出罚款的行政处罚；二是执法机关对于逾期未能完成更新造林任务的当事人，根据情节轻重，可以处以罚款，也可以不处以罚款；三是执法机关处以罚款的上限是未完成造林任务所需费用的二倍以下，而不是整个更新造林任务所需的费用的二倍以下。

3. 处分。对直接负责的主管人员和其他直接责任人员，执法机关应当依法给予处分。这里的处分适用于单位违法，即采伐林木的主体为行政机关或者企事业单位，且该行政机关或者企事业单位未完成更新造林任务的，对该单位的直接负责的主管人员和其他直接责任人员，由其所在单位或者上级主管部门或者监察机关，依法给予处分。根据公务员法的规定，处分分为：警告、记过、记大过、降级、撤职、开除。公务员法同时规定，公务员因违纪违法应当承担纪律责任的，依照本法给予处分或者由监察机关依法给予政务处分；违纪违法行为情节轻微，经批评教育后改正的，可以免予处分。对同一违纪违法行为，监察机关已经作出政务处分决定的，公务员所在机关不再给予处分。法律、法规授权的具有公共事务管理职能的事业单位中除工勤人员外的工作人员，经批准参照公务员法进行管理。对于非参公管理的事业单位的主管人员和其他直接责任人员，应当依照《事业单位工作人员处分暂行规定》给予处分。对于国有企业管理人员，应当按照监察法的规定给予政务处分，监察机关未给予政务处分的，可以按照《国有企业领导人员廉洁从业若干规定》等有关规定给予处分。需要注意的是，本条规定的处分，不是针对执法机关的工作人员不依法履行监督管理职责的处分，相关内容在本法第七十条已经作出了规定。

还需要说明的是，本法规定的“更新造林”与“补种树木”不能混为一谈，这两种行为的性质不相同。“更新造林”是依法采伐林木的单位和个人应履行的法定义务，而“补种树木”则是指林业主管部门对于盗伐、滥伐或者其他毁林行为的行为人给予的一种强制性的处罚。此外，此次修法，删除了原法中对“没有按照规定完成更新造林任务的，发放采伐许可证的部门有权不再发给采伐许可证，直到完成更新造林任务为止”的规定，是因为本法第六十条增加了上年度采伐后未按照规定完成更新造林任务的，不得核发采伐许可证的规定，本条不再重复规定。

相关规定

《中华人民共和国森林法实施条例》第四十二条，《森林采伐更新管理办法》第十四条至第十六条

第八十条 违反本法规定，拒绝、阻碍县级以上人民政府林业主管部门依法实施监督检查的，可以处五万元以下的罚款，情节严重的，可以责令停产停业整顿。

条文主旨

本条是关于拒绝、阻碍县级以上人民政府林业主管部门依法实施监督检查的法律责任的规定。

立法背景

本条是此次修改新增加的规定，目的是保障县级以上人民政府林业主管部门依法实施监督检查的权利。

条文解读

一、拒绝、阻碍县级以上人民政府林业主管部门依法实施监督检查的行为

根据本法第六十六条、第六十七条的规定以及本条的规定，拒绝、阻碍县级以上人民政府林业主管部门依法实

施监督检查的行为，主要包括以下几种情形：

1. 拒绝、阻碍执法机关进入生产经营场所进行现场检查的。

2. 拒绝、阻碍执法机关查阅、复制有关文件、资料，转移、销毁、隐匿或者篡改有关文件、资料，以及拒绝、阻碍执法机关对有关文件、资料予以封存的。

3. 拒绝、阻碍执法机关查封、扣押有证据证明来源非法的林木以及从事破坏森林资源活动的工具、设备或者财物的。

4. 拒绝、阻碍执法机关查封与破坏森林资源活动有关的场所的。

5. 拒绝、阻碍省级以上人民政府林业主管部门依法对县级以上地方人民政府及其有关部门主要负责人进行约谈，或者被约谈方不按约谈时提出的整改要求及时整改的。

6. 其他拒绝、阻碍执法机关依法对森林资源的保护、修复、利用、更新等进行监督检查的行为，如依法进行询问、检验检测、要求限期提供有关材料、要求限期履行有关义务等。

需要强调的是，上述监督检查的行为，必须是依照法律、行政法规等规定实施的行为。对于不符合法律、行政法规等规定的程序、条件和要求的监督检查行为，相对人有权予以拒绝，这种拒绝行为是正当的，不属于本条调整的范围。

二、拒绝、阻碍县级以上人民政府林业主管部门依法实施监督检查的行为的行政法律责任

1. 罚款。对于违反本法规定，拒绝、阻碍县级以上人民政府林业主管部门依法实施监督检查的，县级以上人民政府林业主管部门可以处五万元以下的罚款。这里的“可以处五万元以下的罚款”是指赋予执法机关酌情判断并选择适用该类处罚的自由裁量权，即执法机关根据情节轻重，可以决定处以罚款，也可以不处以罚款，处以罚款时，执法机关有权决定罚款的数额，只要不超过五万元即可。

2. 责令停产停业整顿。责令停产停业整顿是执法机关依法责令违法当事人停止生产经营活动并进行整顿的处罚形式，是一种行为罚。对于违反本法规定，拒绝、阻碍县级以上人民政府林业主管部门依法实施监督检查，情节严重的，县级以上人民政府林业主管部门可以责令停产停业整顿。这里有两点需要注意：一是只有“情节严重”的违法行为才能处以责令停产停业整顿的处罚，情节轻微的，不应当适用这一处罚；二是执法机关享有该行政处罚的自由裁量权，即执法机关“可以”处以责令停产停业整顿的处罚，也可以不处以该处罚。此外，责令停产停业整顿一般应当附有一定的期限要求，受到处罚的当事人在按照执法机关的要求纠正了违法行为，符合了整顿要求后，执法机关应当及时允许当事人恢复生产经营。

相关规定

《中华人民共和国治安管理处罚法》第五十条，《中华人民共和国刑法》第二百七十七条

第八十一条 违反本法规定，有下列情形之一的，由县级以上人民政府林业主管部门依法组织代为履行，代为履行所需费用由违法者承担：

（一）拒不恢复植被和林业生产条件，或者恢复植被和林业生产条件不符合国家有关规定；

（二）拒不补种树木，或者补种不符合国家有关规定。

恢复植被和林业生产条件、树木补种的标准，由省级以上人民政府林业主管部门制定。

条文主旨

本条是关于主管部门代为履行恢复植被和林业生产条件以及补种树木行为的规定。

立法背景

本条是在原法第三十九条第三款、第四十四条第三款关于拒不补种树木或者补种不符合国家有关规定的，由林业主管部门代为补种的规定的基础上修改而来的，增加了

拒不恢复植被和林业生产条件或者恢复植被和林业生产条件不符合国家有关规定的，由县级以上人民政府林业主管部门代为履行的内容。

条文解读

代为履行，又叫代履行，是行政强制执行的方式之一，一般是指行政强制执行机关或者第三人代替义务人履行法定义务，并向义务人征收必要费用的强制执行措施。根据行政强制法第五十条的规定，行政机关依法作出要求当事人履行排除妨碍、恢复原状等义务的行政决定，当事人逾期不履行，经催告仍不履行，其后果已经或者将危害交通安全、造成环境污染或者破坏自然资源的，行政机关可以代履行，或者委托没有利害关系的第三人代履行。需要说明的是，为恢复植被和林业生产条件，有时需要对地上的违法建筑物、构筑物、设施等进行强制拆除。按照行政强制法第四十四条和第五十三条的规定，强制拆除的情形有两种：行政机关自行强制执行和申请法院强制拆除。有的法律规定由行政机关申请法院执行，有的规定由行政机关强制执行，如果法律没有明确规定由行政机关自行强制拆除的，行政机关应当申请法院强制拆除。现行法律中没有赋予林业主管部门强制拆除的权力，因此，对于地上的建筑物等，应当申请法院强制拆除。

一、林业主管部门依法组织代为履行的情形

根据本法第七十三条、第七十四条、第七十六条的规

定以及本条的规定，由县级以上人民政府林业主管部门依法组织代为履行的情形主要有两种：

1. 拒不恢复植被和林业生产条件，或者恢复植被和林业生产条件不符合国家有关规定。根据本法第七十三条的规定，违反本法规定，未经县级以上人民政府林业主管部门审核同意，擅自改变林地用途的，或者在临时使用的林地上修建永久性建筑物，或者临时使用林地期满后一年内未恢复植被或者林业生产条件的，由县级以上人民政府林业主管部门责令限期恢复植被和林业生产条件，可以处恢复植被和林业生产条件所需费用三倍以下的罚款。根据本法第七十四条的规定，违反本法规定，进行开垦、采石、采砂、采土或者其他活动，造成林地毁坏的，由县级以上人民政府林业主管部门责令停止违法行为，限期恢复植被和林业生产条件，可以处恢复植被和林业生产条件所需费用三倍以下的罚款。违法用地的当事人在县级以上人民政府林业主管部门责令限期恢复植被和林业生产条件后，在规定的期限内仍然拒不恢复植被和林业生产条件，或者恢复植被和林业生产条件不符合国家有关规定的，由县级以上人民政府林业主管部门依法组织代为履行，代为履行所需费用由违法者承担。

2. 拒不补种树木，或者补种不符合国家有关规定。根据本法第七十四条的规定，违反本法规定，进行开垦、采石、采砂、采土或者其他活动，造成林木毁坏的，由县级以上人民政府林业主管部门责令停止违法行为，限期在原地或者异地补种毁坏株数一倍以上三倍以下的树木，可以处毁坏林木价值五倍以下的罚款；违反本法规定，在幼林地砍柴、毁苗、放牧造成林木毁坏的，由县级以上人民政府林业主管部门责令停止违法行为，限期在原地或者异地补种毁坏株数一倍以上三倍以下的树木。根据本法第七十六条的规定，盗伐林木的，由县级以上人民政府林业主管部门责令限期在原地或者异地补种盗伐株数一倍以上五倍以下的树木，并处盗伐林木价值五倍以上十倍以下的罚款；滥伐林木的，由县级以上人民政府林业主管部门责令限期在原地或者异地补种滥伐株数一倍以上三倍以下的树木，可以处滥伐林木价值三倍以上五倍以下的罚款。违法用地或者盗伐、滥伐林木的当事人在县级以上人民政府林业主管部门责令限期补种树木后，在规定的期限内仍然拒不补种树木，或者补种不符合国家有关规定的，由县级以上人民政府林业主管部门依法组织代为履行，代为履行所需费用由违法者承担。

二、林业主管部门依法组织代为履行的实施

根据行政强制法的规定，代履行应当遵守下列规定：（1）代履行前送达决定书，代履行决定书应当载明当事人的姓名或者名称、地址，代履行的理由和依据、方式和时间、标的、费用预算以及代履行人；（2）代履行三日前，催告当事人履行，当事人履行的，停止代履行；（3）代履行时，作出决定的行政机关应当派员到场监督；（4）代履行完毕，行政机关到场监督的工作人员、代履行人和当事人或者见证人应当在执行文书上签名或者盖章。代履行的费用按照成本合理确定，由当事人承担。但是，法律另有规定的除外。代履行不得采用暴力、胁迫以及其他非法方式。本法规定的林业主管部门依法组织代为履行的实施，也应当符合行政强制法规定的程序。

需要注意的是，本法规定县级以上林业主管部门依法组织代为履行的方式有两种，行政机关既可以直接实施代为履行的行为，也可以组织没有利害关系的第三人代为履行。

三、恢复植被和林业生产条件、树木补种的标准

根据本条规定，恢复植被和林业生产条件、树木补种的标准，由省级以上人民政府林业主管部门制定。这里的标准，还应当包括恢复植被、林业生产条件所需费用的评估标准。上述标准的制定，可以为违法行为当事人恢复植被和林业生产条件，以及补种树木等提供明确的指引，也可以为实践中林业主管部门判断是否完成恢复植被、林业生产条件以及补种树木等提供执法依据。

相关规定

《中华人民共和国行政强制法》第五十条、第五十一条

第八十二条　公安机关按照国家有关规定，可以依法行使本法第七十四条第一款、第七十六条、第七十七条、第七十八条规定的行政处罚权。

违反本法规定，构成违反治安管理行为的，依法给予治安管理处罚；构成犯罪的，依法追究刑事责任。

条文主旨

本条是关于公安机关依法行使部分林业行政处罚权的规定，以及关于治安管理处罚和追究刑事责任的衔接性规定。

立法背景

此次修法，根据党中央有关森林公安管理体制调整后职能保持不变，业务上接受林业和草原部门指导，基层森林公安队伍框架和力量布局保持基本稳定的要求，兼顾林业行政执法的历史沿革和队伍现实基础，对原森林法有关森林公安的规定进行了修改，保留了公安机关可以依法行使部分林业行政处罚权的规定，并与相关法律作了进一步衔接，对破坏森林资源的行为增加了给予治安管理处罚和追究刑事责任的规定。

条文解读

一、公安机关可以依法行使部分林业行政处罚权

根据党中央有关森林公安管理体制改革的要求，2019

年，按照“警是警、政是政、企是企”的原则，森林公安整体划转到公安部实行统一领导管理，业务上接受林草部门的指导。在转隶之前，森林公安机关实行林业和公安双重领导，以林业为主的体制，森林公安机关既是国家公安机关的组成部分，又是林业主管部门中的一支重要执法力量。我国1948年在东北林区建立林业公安机构，1984年组建林业部公安局。多年来，森林公安机关普遍掌握了辖区的山情、林情、社情，建立了比较完善的群防群治、边界联防、案件协查和情报信息网络，既具有较强的机动作战能力，又具备积极预防、及时发现、有效控制、及时查处破坏森林资源案件的条件。多年来，森林公安机关每年办理森林和野生动物刑事案件几万起，行政案件几十万起，对震慑、制止破坏森林资源的违法行为起到了重要作用，为我国森林资源保护和林区经济社会发展作出了重要贡献。

根据本条规定，公安机关可以依法行使的林业行政处罚权包括：

1. 对违反本法规定，进行开垦、采石、采砂、采土或者其他活动，造成林木毁坏的，公安机关可以责令停止违法行为，限期在原地或者异地补种毁坏株数一倍以上三倍以下的树木，可以处毁坏林木价值五倍以下的罚款；造成林地毁坏的，公安机关可以责令停止违法行为，限期恢复植被和林业生产条件，可以处恢复植被和林业生产条件所需费用三倍以下的罚款。

2. 对盗伐林木的，公安机关可以责令限期在原地或者异地补种盗伐株数一倍以上五倍以下的树木，并处盗伐林木价值五倍以上十倍以下的罚款。对滥伐林木的，公安机关可以责令限期在原地或者异地补种滥伐株数一倍以上三倍以下的树木，可以处滥伐林木价值三倍以上五倍以下的罚款。

3. 对违反本法规定，伪造、变造、买卖、租借采伐许可证的，公安机关可以没收证件和违法所得，并处违法所得一倍以上三倍以下的罚款；没有违法所得的，可以处二万元以下的罚款。

4. 对违反本法规定，收购、加工、运输明知是盗伐、滥伐等非法来源的林木的，公安机关可以责令停止违法行为，没收违法收购、加工、运输的林木或者变卖所得，可以处违法收购、加工、运输林木价款三倍以下的罚款。

需要说明的是，根据本条规定，公安机关“可以”行使本法规定的林业行政执法权，而不是相关的林业行政处罚权必须由公安机关行使。如果地方林草部门自身的执法力量能够承担起行政执法任务，也可以不由公安机关行使本条第一款的规定。在具体实践中，应当按照国家有关规定并结合地方实际情况来实施。

二、关于治安管理处罚

根据本条第二款的规定，违反本法规定，构成违反治安管理行为的，依法给予治安管理处罚。一般来讲，治安管理处罚是一种特殊的行政处罚，是指公安机关依照治安管理处罚法的规定，对扰乱公共秩序，妨害公共安全，侵犯人身权利、财产权利，妨害社会管理，具有社会危害性，尚不够刑事处罚的违法行为所实施的处罚。行为人违反森林法的规定实施的行为，构成违反治安管理行为的，应当适用治安管理处罚法，由公安机关依法给予治安管理处罚。治安管理处罚的种类分为：（1）警告；（2）罚款；（3）行政拘留；（4）吊销公安机关发放的许可证。对违反治安管理的外国人，可以附加适用限期出境或者驱逐出境。本法中涉及治安管理处罚的情形主要包括：

1. 拒绝、阻碍县级以上人民政府林业主管部门依法实施监督检查的。根据治安管理处罚法第五十条的规定，阻碍国家机关工作人员依法执行职务的，处警告或者二百元以下罚款；情节严重的，处五日以上十日以下拘留，可以并处五百元以下罚款。当事人如果阻碍了县级以上人民政府林业主管部门的工作人员依法执行职务，但没有采取暴力、威胁方法，尚不构成刑法第二百七十七条规定的妨害公务罪的，可以适用治安管理处罚法第五十条的规定对行为人进行治安管理处罚。

2. 伪造、变造或者买卖林木采伐许可证的，以及买卖或者使用伪造、变造的林木采伐许可证的。根据治安管理处罚法第五十二条的规定，伪造、变造或者买卖国家机关、人民团体、企业、事业单位或者其他组织的公文、证件、证明文件、印章的，以及买卖或者使用伪造、变造的国家机关、人民团体、企业、事业单位或者其他组织的公文、证件、证明文件的，处十日以上十五日以下拘留，可以并处一千元以下罚款；情节较轻的，处五日以上十日以下拘留，可以并处五百元以下罚款。当事人如果实施了上述行为，但尚不构成刑法第二百八十条规定的伪造、变造、买卖国家机关公文、证件、印章罪的，可以适用治安管理处罚法第五十二条的规定对行为人进行治安管理处罚。

3. 盗伐林木的，开垦、采石、采砂、采土或者其他活动造成林木或者林地毁坏的。根据治安管理处罚法第四十九条的规定，盗窃、诈骗、哄抢、抢夺、敲诈勒索或者故意损毁公私财物的，处五日以上十日以下拘留，可以并处五百元以下罚款；情节较重的，处十日以上十五日以下拘留，可以并处一千元以下罚款。当事人如果实施了上述行为，但尚不构成刑法第三百四十五条规定的盗伐林木罪，或者刑法第二百七十五条规定的故意毁坏公私财物罪的，可以适用治安管理处罚法第四十九条的规定对行为人进行治安管理处罚。

需要注意的是，根据行政处罚法第二十四条的规定，对当事人的同一个违法行为，不得给予两次以上罚款的行政处罚。

三、关于刑事责任

根据本条第二款的规定，违反本法规定，构成犯罪的，依法追究刑事责任。刑事法律责任是指因违反刑事法律而应当承担的法定的不利后果。行为人违反刑事法律的行为必须具备犯罪的构成要件才承担刑事法律责任。行为人违反森林法的规定实施的行为，如非法占用林地、盗伐或者滥伐林木、违法发放林木采伐许可证等，构成犯罪的，应当适用刑法的规定，依法追究刑事责任。刑事责任的方式为刑罚，刑罚分为主刑和附加刑。主刑的种类包括：（1）管制；（2）拘役；（3）有期徒刑；（4）无期徒刑；（5）死刑。附加刑包括：（1）罚金；（2）剥夺政治权利；（3）没收财产。附加刑也可以独立适用。本法中涉及刑事责任的情形主要包括：

1. 开垦、采石、采砂、采土或者其他活动故意造成林木或者林地毁坏的，以及故意毁坏林业基础设施，数额较大或者有其他严重情节的。根据刑法第二百七十五条的规定，故意毁坏公私财物，数额较大或者有其他严重情节的，处三年以下有期徒刑、拘役或者罚金；数额巨大或者有其他特别严重情节的，处三年以上七年以下有期徒刑。据此，故意毁坏森林、林木、林地以及林业基础设施等公私财物的，应当适用刑法第二百七十五条的规定追究当事人的刑事责任。

2. 以暴力、威胁方法阻碍县级以上人民政府林业主管部门依法实施监督检查的。根据刑法第二百七十七条的规定，以暴力、威胁方法阻碍国家机关工作人员依法执行职务的，构成妨害公务罪，处三年以下有期徒刑、拘役、管制或者罚金。如果当事人在拒绝、阻碍县级以上人民政府林业主管部门依法实施监督检查时，采取了暴力、威胁方法，即属于构成妨害公务罪的行为，应当适用刑法第二百七十七条的规定追究当事人的刑事责任。

3. 伪造、变造、买卖林木采伐许可证的。林木采伐许可证属于国家公文，盖有国家机关印章，根据刑法第二百八十条的规定，伪造、变造、买卖或者盗窃、抢夺、毁灭国家机关的公文、证件、印章的，处三年以下有期徒刑、拘役、管制或者剥夺政治权利；情节严重的，处三年以上十年以下有期徒刑。

4. 向林地排放重金属或者其他有毒有害物质含量超标的污水、污泥，以及可能造成林地污染的清淤底泥、尾矿、矿渣等，造成重大环境污染事故，致使公私财产遭受重大损失或者人身伤亡的严重后果的。根据刑法第三百三十八条的规定，违反国家规定，向土地、水体、大气排放、倾倒或者处置有放射性的废物、含传染病病原体的废物、有毒物质或者其他危险废物，造成重大环境污染事故，致使公私财产遭受重大损失或者人身伤亡的严重后果的，处三年以下有期徒刑或者拘役，并处或者单处罚金；后果特别严重的，处三年以上七年以下有期徒刑，并处罚金。此外，根据刑法第三百四十六条的规定，单位犯刑法第三百三十八条规定之罪的，对单位判处罚金，并对其直接负责的主管人员和其他直接责任人员，依照该条的规定处罚。

5. 非法占用林地，改变林地用途，数量较大，造成林地大量毁坏的。根据刑法第三百四十二条的规定，违反土地管理法规，非法占用耕地、林地等农用地，改变被占用土地用途，数量较大，造成耕地、林地等农用地大量毁坏的，处五年以下有期徒刑或者拘役，并处或者单处罚金。根据全国人大常委会的有关法律解释，刑法该条中的“违反土地管理法规”，是指违反土地管理法、森林法、草原法等法律以及有关行政法规中关于土地管理的规定。此外，根据刑法第三百四十六条的规定，单位犯刑法第三百四十二条规定之罪的，对单位判处罚金，并对其直接负责的主管人员和其他直接责任人员，依照该条的规定处罚。

6. 毁坏古树名木和珍贵树木的。根据刑法第三百四十四条的规定，违反国家规定，非法采伐、毁坏珍贵树木或者国家重点保护的其他植物的，或者非法收购、运输、加工、出售珍贵树木或者国家重点保护的其他植物及其制品的，处三年以下有期徒刑、拘役或者管制，并处罚金；情节严重的，处三年以上七年以下有期徒刑，并处罚金。此外，根据刑法第三百四十六条的规定，单位犯刑法第三百四十四条规定之罪的，对单位判处罚金，并对其直接负责的主管人员和其他直接责任人员，依照该条的规定处罚。

7. 盗伐、滥伐森林或者其他林木，数量较大或者巨大的，以及非法收购、运输明知是盗伐、滥伐的林木，情节严重的。根据刑法第三百四十五条的规定，盗伐森林或者其他林木，数量较大的，处三年以下有期徒刑、拘役或者管制，并处或者单处罚金；数量巨大的，处三年以上七年以下有期徒刑，并处罚金；数量特别巨大的，处七年以上有期徒刑，并处罚金。违反森林法的规定，滥伐森林或者其他林木，数量较大的，处三年以下有期徒刑、拘役或者管制，并处或者单处罚金；数量巨大的，处三年以上七年以下有期徒刑，并处罚金。非法收购、运输明知是盗伐、滥伐的林木，情节严重的，处三年以下有期徒刑、拘役或者管制，并处或者单处罚金；情节特别严重的，处三年以上七年以下有期徒刑，并处罚金。盗伐、滥伐国家级自然保护区内的森林或者其他林木的，从重处罚。此外，根据刑法第三百四十六条的规定，单位犯刑法第三百四十五条规定之罪的，对单位判处罚金，并对其直接负责的主管人员和其他直接责任人员，依照该条的规定处罚。

8. 林业主管部门以及其他有关部门工作人员滥用职权、玩忽职守或者徇私舞弊，致使公共财产、国家和人民利益遭受重大损失的。根据刑法第三百九十七条的规定，国家机关工作人员滥用职权或者玩忽职守，致使公共财产、国家和人民利益遭受重大损失的，处三年以下有期徒刑或者拘役；情节特别严重的，处三年以上七年以下有期徒刑。本法另有规定的，依照规定。国家机关工作人员徇私舞弊，犯前款罪的，处五年以下有期徒刑或者拘役；情节特别严重的，处五年以上十年以下有期徒刑。本法另有规定的，依照规定。据此，各级人民政府及其有关部门工作人员在实施补贴发放、核发许可、行政处罚等林业保护和监督管理工作时，如果出现了滥用职权、玩忽职守或者徇私舞弊的行为，致使公共财产、国家和人民利益遭受重大损失的，应当适用刑法第三百九十七条的规定追究当事人的刑事责任。

9. 林业主管部门的工作人员违反森林法的规定，超过批准的年采伐限额发放林木采伐许可证或者违反规定滥发林木采伐许可证，情节严重，致使森林遭受严重破坏的。根据刑法第四百零七条的规定，林业主管部门的工作人员实施上述行为的，应当处三年以下有期徒刑或者拘役。

相关规定

《中华人民共和国行政处罚法》第十五条、第十六条，《中华人民共和国治安管理处罚法》第二条、第十条

第九章　附　　则

第八十三条　本法下列用语的含义是：

（一）森林，包括乔木林、竹林和国家特别规定的灌木林。按照用途可以分为防护林、特种用途林、用材林、经济林和能源林。

（二）林木，包括树木和竹子。

（三）林地，是指县级以上人民政府规划确定的用于发展林业的土地。包括郁闭度0.2以上的乔木林地以及竹林地、灌木林地、疏林地、采伐迹地、火烧迹地、未成林造林地、苗圃地等。

条文主旨

本条是有关森林、林木和林地概念的规定。

立法背景

本条是此次修改新增加的规定。森林、林木和林地作为森林法中最基本的三个概念，贯穿于整部森林法中，关系到森林法的适用范围和基本制度边界。明确森林、林木和林地的法律概念，是依据森林法从事森林、林木的保护、培育、利用和森林、林木、林地经营管理活动的基本前提。本次森林法修改，将森林法实施条例有关森林、林木和林地的概念规定上升为法律，并结合实际情况和新修订森林法的制度要求进一步完善相关内容。

条文解读

一、关于森林的概念

“森林”一词在森林法中出现一般有两种形式，一种是与其他概念合并出现，作为对森林法调整对象的统称，如“森林法”“森林资源”“森林权属”“森林保护”“森林经营”等，考虑到森林法实施多年来，林业科学研究和保护管理实践中相关概念已经约定俗成，在实际理解和运用中不会产生歧义；另一种是与林木或者林地的概念并列，作为单独的“森林”概念出现，主要依据宪法相关精神，为了在权属登记和保护，以及相关经营管理工作中与个体的树木和竹子相区别。因此，本条并未从生态系统或者面积、树高、林冠覆盖率等角度出发进行定义，而是以保障法律的稳定性和有效实施为目的，将森林的概念定义为“乔木林、竹林和国家特别规定的灌木林”，既能保证概念完整又不会产生认识分歧。

二、关于国家特别规定的灌木林

森林法实施条例第二条有关森林的概念中并不包括

"国家特别规定的灌木林"，本次森林法修改新增加了这方面内容，主要是考虑到灌木林是我国森林资源的重要组成部分，在中西部地区种植非常广泛，不但发挥着重大的生态效益，而且在农民增收、农村产业结构调整以及地方经济发展等方面也发挥着一定的经济效益和社会效益，是干旱半干旱地区增加森林覆盖率、改善生态环境、增加农民收入的重要途径，有必要在森林的概念中予以明确，依法加强对灌木林的保护管理和科学利用。按照森林法实施条例第二十四条的规定，森林面积包括"国家特别规定的灌木林地面积"，为此原国家林业局制定了《"国家特别规定的灌木林地"的规定》（林资发〔2004〕14 号），已经对"国家特别规定的灌木林地"的定义和具体范围进行了明确，"特指分布在年均降水量 400 毫米以下的干旱（含极干旱、干旱、半干旱）地区，或乔木分布（垂直分布）上限以上，或热带亚热带岩溶地区、干热（干旱）河谷等生态环境脆弱地带，专为防护用途，且覆盖度大于 30% 的灌木林地，以及以获取经济效益为目的进行经营的灌木经济林。"

三、关于五大林种的补充说明

考虑到森林法实施多年来，以划分五大林种为基础的制度设计已经深入人心，且上述划分方式在科研教学工作中仍发挥着重要作用，为与原森林法相衔接，指引相关保护管理工作向公益林和商品林科学分类经营理念过渡，本次森林法修改，在森林概念的定义之后补充森林“按照用途可以分为防护林、特种用途林、用材林、经济林和能源林”的相关内容。

四、关于林地的概念

森林法有关林地的保护管理制度主要有四个方面：一是关于林地权属保护；二是关于林地占用总量控制和占用审批；三是关于公益林划定；四是关于林地上的林木采伐。可见林地的保护管理不仅涉及林地还涉及林地上的林木，为保证上述保护管理工作和执法活动有效开展，林地的定义必须边界清晰，且与我国的土地管理制度，以及相关的法律政策紧密衔接。

土地管理法第四条规定，国家编制土地利用总体规划，规定土地用途，将土地分为农用地、建设用地和未利用地。农用地是指直接用于农业生产的土地，包括耕地、林地、草地、农田水利用地、养殖水面等；未利用地是指农用地和建设用地以外的土地。第十五条规定，各级人民政府应当依据国民经济和社会发展规划、国土整治和资源环境保护的要求、土地供给能力以及各项建设对土地的需求，组织编制土地利用总体规划。因此，在森林法中将林地总体定义为“县级以上人民政府规划确定的用于发展林业的土地”，与土地管理法有效衔接，明确界定林地的范围。

第八十四条　本法自2020年7月1日起施行。

条文主旨

本条是关于本法生效日期的规定。

条文解读

法律生效日期的问题，是任何一部法律都要涉及的问题。一部法律通过以后，就产生了从什么时候开始起生效、在什么地域范围内生效、对什么人有效的问题，这些问题就是法律的效力范围问题。法律效力范围包括时间效力、空间效力和对人的效力三个方面。法律的生效日期是法律的时间效力问题的规定。新修订的森林法于2019年12月28日由十三届全国人大常委会第十五次会议审议通过，施行日期是2020年7月1日。自通过到施行，有六个多月的时间，主要是为了做好法律施行的准备工作：一是本法颁布后，与本法不一致的法规、规章需要作相应的修改完善。二是一些管理制度需要制定相关配套规定。根据立法法第六十二条的规定，法律规定明确要求有关国家机关对专门事项作出配套具体规定的，有关国家机关应当自法律施行之日起一年内作出规定。三是需要做好本法的宣传工作，使林业相关方面了解掌握这部法律的主要内容，尤其是本次修改的重要内容。四是有关部门及其工作人员需要学法用法。林业有关部门及其工作人员要认真学习本法，掌握本法的主要内容和精神实质，确保本法规定的各项制度落到实处。

附录一：相关法律、司法解释

中华人民共和国宪法（节录）

（1982年12月4日第五届全国人民代表大会第五次会议通过　1982年12月4日全国人民代表大会公告公布施行　根据1988年4月12日第七届全国人民代表大会第一次会议通过的《中华人民共和国宪法修正案》、1993年3月29日第八届全国人民代表大会第一次会议通过的《中华人民共和国宪法修正案》、1999年3月15日第九届全国人民代表大会第二次会议通过的《中华人民共和国宪法修正案》、2004年3月14日第十届全国人民代表大会第二次会议通过的《中华人民共和国宪法修正案》和2018年3月11日第十三届全国人民代表大会第一次会议通过的《中华人民共和国宪法修正案》修正）

……

第九条　矿藏、水流、森林、山岭、草原、荒地、滩涂等自然资源，都属于国家所有，即全民所有；由法律规定属于集体所有的森林和山岭、草原、荒地、滩涂除外。

国家保障自然资源的合理利用，保护珍贵的动物和植物。禁止任何组织或者个人用任何手段侵占或者破坏自然资源。

……

第二十六条 国家保护和改善生活环境和生态环境，防治污染和其他公害。

国家组织和鼓励植树造林，保护林木。

……

中华人民共和国民法典（节录）

（2020年5月28日第十三届全国人民代表大会第三次会议通过 2020年5月28日中华人民共和国主席令第45号公布 自2021年1月1日起施行）

……

第二百四十二条 法律规定专属于国家所有的不动产和动产，任何组织或者个人不能取得所有权。

第二百四十三条 为了公共利益的需要，依照法律规定的权限和程序可以征收集体所有的土地和组织、个人的房屋以及其他不动产。

征收集体所有的土地，应当依法及时足额支付土地补偿费、安置补助费以及农村村民住宅、其他地上附着物和青苗等的补偿费用，并安排被征地农民的社会保障费用，保障被征地农民的生活，维护被征地农民的合法权益。

征收组织、个人的房屋以及其他不动产，应当依法给予征收补偿，维护被征收人的合法权益；征收个人住宅的，还应当保障被征收人的居住条件。

任何组织或者个人不得贪污、挪用、私分、截留、拖欠征收补偿费等费用。

第二百四十四条 国家对耕地实行特殊保护，严格限制农用地转为建设用地，控制建设用地总量。不得违反法律规定的权限和程序征收集体所有的土地。

第二百四十五条 因抢险救灾、疫情防控等紧急需要，依照法律规定的权限和程序可以征用组织、个人的不动产或者动产。被征用的不动产或者动产使用后，应当返还被征用人。组织、个人的不动产或者动产被征用或者征用后毁损、灭失的，应当给予补偿。

……

第二百五十条 森林、山岭、草原、荒地、滩涂等自然资源，属于国家所有，但是法律规定属于集体所有的除外。

第二百五十一条 法律规定属于国家所有的野生动植物资源，属于国家所有。

……

第二百六十条 集体所有的不动产和动产包括：

（一）法律规定属于集体所有的土地和森林、山岭、草原、荒地、滩涂；

（二）集体所有的建筑物、生产设施、农田水利设施；

（三）集体所有的教育、科学、文化、卫生、体育等设施；

（四）集体所有的其他不动产和动产。

……

中华人民共和国土地管理法（节录）

（1986年6月25日第六届全国人民代表大会常务委员会第十六次会议通过　根据1988年12月29日第七届全国人民代表大会常务委员会第五次会议《关于修改〈中华人民共和国土地管理法〉的决定》第一次修正　1998年8月29日第九届全国人民代表大会常务委员会第四次会议修订　根据2004年8月28日第十届全国人民代表大会常务委员会第十一次会议《关于修改〈中华人民共和国土地管理法〉的决定》第二次修正　根据2019年8月26日第十三届全国人民代表大会常务委员会第十二次会议《关于修改〈中华人民共和国土地管理法〉、〈中华人民共和国城市房地产管理法〉的决定》第三次修正）

……

第二条　中华人民共和国实行土地的社会主义公有制，即全民所有制和劳动群众集体所有制。

全民所有，即国家所有土地的所有权由国务院代表国家行使。

任何单位和个人不得侵占、买卖或者以其他形式非法转让土地。土地使用权可以依法转让。

国家为了公共利益的需要，可以依法对土地实行征收或者征用并给予补偿。

国家依法实行国有土地有偿使用制度。但是，国家在法律规定的范围内划拨国有土地使用权的除外。

第三条 十分珍惜、合理利用土地和切实保护耕地是我国的基本国策。各级人民政府应当采取措施，全面规划，严格管理，保护、开发土地资源，制止非法占用土地的行为。

第四条 国家实行土地用途管制制度。

国家编制土地利用总体规划，规定土地用途，将土地分为农用地、建设用地和未利用地。严格限制农用地转为建设用地，控制建设用地总量，对耕地实行特殊保护。

前款所称农用地是指直接用于农业生产的土地，包括耕地、林地、草地、农田水利用地、养殖水面等；建设用地是指建造建筑物、构筑物的土地，包括城乡住宅和公共设施用地、工矿用地、交通水利设施用地、旅游用地、军事设施用地等；未利用地是指农用地和建设用地以外的土地。

使用土地的单位和个人必须严格按照土地利用总体规划确定的用途使用土地。

……

第十条 国有土地和农民集体所有的土地，可以依法确定给单位或者个人使用。使用土地的单位和个人，有保护、管理和合理利用土地的义务。

第十一条 农民集体所有的土地依法属于村农民集体所有的，由村集体经济组织或者村民委员会经营、管理；已经分别属于村内两个以上农村集体经济组织的农民集体所有的，由村内各该农村集体经济组织或者村民小组经营、管理；已经属于乡（镇）农民集体所有的，由乡（镇）农村集体经济组织经营、管理。

第十二条 土地的所有权和使用权的登记，依照有关不动产登记的法律、行政法规执行。

依法登记的土地的所有权和使用权受法律保护，任何单位和个人不得侵犯。

第十三条 农民集体所有和国家所有依法由农民集体使用的耕地、林地、草地，以及其他依法用于农业的土地，采取农村集体经济组织内部的家庭承包方式承包，不宜采取家庭承包方式的荒山、荒沟、荒丘、荒滩等，可以采取招标、拍卖、公开协商等方式承包，从事种植业、林业、畜牧业、渔业生产。家庭承包的耕地的承包期为三十年，草地的承包期为三十年至五十年，林地的承包期为三十年至七十年；耕地承包期届满后再延长三十年，草地、林地承包期届满后依法相应延长。

国家所有依法用于农业的土地可以由单位或者个人承包经营，从事种植业、林业、畜牧业、渔业生产。

发包方和承包方应当依法订立承包合同，约定双方的权利和义务。承包经营土地的单位和个人，有保护和按照承包合同约定的用途合理利用土地的义务。

……

第三十七条 非农业建设必须节约使用土地，可以利用荒地的，不得占用耕地；可以利用劣地的，不得占用好地。

禁止占用耕地建窑、建坟或者擅自在耕地上建房、挖砂、采石、采矿、取土等。

禁止占用永久基本农田发展林果业和挖塘养鱼。

……

第三十九条 国家鼓励单位和个人按照土地利用总体规划，在保护和改善生态环境、防止水土流失和土地荒漠化的前提下，开发未利用的土地；适宜开发为农用地的，应当优先开发成农用地。

国家依法保护开发者的合法权益。

第四十条 开垦未利用的土地，必须经过科学论证和评估，在土地利用总体规划划定的可开垦的区域内，经依法批准后进行。禁止毁坏森林、草原开垦耕地，禁止围湖造田和侵占江河滩地。

根据土地利用总体规划，对破坏生态环境开垦、围垦的土地，有计划有步骤地退耕还林、还牧、还湖。

第四十一条 开发未确定使用权的国有荒山、荒地、荒滩从事种植业、林业、畜牧业、渔业生产的，经县级以上人民政府依法批准，可以确定给开发单位或者个人长期使用。

第四十二条 国家鼓励土地整理。县、乡（镇）人民政府应当组织农村集体经济组织，按照土地利用总体规划，对田、水、路、林、村综合整治，提高耕地质量，增加有效耕地面积，改善农业生产条件和生态环境。

地方各级人民政府应当采取措施，改造中、低产田，整治闲散地和废弃地。

……

第四十四条 建设占用土地，涉及农用地转为建设用地的，应当办理农用地转用审批手续。

永久基本农田转为建设用地的，由国务院批准。

在土地利用总体规划确定的城市和村庄、集镇建设用地规模范围内，为实施该规划而将永久基本农田以外的农用地转为建设用地的，按土地利用年度计划分批次按照国务院规定由原批准土地利用总体规划的机关或者其授权的机关批准。在已批准的农用地转用范围内，具体建设项目用地可以由市、县人民政府批准。

在土地利用总体规划确定的城市和村庄、集镇建设用地规模范围外，将永久基本农田以外的农用地转为建设用地的，由国务院或者国务院授权的省、自治区、直辖市人民政府批准。

第四十五条 为了公共利益的需要，有下列情形之一，确需征收农民集体所有的土地的，可以依法实施征收：

（一）军事和外交需要用地的；

（二）由政府组织实施的能源、交通、水利、通信、邮政等基础设施建设需要用地的；

（三）由政府组织实施的科技、教育、文化、卫生、体育、生态环境和资源保护、防灾减灾、文物保护、社区综合服务、社会福利、市政公用、优抚安置、英烈保护等公共事业需要用地的；

（四）由政府组织实施的扶贫搬迁、保障性安居工程建设需要用地的；

（五）在土地利用总体规划确定的城镇建设用地范围内，经省级以上人民政府批准由县级以上地方人民政府组织实施的成片开发建设需要用地的；

（六）法律规定为公共利益需要可以征收农民集体所有的土地的其他情形。

前款规定的建设活动，应当符合国民经济和社会发展规划、土地利用总体规划、城乡规划和专项规划；第（四）项、第（五）项规定的建设活动，还应当纳入国民经济和社会发展年度计划；第（五）项规定的成片开发并应当符合国务院自然资源主管部门规定的标准。

第四十六条 征收下列土地的，由国务院批准：

（一）永久基本农田；

（二）永久基本农田以外的耕地超过三十五公顷的；

（三）其他土地超过七十公顷的。

征收前款规定以外的土地的，由省、自治区、直辖市人民政府批准。

征收农用地的，应当依照本法第四十四条的规定先行办理农用地转用审批。其中，经国务院批准农用地转用的，同时办理征地审批手续，不再另行办理征地审批；经省、自治区、直辖市人民政府在征地批准权限内批准农用地转用的，同时办理征地审批手续，不再另行办理征地审批，超过征地批准权限的，应当依照本条第一款的规定另行办理征地审批。

第四十七条 国家征收土地的，依照法定程序批准后，由县级以上地方人民政府予以公告并组织实施。

县级以上地方人民政府拟申请征收土地的，应当开展拟征收土地现状调查和社会稳定风险评估，并将征收范围、土地现状、征收目的、补偿标准、安置方式和社会保障等在拟征收土地所在的乡（镇）和村、村民小组范围内公告至少三十日，听取被征地的农村集体经济组织及其成员、村民委员会和其他利害关系人的意见。

多数被征地的农村集体经济组织成员认为征地补偿安置方案不符合法律、法规规定的，县级以上地方人民政府应当组织召开听证会，并根据法律、法规的规定和听证会情况修改方案。

拟征收土地的所有权人、使用权人应当在公告规定期限内，持不动产权属证明材料办理补偿登记。县级以上地方人民政府应当组织有关部门测算并落实有关费用，保证足额到位，与拟征收土地的所有权人、使用权人就补偿、安置等签订协议；个别确实难以达成协议的，应当在申请征收土地时如实说明。

相关前期工作完成后，县级以上地方人民政府方可申请征收土地。

第四十八条 征收土地应当给予公平、合理的补偿，保障被征地农民原有生活水平不降低、长远生计有保障。

征收土地应当依法及时足额支付土地补偿费、安置补助费以及农村村民住宅、其他地上附着物和青苗等的补偿费用，并安排被征地农民的社会保障费用。

征收农用地的土地补偿费、安置补助费标准由省、自治区、直辖市通过制定公布区片综合地价确定。制定区片综合地价应当综合考虑土地原用途、土地资源条件、土地产值、土地区位、土地供求关系、人口以及经济社会发展水平等因素，并至少每三年调整或者重新公布一次。

征收农用地以外的其他土地、地上附着物和青苗等的补偿标准，由省、自治区、直辖市制定。对其中的农村村民住宅，应当按照先补偿后搬迁、居住条件有改善的原则，尊重农村村民意愿，采取重新安排宅基地建房、提供安置房或者货币补偿等方式给予公平、合理的补偿，并对因征收造成的搬迁、临时安置等费用予以补偿，保障农村村民居住的权利和合法的住房财产权益。

县级以上地方人民政府应当将被征地农民纳入相应的养老等社会保障体系。被征地农民的社会保障费用主要用于符合条件的被征地农民的养老保险等社会保险缴费补贴。被征地农民社会保障费用的筹集、管理和使用办法，由省、自治区、直辖市制定。

第四十九条 被征地的农村集体经济组织应当将征收土地的补偿费用的收支状况向本集体经济组织的成员公布，接受监督。

禁止侵占、挪用被征收土地单位的征地补偿费用和其他有关费用。

第五十条 地方各级人民政府应当支持被征地的农村集体经

济组织和农民从事开发经营，兴办企业。

第五十一条 大中型水利、水电工程建设征收土地的补偿费标准和移民安置办法，由国务院另行规定。

第五十二条 建设项目可行性研究论证时，自然资源主管部门可以根据土地利用总体规划、土地利用年度计划和建设用地标准，对建设用地有关事项进行审查，并提出意见。

第五十三条 经批准的建设项目需要使用国有建设用地的，建设单位应当持法律、行政法规规定的有关文件，向有批准权的县级以上人民政府自然资源主管部门提出建设用地申请，经自然资源主管部门审查，报本级人民政府批准。

第五十四条 建设单位使用国有土地，应当以出让等有偿使用方式取得；但是，下列建设用地，经县级以上人民政府依法批准，可以以划拨方式取得：

（一）国家机关用地和军事用地；

（二）城市基础设施用地和公益事业用地；

（三）国家重点扶持的能源、交通、水利等基础设施用地；

（四）法律、行政法规规定的其他用地。

第五十五条 以出让等有偿使用方式取得国有土地使用权的建设单位，按照国务院规定的标准和办法，缴纳土地使用权出让金等土地有偿使用费和其他费用后，方可使用土地。

自本法施行之日起，新增建设用地的土地有偿使用费，百分之三十上缴中央财政，百分之七十留给有关地方人民政府。具体使用管理办法由国务院财政部门会同有关部门制定，并报国务院批准。

第五十六条 建设单位使用国有土地的，应当按照土地使用权出让等有偿使用合同的约定或者土地使用权划拨批准文件的规定使用土地；确需改变该幅土地建设用途的，应当经有关人民政府自然资源主管部门同意，报原批准用地的人民政府批准。其中，在城市规划区内改变土地用途的，在报批前，应当先经有关城市规划行政主管部门同意。

第五十七条 建设项目施工和地质勘查需要临时使用国有土地或者农民集体所有的土地的，由县级以上人民政府自然资源主管部门批准。其中，在城市规划区内的临时用地，在报批前，应当先经有关城市规划行政主管部门同意。土地使用者应当根据土地权属，与有关自然资源主管部门或者农村集体经济组织、村民委员会签订临时使用土地合同，并按照合同的约定支付临时使用土地补偿费。

临时使用土地的使用者应当按照临时使用土地合同约定的用途使用土地，并不得修建永久性建筑物。

临时使用土地期限一般不超过二年。

第五十八条 有下列情形之一的，由有关人民政府自然资源主管部门报经原批准用地的人民政府或者有批准权的人民政府批准，可以收回国有土地使用权：

（一）为实施城市规划进行旧城区改建以及其他公共利益需要，确需使用土地的；

（二）土地出让等有偿使用合同约定的使用期限届满，土地使用者未申请续期或者申请续期未获批准的；

（三）因单位撤销、迁移等原因，停止使用原划拨的国有土地的；

（四）公路、铁路、机场、矿场等经核准报废的。

依照前款第（一）项的规定收回国有土地使用权的，对土地使用权人应当给予适当补偿。

第五十九条 乡镇企业、乡（镇）村公共设施、公益事业、农村村民住宅等乡（镇）村建设，应当按照村庄和集镇规划，合理布局，综合开发，配套建设；建设用地，应当符合乡（镇）土地利用总体规划和土地利用年度计划，并依照本法第四十四条、第六十条、第六十一条、第六十二条的规定办理审批手续。

第六十条 农村集体经济组织使用乡（镇）土地利用总体规划确定的建设用地兴办企业或者与其他单位、个人以土地使用权入股、联营等形式共同举办企业的，应当持有关批准文件，向县级以上地方人民政府自然资源主管部门提出申请，按照省、自治区、直辖市规定的批准权限，由县级以上地方人民政府批准；其中，涉及占用农用地的，依照本法第四十四条的规定办理审批手续。

按照前款规定兴办企业的建设用地，必须严格控制。省、自治区、直辖市可以按照乡镇企业的不同行业和经营规模，分别规定用地标准。

第六十一条 乡（镇）村公共设施、公益事业建设，需要使用土地的，经乡（镇）人民政府审核，向县级以上地方人民政府自然资源主管部门提出申请，按照省、自治区、直辖市规定的批准权限，由县级以上地方人民政府批准；其中，涉及占用农用地的，依照本法第四十四条的规定办理审批手续。

……

中华人民共和国刑法（节录）*

（1979年7月1日第五届全国人民代表大会第二次会议通过　1997年3月14日第八届全国人民代表大会第五次会议修订　1997年3月14日中华人民共和国主席令第83号公布　自1997年10月1日起施行）

……

第一百五十一条　走私武器、弹药、核材料或者伪造的货币的，处七年以上有期徒刑，并处罚金或者没收财产；情节特别严重的，处无期徒刑，并处没收财产；情节较轻的，处三年以上七

---

* 根据1998年12月29日第九届全国人民代表大会常务委员会第六次会议通过的《全国人民代表大会常务委员会关于惩治骗购外汇、逃汇和非法买卖外汇犯罪的决定》、1999年12月25日第九届全国人民代表大会常务委员会第十三次会议通过的《中华人民共和国刑法修正案》、2001年8月31日第九届全国人民代表大会常务委员会第二十三次会议通过的《中华人民共和国刑法修正案（二）》、2001年12月29日第九届全国人民代表大会常务委员会第二十五次会议通过的《中华人民共和国刑法修正案（三）》、2002年12月28日第九届全国人民代表大会常务委员会第三十一次会议通过的《中华人民共和国刑法修正案（四）》、2005年2月28日第十届全国人民代表大会常务委员会第十四次会议通过的《中华人民共和国刑法修正案（五）》、2006年6月29日第十届全国人民代表大会常务委员会第二十二次会议通过的《中华人民共和国刑法修正案（六）》、2009年2月28日第十一届全国人民代表大会常务委员会第七次会议通过的《中华人民共和国刑法修正案（七）》、2009年8月27日第十一届全国人民代表大会常务委员会第十次会议通过的《关于修改部分法律的决定》、2011年2月25日第十一届全国人民代表大会常务委员会第十九次会议通过的《中华人民共和国刑法修正案（八）》、2015年8月29日第十二届全国人民代表大会常务委员会第十六次会议通过的《中华人民共和国刑法修正案（九）》、2017年11月4日第十二届全国人民代表大会常务委员会第三十次会议通过的《中华人民共和国刑法修正案（十）》修订。

年以下有期徒刑，并处罚金。

走私国家禁止出口的文物、黄金、白银和其他贵重金属或者国家禁止进出口的珍贵动物及其制品的，处五年以上十年以下有期徒刑，并处罚金；情节特别严重的，处十年以上有期徒刑或者无期徒刑，并处没收财产；情节较轻的，处五年以下有期徒刑，并处罚金。

走私珍稀植物及其制品等国家禁止进出口的其他货物、物品的，处五年以下有期徒刑或者拘役，并处或者单处罚金；情节严重的，处五年以上有期徒刑，并处罚金。

单位犯本条规定之罪的，对单位判处罚金，并对其直接负责的主管人员和其他直接责任人员，依照本条各款的规定处罚。

……

第二百二十八条 以牟利为目的，违反土地管理法规，非法转让、倒卖土地使用权，情节严重的，处三年以下有期徒刑或者拘役，并处或者单处非法转让、倒卖土地使用权价额百分之五以上百分之二十以下罚金；情节特别严重的，处三年以上七年以下有期徒刑，并处非法转让、倒卖土地使用权价额百分之五以上百分之二十以下罚金。

……

第三百四十二条 违反土地管理法规，非法占用耕地、林地等农用地，改变被占用土地用途，数量较大，造成耕地、林地等农用地大量毁坏的，处五年以下有期徒刑或者拘役，并处或者单处罚金。

……

第三百四十四条 违反国家规定，非法采伐、毁坏珍贵树木或者国家重点保护的其他植物的，或者非法收购、运输、加工、出售珍贵树木或者国家重点保护的其他植物及其制品的，处三年以下有期徒刑、拘役或者管制，并处罚金；情节严重的，处三年以上七年以下有期徒刑，并处罚金。

第三百四十五条　盗伐森林或者其他林木，数量较大的，处三年以下有期徒刑、拘役或者管制，并处或者单处罚金；数量巨大的，处三年以上七年以下有期徒刑，并处罚金；数量特别巨大的，处七年以上有期徒刑，并处罚金。

违反森林法的规定，滥伐森林或者其他林木，数量较大的，处三年以下有期徒刑、拘役或者管制，并处或者单处罚金；数量巨大的，处三年以上七年以下有期徒刑，并处罚金。

非法收购、运输明知是盗伐、滥伐的林木，情节严重的，处三年以下有期徒刑、拘役或者管制，并处或者单处罚金；情节特别严重的，处三年以上七年以下有期徒刑，并处罚金。

盗伐、滥伐国家级自然保护区内的森林或者其他林木的，从重处罚。

第三百四十六条　单位犯本节第三百三十八条至第三百四十五条规定之罪的，对单位判处罚金，并对其直接负责的主管人员和其他直接责任人员，依照本节各该条的规定处罚。

……

第四百零七条　林业主管部门的工作人员违反森林法的规定，超过批准的年采伐限额发放林木采伐许可证或者违反规定滥发林木采伐许可证，情节严重，致使森林遭受严重破坏的，处三年以下有期徒刑或者拘役。

……

第四百一十条　国家机关工作人员徇私舞弊，违反土地管理法规，滥用职权，非法批准征收、征用、占用土地，或者非法低价出让国有土地使用权，情节严重的，处三年以下有期徒刑或者拘役；致使国家或者集体利益遭受特别重大损失的，处三年以上七年以下有期徒刑。

……

全国人民代表大会常务委员会关于《中华人民共和国刑法》第二百二十八条、第三百四十二条、第四百一十条的解释

（2001年8月31日第九届全国人民代表大会常务委员会第二十三次会议通过　根据2009年8月27日第十一届全国人民代表大会常务委员会第十次会议《关于修改部分法律的决定》修正）

全国人民代表大会常务委员会讨论了刑法第二百二十八条、第三百四十二条、第四百一十条规定的“违反土地管理法规”和第四百一十条规定的“非法批准征收、征用、占用土地”的含义问题，解释如下：

刑法第二百二十八条、第三百四十二条、第四百一十条规定的“违反土地管理法规”，是指违反土地管理法、森林法、草原法等法律以及有关行政法规中关于土地管理的规定。

刑法第四百一十条规定的“非法批准征收、征用、占用土地”，是指非法批准征收、征用、占用耕地、林地等农用地以及其他土地。

现予公告。

最高人民法院关于审理破坏森林资源刑事案件具体应用法律若干问题的解释

（2000 年 11 月 17 日最高人民法院审判委员会第 1141 次会议通过　2000 年 11 月 22 日最高人民法院公告公布　自 2000 年 12 月 11 日起施行　法释〔2000〕36 号）

为依法惩处破坏森林资源的犯罪活动，根据刑法的有关规定，现就审理这类案件具体应用法律的若干问题解释如下：

第一条　刑法第三百四十四条规定的“珍贵树木”，包括由省级以上林业主管部门或者其他部门确定的具有重大历史纪念意义、科学研究价值或者年代久远的古树名木，国家禁止、限制出口的珍贵树木以及列入国家重点保护野生植物名录的树木。

第二条　具有下列情形之一的，属于非法采伐、毁坏珍贵树木行为“情节严重”：

（一）非法采伐珍贵树木二株以上或者毁坏珍贵树木致使珍贵树木死亡三株以上的；

（二）非法采伐珍贵树木二立方米以上的；

（三）为首组织、策划、指挥非法采伐或者毁坏珍贵树木的；

（四）其他情节严重的情形。

第三条　以非法占有为目的，具有下列情形之一，数量较大的，依照刑法第三百四十五条第一款的规定，以盗伐林木罪定罪处罚：

（一）擅自砍伐国家、集体、他人所有或者他人承包经营管理的森林或者其他林木的；

（二）擅自砍伐本单位或者本人承包经营管理的森林或者其他林木的；

（三）在林木采伐许可证规定的地点以外采伐国家、集体、他人所有或者他人承包经营管理的森林或者其他林木的。

第四条 盗伐林木“数量较大”，以二至五立方米或者幼树一百至二百株为起点；盗伐林木“数量巨大”，以二十至五十立方米或者幼树一千至二千株为起点；盗伐林木“数量特别巨大”，以一百至二百立方米或者幼树五千至一万株为起点。

第五条 违反森林法的规定，具有下列情形之一，数量较大的，依照刑法第三百四十五条第二款的规定，以滥伐林木罪定罪处罚：

（一）未经林业行政主管部门及法律规定的其他主管部门批准并核发林木采伐许可证，或者虽持有林木采伐许可证，但违反林木采伐许可证规定的时间、数量、树种或者方式，任意采伐本单位所有或者本人所有的森林或者其他林木的；

（二）超过林木采伐许可证规定的数量采伐他人所有的森林或者其他林木的。

林木权属争议一方在林木权属确权之前，擅自砍伐森林或者其他林木，数量较大的，以滥伐林木罪论处。

第六条 滥伐林木“数量较大”，以十至二十立方米或者幼树五百至一千株为起点；滥伐林木“数量巨大”，以五十至一百立方米或者幼树二千五百至五千株为起点。

第七条 对于一年内多次盗伐、滥伐少量林木未经处罚的，累计其盗伐、滥伐林木的数量，构成犯罪的，依法追究刑事责任。

第八条 盗伐、滥伐珍贵树木，同时触犯刑法第三百四十四条、第三百四十五条规定的，依照处罚较重的规定定罪处罚。

第九条 将国家、集体、他人所有并已经伐倒的树木窃为己有，以及偷砍他人房前屋后、自留地种植的零星树木，数额较大的，依照刑法第二百六十四条的规定，以盗窃罪定罪处罚。

第十条 刑法第三百四十五条规定的"非法收购明知是盗伐、滥伐的林木"中的"明知"，是指知道或者应当知道。具有下列情形之一的，可以视为应当知道，但是有证据证明确属被蒙骗的除外：

（一）在非法的木材交易场所或者销售单位收购木材的；

（二）收购以明显低于市场价格出售的木材的；

（三）收购违反规定出售的木材的。

第十一条 具有下列情形之一的，属于在林区非法收购盗伐、滥伐的林木"情节严重"：

（一）非法收购盗伐、滥伐的林木二十立方米以上或者幼树一千株以上的；

（二）非法收购盗伐、滥伐的珍贵树木二立方米以上或者五株以上的；

（三）其他情节严重的情形。

具有下列情形之一的，属于在林区非法收购盗伐、滥伐的林木"情节特别严重"：

（一）非法收购盗伐、滥伐的林木一百立方米以上或者幼树五千株以上的；

（二）非法收购盗伐、滥伐的珍贵树木五立方米以上或者十株以上的；

（三）其他情节特别严重的情形。

第十二条 林业主管部门的工作人员违反森林法的规定，超过批准的年采伐限额发放林木采伐许可证或者违反规定滥发林木采伐许可证，具有下列情形之一的，属于刑法第四百零七条规定的“情节严重，致使森林遭受严重破坏”，以违法发放林木采伐许可证罪定罪处罚：

（一）发放林木采伐许可证允许采伐数量累计超过批准的年采伐限额，导致林木被采伐数量在十立方米以上的；

（二）滥发林木采伐许可证，导致林木被滥伐二十立方米以上的；

（三）滥发林木采伐许可证，导致珍贵树木被滥伐的；

（四）批准采伐国家禁止采伐的林木，情节恶劣的；

（五）其他情节严重的情形。

第十三条 对于伪造、变造、买卖林木采伐许可证、木材运输证件，森林、林木、林地权属证书，占用或者征用林地审核同意书、育林基金等缴费收据以及其他国家机关批准的林业证件构成犯罪的，依照刑法第二百八十条第一款的规定，以伪造、变造、买卖国家机关公文、证件罪定罪处罚。

对于买卖允许进出口证明书等经营许可证明，同时触犯刑法第二百二十五条、第二百八十条规定之罪的，依照处罚较重的规定定罪处罚。

第十四条 聚众哄抢林木五立方米以上的，属于聚众哄抢“数额较大”；聚众哄抢林木二十立方米以上的，属于聚众哄抢“数额巨大”，对首要分子和积极参加的，依照刑法第二百六十八条的规定，以聚众哄抢罪定罪处罚。

第十五条 非法实施采种、采脂、挖笋、掘根、剥树皮等行为，牟取经济利益数额较大的，依照刑法第二百六十四条的规定，以盗窃罪定罪处罚。同时构成其他犯罪的，依照处罚较重的规定定罪处罚。

第十六条 单位犯刑法第三百四十四条、第三百四十五条规定之罪，定罪量刑标准按照本解释的规定执行。

第十七条 本解释规定的林木数量以立木蓄积计算，计算方法为：原木材积除以该树种的出材率。

本解释所称“幼树”，是指胸径五厘米以下的树木。

滥伐林木的数量，应在伐区调查设计允许的误差额以上计算。

第十八条 盗伐、滥伐以生产竹材为主要目的的竹林的定罪量刑问题，有关省、自治区、直辖市高级人民法院可以参照上述规定的精神，规定本地区的具体标准，并报最高人民法院备案。

第十九条 各省、自治区、直辖市高级人民法院可以根据本地区的实际情况，在本解释第四条、第六条规定的数量幅度内，确定本地区执行的具体数量标准，并报最高人民法院备案。

最高人民法院关于在林木采伐许可证规定的地点以外采伐本单位或者本人所有的森林或者其他林木的行为如何适用法律问题的批复

（2004 年 3 月 23 日最高人民法院审判委员会第 1312 次会议通过　2004 年 3 月 26 日最高人民法院公告公布　自 2004 年 4 月 1 日起施行　法释〔2004〕3 号）

各省、自治区、直辖市高级人民法院，解放军军事法院，新疆维吾尔自治区高级人民法院生产建设兵团分院：

最近，有的法院反映，关于在林木采伐许可证规定的地点以外采伐本单位或者本人所有的森林或者其他林木的行为适用法律问题不明确。经研究，批复如下：

违反森林法的规定，在林木采伐许可证规定的地点以外，采伐本单位或者本人所有的森林或者其他林木的，除农村居民采伐自留地和房前屋后个人所有的零星林木以外，属于《最高人民法院关于审理破坏森林资源刑事案件具体应用法律若干问题的解释》第五条第一款第（一）项“未经林业行政主管部门及法律规定的其他主管部门批准并核发林木采伐许可证”规定的情形，数量较大的，应当依照刑法第三百四十五条第二款的规定，以滥伐林木罪定罪处罚。

最高人民检察院关于对林业主管部门工作人员在发放林木采伐许可证之外滥用职权、玩忽职守致使森林遭受严重破坏的行为适用法律问题的批复

（2007 年 5 月 14 日最高人民检察院第十届检察委员会第 77 次会议通过　2007 年 5 月 16 日最高人民检察院公告公布　自公布之日起施行　高检发释字〔2007〕1 号）

福建省人民检察院：

你院《关于林业主管部门工作人员滥用职权、玩忽职守造成森林资源损毁立案标准问题的请示》（闽检〔2007〕14 号）收悉。经研究，批复如下：

林业主管部门工作人员违法发放林木采伐许可证，致使森林遭受严重破坏的，依照刑法第四百零七条的规定，以违法发放林木采伐许可证罪追究刑事责任；以其他方式滥用职权或者玩忽职守，致使森林遭受严重破坏的，依照刑法第三百九十七条的规定，以滥用职权罪或者玩忽职守罪追究刑事责任，立案标准依照《最高人民检察院关于渎职侵权犯罪案件立案标准的规定》第一部分渎职犯罪案件第十八条第三款的规定执行。

此复。

附录二：相关立法资料

关于《中华人民共和国森林法（修订草案）》的说明

——2019 年 6 月 25 日在第十三届全国人民代表大会常务委员会第十一次会议上

全国人大农业与农村委员会副主任委员　王宪魁

委员长、各位副委员长、秘书长、各位委员：

我受全国人大农业与农村委员会委托，就《中华人民共和国森林法（修订草案）》的有关问题作说明。

一、修改森林法的必要性

现行森林法于 1984 年经第六届全国人民代表大会常务委员会第七次会议审议通过，并于 1998 年进行了修正。森林法的颁布实施，对于保护和合理利用森林资源、加快国土绿化、促进林业发展，发挥了十分重要的作用。党的十八大以来，以习近平同志为核心的党中央把生态文明建设作为统筹推进“五位一体”总体布局和协调推进“四个全面”战略布局的重要内容，高度重视林业建设，强调森林是陆地生态系统的主体和重要资源，是人类生存发展的重要生态屏障；林业建设是事关经济社会可持续发展的根本性问题，林业要为建设生态文明和美丽中国创造更好的生态条件。贯彻习近平生态文明思想，是林业改革发展的指导方针和根本遵循。

当前，林业面临的形势、任务和功能定位已发生根本性变化，迫切需要对现行森林法作出相应的修改完善，为林业改革发展提供法治保障。

一是推进构建现代林业治理体系。建设现代林业，应当调动各类经营主体的积极性，保护其合法权益，加强产权保护，改变重审批轻监管的行政管理方式，取消带有计划经济色彩的管理制度，对不同类型的森林采取差异化管理措施，建立健全适应森林生态功能要求不断强化的现代林业经营体制机制。

二是促进林业转型和可持续发展。近年来，国有林场和国有林区改革全面展开，集体林权制度改革逐步深化，2016 年全面停止天然林商业性采伐等措施不断推进，林业发展已经由生产木材为主向生态建设为主转变，由主要提供物质产品向主要为全社会提供优质生态产品、满足经济社会生态文化等多元需求转变。适应森林功能定位发生的根本变化，将经实践检验行之有效的改革措施及时转化为法律规范，可以进一步保障和引领林业的可持续发展。

三是加快推进国土绿化和提高森林质量。经过不懈努力，我国森林资源保护和生态修复取得了显著成就，但总体上仍然存在缺林少绿、森林质量不高等问题。应当更加科学地强化政府森林资源保护责任，有效调动全社会力量推进国土绿化，保障森林资源数量和质量稳步提高。

二、修改森林法的过程、指导思想和主要原则

修改森林法是十三届全国人大常委会立法规划确定的项目，由全国人大农业与农村委员会牵头起草。农业与农村委员会高度重视，组织有关单位成立森林法修改起草领导小组和工作小组。

在修改过程中，开展深入调查研究，认真听取人大代表、基层干部、林农和国有、非公有制林业企业等各方面意见，先后多次征求31个省（自治区、直辖市）人大农委和中央、国务院有关部门及科研院校的意见。在反复研究论证的基础上，形成了森林法（修订草案）（以下简称草案）。修改森林法的指导思想：全面贯彻落实党的十九大和十九届二中、三中全会精神，以习近平新时代中国特色社会主义思想为指导，认真贯彻落实习近平生态文明思想，践行绿水青山就是金山银山的理念，坚持人与自然和谐共生，以立法规范和促进森林资源可持续利用和发展，维护森林生态安全，推动森林生态文明建设和现代林业发展。修改森林法遵循的原则：一是坚持生态优先，生态效益、经济效益和社会效益相统一；二是坚持保护优先，实现森林资源可持续利用和发展；三是坚持发挥市场配置资源的决定性作用与政府必要的宏观调控相结合，实行森林分类经营管理；四是坚持尊重自然规律和经济规律，保护好各类林业经营主体的合法权益。

三、修改森林法的主要内容

（一）关于森林权属

明确森林权属、加强森林权属保护，是本次法律修改的重点。根据森林生态建设和集体林权改革的实践经验，草案增加“森林权属”一章，针对我国森林权属的实际，即林地包括国家、集体所有，林木包括国家、集体、个人所有等情况，区分主体分别规定，做到“山定权、树定根、人定心、政府定责”。

一是明确国务院代表国家行使国有森林资源所有权，国务院可以授权有关部门行使或者由有关部门委托省、自治区、直辖市人民政府代理行使所有者职责。根据国有林改革和经营管理的情况，草案规定，国家所有的森林、林木和林地可以依法确定给多种所有制的林业经营主体使用；林业经营主体依法取得的国有森林、林木和林地的使用权，经批准可以转让、出租、作价出资等，并明确具体办法由国务院制定。

二是明确集体所有和国家所有由农民集体使用的林地依法实行承包经营，承包方享有林地承包经营权和承包林地上的林木所有权，合同另有约定的从其约定，承包方可以自主决定依法采取出租（转包）、入股、抵押、转让等方式流转林地经营权、林木所有权和使用权。同时，草案还明确未承包的集体林地以及林地上的林木，由农村集体经济组织统一经营；集体经济组织统一经营的林地、林木，经民主程序可以依法流转林地经营权、林木所有权和使用权。

三是明确国家鼓励、支持和引导多种所有制的林业经营主体在依法取得的国有或者集体林地上发展多种形式的林业产业，保护非公有制林业经营主体享有的林地经营权和林木所有权等合法权益。

（二）关于森林分类经营

分类经营是本次法律修改的关注点。为充分发挥森林多种功能，满足全社会的多元需求，既要考虑生态效益和林业发展，又要考虑林农权益和林区稳定。根据森林生态区位和主导功能的不同，实践中将森林分为公益林和商品林，采取差异化的政策管理措施。此次法律修改将这一成熟可行的实践经验上升为法律规范，同时减少重叠交叉概念。

关于公益林。草案规定，生态区位重要或者生态状况脆弱，以发挥生态效益为主要目的的森林划定为公益林，实施严格保护；江河源头汇水区域、重要江河干流及支流两岸等八类区域，应当划定为公益林；公益林由国务院或者省、自治区、直辖市人民政府划定并公布。公益林实行严格保护，只能进行抚育和更新性质的采伐。公益林经营可以合理利用林地资源和森林景观资源，但是应当符合生态区位保护要求，不得破坏公益林生态功能。

针对公益林的生态功能属性，总结自 2001 年以来中央、地方实行森林生态效益补偿的经验，草案规定，国家建立森林生态效益补偿制度，中央和地方分别安排资金，主要用于公益林的经济补偿、管护支出和非国有公益林的租赁、赎买、置换，实行专款专用，不得截留挪用。

关于商品林。草案规定，未划定为公益林的森林属于商品林，主要发挥经济效益。国家鼓励发展商品林，商品林由林业经营主体依法自主经营，在不破坏生态的前提下，可以采取集约化经营措施，充分发挥林地生产经营潜力，实现商品林经营的最优价值。商品林也要兼顾生态效益，草案规定，采伐商品林应当依法办理采伐许可证，符合技术规程，控制皆伐面积，伐育同步规划实施。

（三）关于林木采伐

森林采伐限额和采伐许可制度是现行森林法规定的伐育调节的主要制度，对保护和发展森林资源发挥了重要作用。随着森林经营理念和管理方式的转变，是否保留采伐限额和采伐许可制度存在两种不同的意见。林木采伐是放活还是管死，是这次法律修改的焦点。有的认为，个人承包林、非公有林应全放开，有利于调动造林积极性。有的认为，林木是具有生态价值的活物，即使个人所有，也不可违背自然规律，一次皆伐。经过反复研究、广泛听取意见，普遍认为采伐限额和采伐许可制度是保护森林资源的宏观调控手段，目前完全放开林木采伐，存在采伐失控、森林资源破坏的风险。因此，草案按照“放管服”改革精神，完善了森林采伐限额和采伐许可证制度，适当下放审批权，缩小许可范围，既坚持森林资源的有效管理，又有利于充分保护个人和非公有制林业经营主体的合法权益。

一是下放采伐限额审批权。现行法律规定，采伐限额由省级人民政府审核后，报国务院批准。草案修改为采伐限额由省级人民政府批准，报国务院备案后实施。将审批权下放，有利于地方结合本地实际科学编制采伐限额，也有利于压实地方责任。

二是缩小采伐许可证核发范围。现行法律规定，采伐林木必须申请采伐许可证。草案将采伐许可证核发范围缩小到在林地上的林木采伐。对非林地上的农田防护林等防风固沙林、护路林、护岸护堤林和城镇林木的采伐，由有关主管部门依照国家有关规定管理。

三是强化森林经营方案的地位和作用。草案规定，国有林业企业事业单位应当编制森林经营方案，国家通过林业项目等措施支持引导其他林业经营主体编制森林经营方案。明确森林经营方案可以作为编制采伐限额和发放采伐许可证的依据，为今后改革采伐制度创造了条件。

此外，草案还删除了木材生产计划、木材运输证等带有计划经济色彩的内容。

（四）关于林地保护和林业发展质量提高林地是森林资源的载体，是林业最重要的生产要素。为了加强林地保护，草案明确林地的概念，设定占用林地总量控制制度，规定各类建设项目占用林地不得超过本行政区域内的总量控制指标，确保林地面积不减少。草案还完善了占用林地审核审批制度，并将森林法实施条例中规定的临时使用林地制度上升为法律。

进一步提高森林质量是当前和今后林业发展的着力点，草案规定县级以上人民政府应当合理规划森林资源保护利用结构和布局，制定森林资源保护发展目标，提高森林覆盖率、森林质量、森林蓄积量，确保林地保有量不减少。

此外，草案针对林业发展的地区差异性和特点做出相关的原则性规定，为各地根据本地区特点进一步作出规定留出空间。

（五）关于监督检查

加强森林资源保护发展，重要的是明确责任，强化监督。草案规定，国家实行地方人民政府森林资源保护发展目标责任制和考核评价制度。草案新增“监督检查”一章，规范森林资源保护发展考评价制度。草案新增“监督检查”一章，规范森林资源保护发展考核评价制度，强化森林资源保护的监督检查措施，明确有关生态环境损害赔偿的公益诉讼等内容。此外，草案还就森林的权属争议解决、资源调查监测、科学防火和林业有害生物防治、基础设施建设，以及法律责任等内容的有关条款和文字作了修改完善。

《中华人民共和国森林法（修订草案）》及以上说明是否妥当，请审议。

全国人民代表大会宪法和法律委员会关于《中华人民共和国森林法（修订草案）》修改情况的汇报

全国人民代表大会常务委员会：

常委会第十一次会议对森林法修订草案进行了初次审议。会后，法制工作委员会将修订草案印发各省（区、市）人大、基层立法联系点、中央有关部门、全国人大代表、高等院校和研究机构征求意见，并在中国人大网全文公布修订草案征求社会公众意见。宪法和法律委员会、农业与农村委员会、法制工作委员会联合召开座谈会，听取中央有关部门、全国人大代表、专家学者、基层林业干部以及林业企业对修订草案的意见。宪法和法律委员会、法制工作委员会还到江西、福建等地调研，听取意见；并就修订草案的有关问题与农业与农村委员会和司法部、自然资源部、国家林业和草原局等部门交换意见，共同研究。宪法和法律委员会于10月9日召开会议，根据常委会组成人员的审议意见和各方面意见，对修订草案进行了逐条审议。农业与农村委员会、司法部、国家林业和草原局的有关负责同志列席了会议。10月15日，宪法和法律委员会召开会议，再次进行审议。现将森林法修订草案主要问题的修改情况汇报如下：

一、修订草案第五条第二款规定了森林生态效益补偿制度。一些常委会组成人员建议，完善森林生态效益补偿的规定，增加有关地区之间横向生态效益补偿的内容。宪法和法律委员会经研究，建议增加规定：国家加大公益林保护支持力度，完善重点生态功能区转移支付政策，指导受益地区和森林生态保护地区人民政府通过协商或者按照市场规则进行生态效益补偿。

二、现行森林法第九条规定了对民族自治地方的林业发展优惠政策。有的常委委员和民族委员会提出，不宜简单删除对民族地区的支持政策，建议恢复现行法第九条并作适当修改。宪法和法律委员会经研究，建议增加一条规定：国务院和省、自治区、直辖市人民政府可以依照国家对民族自治地方自治权的规定，对民族自治地方的森林保护和林业发展实行更加优惠的政策。

三、修订草案第十二条规定，国务院代表国家行使国有森林资源的所有权；国务院可以授权有关部门行使所有者职责，或者由有关部门委托省、自治区、直辖市人民政府代理行使所有者职责。一些常委委员和地方、部门建议，结合党中央有关推进自然资源资产产权制度改革的精神，进一步明确履行国有森林资源所有者职责的部门。宪法和法律委员会经研究，建议将上述规定修改为：国家所有的森林资源的所有权由国务院代表国家行使。国务院可以授权国务院自然资源主管部门统一履行国有森林资源所有者职责，国务院自然资源主管部门可以委托有关部门和省、自治区、直辖市人民政府代理履行所有者职责。

四、修订草案第二十一条对林地、林木权属争议的处理作了规定。有的常委会组成人员和部门、地方建议恢复现行法的规定；有的部门建议在林地、林木权属争议处理中引入行政裁决制度。宪法和法律委员会经研究认为，现行法规定的政府处理可以包括多种方式，在林地、林木权属争议处理中引入行政裁决制度尚在试行中，建议对现行法的有关规定暂不修改。

五、有的常委委员和地方、社会公众建议，进一步强化对森林资源的保护，明确国有林业单位的森林保护义务。宪法和法律委员会经研究，建议增加以下规定：一是，县级以上人民政府应当将森林资源保护和林业发展纳入国民经济和社会发展规划。二是，国家加强森林资源保护，发挥森林蓄水保土、调节气候、改善环境、维护生物多样性和提供林产品等多种功能。三是，国有林业企业事业单位应当加大投入，加强森林防火、林业有害生物防治，预防和制止破坏森林资源的行为。

六、修订草案第三十五条对建设工程占用林地的审批作了规定。有的常委委员和部门、社会公众提出，不宜删除现行法关于征收、征用林地以及占用林地后开展植树造林、恢复森林植被的内容。宪法和法律委员会经研究，建议恢复现行法有关内容并适当修改，增加以下规定：一是，建设工程占用林地涉及征收、征用林地、林木的，依照有关法律、行政法规办理审批手续，并对权利人依法给予补偿。二是，建设工程占用林地的，县级以上人民政府林业主管部门应当按照规定安排植树造林，恢复森林植被，植树造林面积不得少于因占用、征收、征用林地而减少的森林植被面积。上级林业主管部门应当定期督促、检查下级林业主管部门组织植树造林、恢复森林植被的情况。

七、修订草案第四十六条第一款规定，公益林经营可以合理利用林地资源和森林景观资源，适度开展林副产品生产，发展森林旅游、康养、文化产业等非木质资源利用，但是应当符合生态区位保护要求，不得破坏公益林生态功能。有的常委委员、人大代表和部门提出，公益林必须坚持生态优先、严格保护，同时在符合保护要求、不影响生态的前提下，也应允许适度开展林下经济、森林旅游等活动，并加强监管。宪法和法律委员会经研究，建议将这一款修改为：在符合公益林生态区位保护要求和不影响公益林生态功能的前提下，经科学论证，可以合理利用公益林林地资源和森林景观资源，适度开展林下经济、森林旅游等。利用公益林开展上述活动应当严格遵守国家有关规定。

八、修订草案第五十九条对直接为林业生产经营服务的工程设施用地由林业主管部门审批作了规定。有的常委委员和部门、社会公众提出，直接为林业生产经营服务的工程设施用地可不需办理建设用地审批手续，但应符合规定的条件。宪法和法律委员会经研究，建议规定：林业经营者在经营的林地范围内修筑直接为林业生产经营服务的工程设施，需要使用林地，符合国家有关部门规定的条件的，由县级以上人民政府林业主管部门批准，不需要办理建设用地审批手续。

九、修订草案第六十四条规定，破坏森林资源给国家利益或者公共利益造成重大损失的，有关机关和组织可以依照国家有关生态环境损害赔偿的规定向人民法院提起诉讼，对责任者提出损害赔偿要求。有的常委委员和地方、部门、研究机构提出，草案将破坏森林资源的损害赔偿诉讼和公益诉讼合并规定，容易产生混淆。宪法和法律委员会经研究，建议将本条修改为：破坏森林资源给国家造成重大损失的，国务院自然资源主管部门及其委托的有关部门和地方人民政府可以依法向人民法院提起诉讼，对责任者提出损害赔偿要求。

此外，还对修订草案作了一些文字修改。

修订草案二次审议稿已按上述意见作了修改，宪法和法律委员会建议提请本次常委会会议继续审议。

修订草案二次审议稿和以上汇报是否妥当，请审议。

全国人民代表大会宪法和法律委员会

2019 年 10 月 21 日

全国人民代表大会宪法和法律委员会关于《中华人民共和国森林法（修订草案）》审议结果的报告

全国人民代表大会常务委员会：

常委会第十四次会议对森林法修订草案进行了二次审议。会后，法制工作委员会在中国人大网全文公布草案征求社会公众意见。宪法和法律委员会到广西、海南等地调研，听取意见。法制工作委员会就草案的有关问题同农业与农村委员会、中央编办、司法部、公安部、应急管理部、国家林业和草原局交换意见，共同研究。宪法和法律委员会于 11 月 20 日召开会议，根据常委会组成人员的审议意见和各方面意见，对草案进行了逐条审议。农业与农村委员会、司法部、国家林业和草原局的有关负责同志列席了会议。12 月 16 日，宪法和法律委员会召开会议，再次进行审议。宪法和法律委员会认为，草案贯彻落实习近平生态文明思想，进一步完善了保护、培育和合理利用森林资源的相关制度，经过两次审议修改，已经比较成熟。同时，提出以下主要修改意见：

一、有的常委会组成人员提出，按照 1979 年 2 月 23 日五届全国人大常委会第六次会议关于植树节的决议，三月十二日为我国的植树节，建议增加植树节的规定，大力推动植树造林。宪法和法律委员会建议采纳这一意见，增加规定：每年三月十二日为植树节。

二、有的常委会组成人员建议，进一步充实森林保护宣传教育的内容，提升全社会爱林护林意识。宪法和法律委员会经研究，建议将草案二次审议稿第十一条第二款单列一条，修改为：各级人民政府应当加强森林资源保护的宣传教育和知识普及工作，鼓励和支持基层群众性自治组织、新闻媒体、林业企业事业单位、志愿者等开展森林资源保护宣传活动；教育行政部门、学校应当对学生进行森林资源保护教育。

三、有的常委委员建议，将草案二次审议稿第二十条、第三十六条和第四十七条中有关征收、征用及其补偿的内容合并规定，并与土地管理法等法律规定相衔接。宪法和法律委员会经研究，建议将有关内容合并修改为：为了生态保护、基础设施建设等公共利益的需要，确需征收、征用林地、林木的，应当依照《中华人民共和国土地管理法》等法律、行政法规的规定办理审批手续，并给予公平、合理的补偿。

四、为进一步加强森林资源保护，根据常委会组成人员的审议意见，宪法和法律委员会经研究，建议对草案二次审议稿作以下修改：一是，在第二十六条中增加定期公布森林资源现状及变化情况的内容；二是，在第三十一条中增加加强天然林管护能力建设的内容；三是，在第五十一条中增加规定：修筑直接为林业生产经营服务的工程设施，超出标准需要占用林地的，应当依法办理建设用地审批手续。

五、有的常委委员提出，现实中一些企业、单位采挖移植林木破坏森林资源的情况比较突出，对这种行为应按采伐林木加强管理。有的常委委员建议，增加禁止伪造、变造、买卖、租借采伐许可证的规定，以与法律责任有关条款相衔接。宪法和法律委员会经研究，建议在草案二次审议稿第五十五条中增加两款规定：一是，采挖移植林木按照采伐林木管理。具体办法由国务院林业主管部门制定。二是，禁止伪造、变造、买卖、租借采伐许可证。

六、依照现行森林法第二十条第一款的规定，森林公安机关可以在国务院林业主管部门授权的范围内，代行有关条款规定的对破坏森林资源行为的行政处罚权。有的常委委员建议明确森林公安机关转隶后在森林防火、林业行政执法方面的职责。宪法和法律委员会经研究，根据森林公安机关管理体制调整后职能不变的要求，建议对草案二次审议稿作以下修改：一是，在第三十三条第一款中规定：县级以上人民政府组织领导应急管理、林业、公安等部门按照职责分工密切配合做好森林火灾的科学预防、扑救和处置工作；二是，增加规定：公安机关按照国家有关规定，可以依法行使本法第七十四条第一款、第七十六条、第七十七条、第七十八条规定的行政处罚权。

此外，还对修订草案二次审议稿作了一些文字修改。

12 月 4 日，法制工作委员会召开会议，邀请部分全国人大代表、专家学者、行业协会、国有林场、林业企业、乡镇政府、林业工作站、人民法院、立法联系点等方面的代表，就草案中主要制度规范的可行性、法律出台时机、法律实施的社会效果和可能出现的问题等进行评估。普遍认为，为适应我国森林保护和发展的需要，加快推进生态文明建设，对森林法进行修改非常必要。修订草案以习近平生态文明思想为指导，体现了绿水青山就是金山银山理念，坚持生态优先、保护优先，坚持森林资源可持续发展，吸收了国有林区和国有林场改革、集体林权制度改革等改革成果，较好地处理了保护与利用的关系，具体制度针对性和可操作性较强，切实可行，建议尽快通过实施。与会人员还对草案提出了一些具体修改意见，有的意见已经采纳。

修订草案三次审议稿已按上述意见作了修改，宪法和法律委员会建议提请本次常委会会议审议通过。

修订草案三次审议稿和以上报告是否妥当，请审议。

全国人民代表大会宪法和法律委员会

2019 年 12 月 23 日

全国人民代表大会宪法和法律委员会关于《中华人民共和国森林法（修订草案三次审议稿）》修改意见的报告

全国人民代表大会常务委员会：

本次常委会会议于12月23日下午对森林法修订草案三次审议稿进行了分组审议。普遍认为，草案已经比较成熟，建议进一步修改后，提请本次常委会会议表决通过。同时，有些常委会组成人员还提出了一些修改意见。宪法和法律委员会于12月24日上午召开会议，逐条研究了常委会组成人员的审议意见，对草案进行了审议。农业与农村委员会、司法部、国家林业和草原局的有关负责同志列席了会议。宪法和法律委员会认为，草案是可行的，同时，提出以下修改意见：

一、有的常委委员建议，在修订草案三次审议稿第二十五条第一款中增加县级以上人民政府林业主管部门“预防”林业有害生物的职责。宪法和法律委员会经研究，建议将这一款中的“治理”改为“防治”。

二、一些常委委员提出，造林绿化应当因地制宜，优化树种结构，提高质量，建议增加这方面的内容。宪法和法律委员会经研究，建议将修订草案三次审议稿第四十五条第一款修改为：各级人民政府组织造林绿化，应当科学规划、因地制宜，优化林种、树种结构，鼓励使用乡土树种和林木良种、营造混交林，提高造林绿化质量。

三、根据常委委员的审议意见，宪法和法律委员会建议，对修订草案三次审议稿作以下修改：一是，在第十九条第一款规定的集体林地经营权流转合同内容中增加“违约责任”；二是，将第五十三条第二款修改为：国家支持、引导其他林业经营者编制森林经营方案；三是，将第六十八条中的“给国家造成重大损失”修改为“造成生态环境损害”。

此外，根据常委会组成人员的审议意见，还对修订草案三次审议稿作了个别文字修改。

修订草案建议表决稿已按上述意见作了修改，宪法和法律委员会建议本次常委会会议审议通过。

修订草案建议表决稿和以上报告是否妥当，请审议。

全国人民代表大会宪法和法律委员会

2019 年 12 月 27 日

附录三：相关参阅资料

十三届全国人大常委会第十一次会议审议森林法修订草案的意见

十三届全国人大常委会第十一次会议对森林法修订草案进行了初次审议，现将主要意见简报如下：

一、总的意见

一些常委会组成人员和人大代表提出，为贯彻落实习近平生态文明思想，结合森林保护和林业发展面临的新形势新任务，对森林法进行修改是及时的、必要的。草案对森林权属、林地保护、林业发展、监督检查等内容作了修改完善，有利于规范和促进森林资源可持续利用和发展，维护森林生态安全。

有些常委委员建议对篇章结构作如下调整：有的委员建议将第五章“造林绿化”的内容整合到第四章“森林保护”中；有的委员建议增加一章“森林的分类”；有的委员和代表提出，第三章“发展规划”的章名和内容不符，建议将第三章的内容拆分到其他章节，或将拆分出来的有关条款单设“支持保障”一章；有的委员建议，将保障扶持措施整合，将第七章“监督检查”修改为“保障与监督”。

二、关于管理体制

1. 草案第四条规定，地方各级人民政府可以根据本行政区域森林资源保护发展需要，建立林长制。有的委员提出，森林不像流域和水体需要各方面协调，建立林长制没有必要。有的委员提出，大兴安岭林区是跨行政区域的，建议在“行政区域”后增加“（管理区域）”。

2. 草案第六条规定，县级以上地方人民政府林业主管部门，主管本行政区域的林业工作。乡镇承担林业工作的机构，负责辖区内的相关工作。没有相关机构的乡镇，设专职或者兼职人员负责林业工作。有的委员提出，关于基层机构和人员的规定要和其他法律相平衡，是否必须成立机构，建议研究。有的委员建议增加基层林业服务体系建设的内容。有的委员建议增加“军队造林绿化主管部门依照有关法律的规定，对军事区域林业资源实施监督管理”的规定。

3. 草案第三十条规定了各级政府和综合消防队伍的森林防火职责。有的委员提出，乡级政府职能有限，建议将乡级政府职责单列一款表述。有的委员提出，本条第二款已经规定了国家综合性消防队伍的扑救职责，建议删除第一款中政府“立即组织扑救”森林火灾的规定。有的委员建议将“划定森林防火区”改为“划定森林防火重点区”，同时建议保障专业扑火队伍的建制。

三、关于森林权属

1. 草案第十条规定了森林资源的所有权和使用权。有的委员提出，森林资源属于国家或者集体所有，而林木可以由其他组织和个人所有，在逻辑上是矛盾的，建议统筹界定森林资源、森林、林木、林地的概念和权属关系。有的委员建议增加“自留山”权属的内容。

2. 草案第十二条规定，国务院代表国家行使国有森林资源的所有权。国务院可以授权有关部门行使所有者职责，或者由有关部门委托省、自治区、直辖市人民政府代理行使所有者职责。有的委员提出，国务院授权部门行使所有者职责，不宜再由该部门委托省级人民政府代理行使所有者职责，省级政府以林业主管部门的名义来管理也不合适，建议对这个问题再作研究。

3. 草案第十三条规定，国家所有的森林、林木和林地可以依法确定给多种所有制的林业经营主体使用。取得国有森林、林木和林地的使用权的林业经营主体应当保证国有森林资源稳定增长。有的委员建议将“林业经营主体”修改为“单位和个人”。有的委员建议删除“多种所有制的”。有的委员建议用第二十二条中的“森林资源保护利用结构和布局，提高森林的覆盖率、森林质量、森林蓄积量，确保林地保有量不减少”替代“稳定增长”。

4. 草案第十四条、第十五条、第十六条对林地、林木的承包经营，以及采取出租（转包）、入股、抵押、转让等方式流转林地经营权、林木所有权和使用权作了规定。有的委员建议强调承包后鼓励林农发展合作经营的内容。有的委员建议增加集体林地“三权分置”改革、林下经济发展、规模化经营等内容。有的委员建议明确承包方流转其承包的森林、林木、林地时应征得发包方同意。有的委员提出，草案第十四条、第十五条出现流转林木所有权的概念，流转是出租（转包）、入股、抵押、转让的上位概念，对应的是林地承包经营权和林木使用权，现在对应到林木所有权是否合适，建议研究。有的委员提出，与农村土地承包法的规定相比，林地流转少了“互换”方式，建议研究。有的委员建议在集体林地经营权流转合同中加上“违约责任”和“解决合同争议的方法”。有的委员建议明确林地经营权由谁办证。有的委员建议，增加受让方“闲置林地连续十年以上的，发包方或者承包方有权收回林地的经营权”的规定。

5. 有的委员提出，军队已停止有偿服务，不能开展经营活动，建议删除草案第十七条中部队支配营造林木收益的规定。

6. 草案第二十条规定，各级人民政府因生态保护等公共利益需要作出的决定造成森林、林木、林地所有者或者使用者合法权益损失的，应当依照有关规定给予合理补偿。有的副委员长建议在“合理”前加上“及时”。有的委员建议将“因生态保护等公共利益”修改为“因生态保护和重大利益需要”。有的代表提出，本条规定实际上是一种征收行为，应当体现公益性、正常程序性、非歧视性和给予补偿四个原则。

7. 草案第二十一条规定了林木、林地权属争议解决方式。有的副委员长建议增加一款：国务院确定的重点林区产权纠纷，由国务院依法处理。有的委员提出，行政复议法规定，涉及到土地、森林等资源方面权属争议的，应先行政复议，行政诉讼法规定，法律、法规规定应当先向行政机关申请复议的，对复议不服再起诉。建议本条与行政诉讼法和行政复议法的规定相衔接。

四、关于林业发展规划和森林分类经营

1. 草案第二十二条规定了林业发展规划。有的委员建议把维护生物多样性纳入森林资源保护发展指标。有的委员提出，不应要求所有的县级以上政府都制定森林资源保护发展目标，都提高森林覆盖率。有的委员建议增加“调整优化森林生态结构”。有的委员建议明确规定实施国家、省、县三级林业发展规划，同时把林业经营方案和采伐限额细化到林业规划中。有的委员建议将“林业发展规划”改为“森林保护与发展规划”。

2. 草案第二十三条规定，国家根据森林经营管理与生态保护的需要，将森林生态区位重要或者生态状况脆弱，以发挥生态效益为主要目的的森林划定为公益林，实施严格保护。未划定为公益林的森林属于商品林。有的委员提出，公益林、商品林的划定应以生态区位为标准进行，而不是以森林为对象划定。有的委员建议将“生态区位”改为“生态功能”。有的委员建议将“商品林”改为现行法中的“经济林”。有的委员提出，现有的公益林范围过大，建议增加“兼用林”或者“多目标森林”的分类，我国约有一半的省份已经根据《全国森林经营规划（2016－2050年)》实施了公益林、商品林、兼用林三种分类。有的委员建议进一步明确公益林与生态保护红线的关系，以及与国家公园、自然保护区中森林的关系。有的代表提出，大部分贫困地区都属于生态脆弱区和重点生态功能区，如都被划为公益林的范畴，可能限制贫困地区的发展，建议再研究。

3. 草案第二十四条规定了公益林的划定范围。有的副委员长建议增加调整优化森林分类经营区划的规定，由国家统筹调整森林分类经营区域的“补进调出”。有的委员建议将第二款第(四）项“森林和陆生野生动物类型的自然保护区”改为“国家公园、森林和陆生野生动物类型的自然保护地”。有的委员建议增加“部队管理使用区域内公益林划定和管理的办法由国务院林业主管部门会同军队有关业务部门制定”。有的代表建议增加公益林退出机制。有的代表建议，将景区和公园的林木、城市人行道和住宅小区的林木划为公益林。

4. 草案第二十六条规定，国家对公益林实施森林生态效益补偿。有些常委会组成人员、专委会委员和人大代表建议，建立市场化、多元化的生态补偿机制，鼓励推行多种形式的横向生态效益补偿机制，逐步健全多种渠道的森林生态效益补偿体系；增加森林生态补偿制度的运行机制、资金渠道、资金运作监督等方面的规定，明确谁损害谁赔偿、谁受益谁付费、谁保护谁受偿的原则。有的委员建议在“主要用于公益林的经济补偿”后增加“和生态价值补偿”。有的委员提出，对于林农承包荒地植树造林以后被确定为公益林的，要更多采取租赁、赎买或者置换的补偿方式。有的委员建议，原则规定对非国有公益林在什么情况下采取征收、租赁、赎买、置换等措施。

五、关于森林保护

1. 草案第三十二条规定，建立以国家公园为主体的自然保护地体系，加强保护管理。国家支持干旱生态脆弱地区森林资源的保护修复。有的副委员长提出，脆弱生态系统不完全是干旱地区才有，“建议删除“干旱”。有的委员建议将“建立以国家公园为主体的自然资源保护地体系”改为“建立相关的自然保护地”。

2. 草案第三十三条规定，国家实行天然林全面保护制度。严格限制天然林采伐，保护和修复天然林资源，逐步提高天然林生态功能，具体办法由国务院制定。有的委员提出，天然林中的毛竹林不宜全面禁伐，建议删除“全面”和“严格”。有的委员建议在“保护和修复天然林资源”前增加“积极”二字。

3. 草案第三十四条规定了占用林地总量控制制度。王毅委员提出，草案对森林保护已规定了目标责任、考核评价、采伐限额、采伐许可等制度，实行占用林地总量控制制度值得商榷。有的委员建议明确总量控制指标由谁来制定、怎么制定、如何审批等。有的委员建议对林地实行分级分类管理，加强对自然山体的保护，加强对公益林地征收征用的严格控制。有的委员提出，本条规定没有提到“占补平衡”，与第二十二条规定的“确保林地保有量不减少”存在矛盾。

4. 草案第三十五条规定了占用林地审批。有的副委员长建议增加对林地承包经营者补偿的规定。

六、关于森林经营和造林绿化

1. 有的副委员长提出，草案第四十四条中的“自然与人工修复相结合”与党的十九大报告强调的“以自然恢复为主”不一致，建议修改。

2. 有的委员建议删除草案第四十八条中的森林经营方案需经林业主管部门批准的规定，或者改为备案。

3. 草案第五十条规定了采伐林木的基本要求。有的委员建议，在第一款第一项“公益林只能进行抚育和更新性质的采伐”中增加“低质林改造采伐”，将“严重自然灾害”修改为“自然灾害”。有的委员建议，将第一款第三项中的“实验区”改为“一般控制区”，与中央《关于建立以国家公园为主体的自然保护地体系指导意见》中新的分区管控规定相衔接。有的代表提出，公益林中的过熟林已经停止生长，功能下降，建议进行区别规定。

4. 草案第五十一条第二款规定，非林地上的农田防护林等防风固沙林、护路林、护岸护堤林和城镇林木等的更新采伐，由有关主管部门依照有关规定管理。有的副委员长提出，农田防护林、防风固沙林、护路林是并列关系，建议将“农田防护林等”中的“等”改为顿号。有的委员建议删除“城镇林木等”中的“等”字，并将“管理”改为“审核发放采伐许可证”。有的委员建议修改为：非林地上的林木采伐，不需办理采伐许可证。

5. 草案第五十三条规定了采伐许可证的核发主体。有的副委员长建议增加一款：隶属于地方林业部门的经营主体申请采伐许可证，由省级人民政府林业主管部门核发。有的委员提出，为体现“最严格”保护的原则，建议提高审批权限。有的委员建议删除第三款“采伐许可证的核发，应当采取措施，方便办理”。有的委员建议将第三款修改为：采伐许可证的核准和发放要简化程序，方便办理。

6. 草案第五十四条规定了采伐许可证的核发程序。有的委员提出，第四十八条对非国有的林业经营主体没有强制要求编制森林经营方案，本条将森林经营方案作为发放采伐许可证的条件不妥。有的委员提出，实行严格管理的公益林允许更新和抚育性质的采伐，第二款第一项“封山育林期、封山育林区的林木”不得核发采伐许可证的规定过严，建议增加“未经林业主管部门批准”。

7. 草案第五十九条规定了直接为林业生产经营服务的工程设施建设使用林地的审批。有的委员建议删除直接为林业生产经营服务的工程设施建设使用林地需要林业主管部门审批的规定，同时对第七项“其他林业生产服务设施”作出具体规定。有的委员提出，种子法中“种子”包括“苗木”，建议本条删除“苗木”。

七、其他建议

1. 有些常委会组成人员建议，在“森林保护”一章增加保护本土树种、保障森林安全、保持生物多样性、注意外来入侵物种防护等内容。

2. 有的委员建议，增加地方人民政府加强森林生态旅游建设和管理相关规定。

3. 有些常委会组成人员建议，对第三十八条中的“自然生境”作出解释。

4. 有的委员提出，草案删除了现行法第九条关于对民族自治地方的林业生产建设给予更多的自主权和经济利益的规定，建议慎重研究。

5. 有的委员和代表提出，草案删去了现行法中的防护林、特种用途林、用材林、经济林和能源林“五大林种”的概念，建议进一步研究。

6. 有的委员建议将本法中的林业主管部门改为林业和草原主管部门。

7. 有的副委员长建议理顺相关法律责任的逻辑顺序，确保民事责任履行为第一顺位；同时建议大幅提高毁坏林木的违法行为的处罚力度。有的委员建议加大对违反本法行为的处罚力度。

十三届全国人大常委会第十四次会议审议森林法修订草案二次审议稿的意见

十三届全国人大常委会第十四次会议对森林法修订草案二次审议稿进行了审议，现将主要意见简报如下：

一、总的意见

多数常委会组成人员、专委会委员和人大代表提出，森林法修订草案二审稿广泛吸收各方面意见，进一步强化了森林资源保护，完善了森林经营管理制度，主线更为清晰，重点更加突出，总体趋向成熟，建议抓紧修改，争取早日通过。

二、关于总则

1. 有的委员建议在草案二次审议稿第一条关于立法目的的规定中，增加“合理利用森林资源”的内容；有的委员建议将“为了践行绿水青山就是金山银山理念”放在句首，将“保障森林生态安全”修改为“保障生态安全”；有的代表提出，“践行绿水青山就是金山银山理念”与“建设生态文明”和“实现人与自然和谐共生”的含义重复，建议删除。

2. 草案二次审议稿第三条规定，保护、培育、利用森林资源应当尊重自然、顺应自然，坚持生态优先、保护优先、保育结合、可持续发展的原则。有的委员提出，基本原则应当体现林业特色，建议增加普遍护林、大力造林，采育结合、永续利用等表述；有的委员建议增加节约优先、自然恢复的原则。

3. 草案二次审议稿第四条规定，地方人民政府可以建立林长制。有的委员提出，目前政府有关责任已经很明确，现有管理制度已经比较成熟，建立林长制没有必要；有的提出，建立林长制属于管理体制的内容，建议移至第九条规定。

4. 草案二次审议稿第七条规定，国家建立森林生态效益补偿制度。国家加大公益林保护支持力度，完善重点生态功能区转移支付政策，指导受益地区和森林生态保护地区人民政府通过协商或者按照市场规则进行生态效益补偿。有的委员和代表提出，按照市场规则有多种评估规则，可能不适用于政府之间的补偿，建议删除“按市场规则”，按照国家规定给予生态效益补偿即可；有的委员建议增加“鼓励建立市场化、多元化生态补偿机制”的内容；有的委员建议体现碳汇交易的内容；有的代表提出，“受益地区”概念不太明确，建议规定界定的方法或者明确其范围。

5. 草案二次审议稿第十条规定，植树造林、保护森林，是公民应尽的义务。各级人民政府应当组织开展全民义务植树活动。有的副委员长提出，五届全国人大常委会第六次会议决定，每年3月12日为我国的植树节，建议增加规定“每年3月12日为义务植树日”；有的代表建议增加学校应当加强森林保护教育的内容。

三、关于森林权属

1. 草案二次审议稿第十三条第二款规定，国家所有的森林资源的所有权由国务院代表国家行使。国务院可以授权国务院自然资源主管部门统一履行国有森林资源所有者职责，国务院自然资源主管部门可以委托有关部门和省、自治区、直辖市人民政府代理履行所有者职责。有的委员提出，有关中央文件的表述是“探索建立委托省级和市（地）级政府代理行使自然资源所有权的资源清单和监督管理制度”，没有国务院自然资源主管部门可以委托有关部门的表述，建议对探索中的制度是否上升为法律再作研究。

2. 草案二次审议稿第十九条第二款规定，农村居民在房前屋后、自留地、自留山种植的林木，归个人所有。有的委员提出，本条和第五十五条中的“房前屋后”范围不确定，建议改为“宅基地”。

3. 草案二次审议稿第二十条规定，各级人民政府因生态保护等公共利益需要依照法定权限和程序作出的决定造成森林、林木、林地所有者或者使用者合法权益损失的，应当按照有关规定给予合理补偿。有的委员提出，本条的内容在第二十八条、第四十七条已有具体规定，建议删除；有的代表建议增加规定：“政府行为适用征收的，适用土地管理法征收的规定”；有的委员建议在最后增加“具体办法由各级人民政府制定”。

四、关于发展规划和森林保护

1. 草案二次审议稿第二十四条规定了林业发展规划。有的副委员长建议增加一款：“林业发展规划应当与主体功能区规划、土地利用总体规划、城乡规划和环境保护规划等相衔接。”

2. 草案二次审议稿第二十六条规定了森林资源调查监测制度。有的副委员长建议增加将监测情况向社会公布的内容。

3. 草案二次审议稿第三十条规定，建立以国家公园为主体的自然保护地体系。有的委员建议删除本条，为下一步国家公园立法留出立法空间；有的委员建议将“具有特殊保护价值的其他天然林区”改为“具有特殊保护价值的其他林区”。

4. 草案二次审议稿第三十一条规定了天然林全面保护制度。有的委员建议将天然林保护纳入公益林保护制度；有的委员建议增加“确定天然林保护重点区域”“加强天然林管护能力”等内容；有的建议将“严格限制天然林采伐”改为“限制天然林的商业性采伐”。

5. 草案二次审议稿第三十三条第二款规定，国家综合性消防救援队伍履行国家赋予的森林火灾预防和扑救职责。有的委员建议明确地方专业森林消防队伍的职责；有的委员建议明确“国家综合性消防救援队伍”是属于应急部门管理还是林业部门管理；有的委员建议将乡级政府的森林防火工作职责单列一款表述；有的委员建议设立市县两级森林草原防火机构，明确其工作职能。

6. 草案二次审议稿第三十五条规定，国家保护林地，严格控制林地转为非林地，实行占用林地总量控制，确保林地保有量不减少。各类建设项目占用林地不得超过本行政区域的占用林地总量控制指标。有的委员提出，地方的总量控制指标少，难以保障国家重大建设项目，建议增加“国家重点重大建设项目可以根据实际情况作调整”的规定；有的委员建议增加林地保护红线的规定；有的委员提出，林地保有量指标是不断调整的，建议将

“确保林地保有量不减少”改为“确保林地保有量管控指标的实现”。

7. 草案二次审议稿第三十六条规定了建设工程占用林地的审批和补偿。有的委员建议增加“国家建立林地占补平衡制度”的内容；有的代表建议将审批层级由县级以上改为省级以上。

8. 草案二次审议稿第四十四条第一款规定，国家投资或者以国家投资为主的造林绿化项目，应当按照国家规定使用林木良种。有的常委会组成人员提出，所有的造林绿化项目都应当使用林木良种，并采取措施提高良木成活率。草案二次审议稿第四十四条第二款规定，国家鼓励使用乡土树种，因地制宜营造混交林。有的委员建议明确优先选用乡土树种，科学建设异龄、复层、混交的近自然林。

五、关于造林绿化和经营管理

1. 草案二次审议稿第四十五条规定，各级人民政府应当采取自然恢复和人工修复相结合的措施保护修复森林生态系统；应当对国务院确定的坡耕地、严重沙化耕地、严重石漠化耕地、严重污染耕地等需要生态修复的耕地，有计划地组织实施退耕还林还草。有的副委员长提出，党的十九大报告提出要自然恢复为主、人工修复为辅，建议本条表述与之相一致。退耕还林还草的落脚点是“需要生态修复的耕地”，不是严重了才去修复，不严重就不去修复，建议删去三处“严重”。

2. 草案二次审议稿第四十七条第二款规定了公益林的划定范围。有的委员建议将“下列区域的林地和林地上的森林，应当划定为公益林”修改为“下列区域林地上的森林，应当划为公益林”；有的委员建议将第四项中的“自然保护区”改为“国家公园、自然保护区等自然保护地”；有的委员提出，应当将天然林全部纳入公益林范畴，建议将第七项“未开发利用的原始林地区”改为“所有天然林地区”。

3. 草案二次审议稿第四十九条第一款规定了国家鼓励发展的商品林范围。有的委员建议在“果品、油料、调料”后增加“饲料”。草案第四十九条第二款规定，国家鼓励建设速生丰产、珍贵树种和大径级用材林。有的委员提出，有的速生林可能破坏生态平衡，建议增加“科学、合理、因地制宜地选择商品林的树种，林业主管部门在认为有必要时，可以对树种的选择进行论证。”

4. 草案二次审议稿第五十一条规定，林业经营者在经营的林地范围内修筑直接为林业生产经营服务的工程设施，需要使用林地，符合国家有关部门规定的条件的，由县级以上人民政府林业主管部门批准，不需要办理建设用地审批手续。有的委员提出，第四项“林业科研，科普教育设施”范围过大，应当严格控制或者删除；有的委员提出，林业工程设施用地仍需办理建设用地审批手续；有的委员提出，自然资源部正在加快推进国土空间统一用途管控和使用许可，建议将审批部门改为县级以上人民政府自然资源主管部门，并删去第七项“其他直接为林业生产服务的工程设施”。

5. 草案二次审议稿第五十三条规定，省级人民政府林业主管部门根据消耗量低于生长量和森林分类经营管理的原则编制年采伐限额。有的意见提出，目前将不能砍伐的公益林的生长量也计算在内并不科学，建议明确将后备可采资源的生长量作为制订采伐限额的限制指标。

6. 草案二次审议稿第五十五条第二款规定，农村居民采伐自留地和房前屋后个人所有的零星林木不需要申请采伐许可证。

有的委员建议明确自留山和城镇居民采伐在自有房屋的庭院内种植的林木是否需要申请采伐许可证。有的委员提出，“零星林木”不好确定，建议删除“零星”。草案二次审议稿第五十五条第三款规定，非林地上的农田防护林、防风固沙林、护路林、护岸护堤林和城镇林木等的更新采伐，由有关主管部门按照有关规定管理。有的委员建议增加“除以生产木材为目的的商品林外”的限定；有的委员建议将“由有关主管部门按照有关规定管理”修改为“由有关主管部门依照有关规定发放采伐许可证”；有的委员建议明确非林地上的林木采伐不需要办证。有的委员建议第五十五条增加一款：“禁止伪造、变造、买卖、转让、租借采伐许可证”。

7. 草案二次审议稿第五十七条规定，申请采伐许可证，应当提交有关采伐的地点、林种、面积、蓄积、方式、更新措施和林木权属等内容的材料。有的委员建议在“林种”后增加“树种”。

8. 草案二次审议稿第五十八条规定，符合林木采伐技术规程的，审核发放采伐许可证的部门应当核发采伐许可证。但是，审核发放采伐许可证的部门不得超过年采伐限额发放采伐许可证。有的委员建议明确林木技术规程是否是发放许可的唯一条件，并细化有关林木采伐技术规程的规定；有的委员提出，应当对符合发放采伐许可证的条件但因当年采伐限额已经用完而无法获得采伐许可的申请人予以合理补偿；有的建议增加一款：“在采伐限额不足的情况下，优先满足符合森林经营方案的采伐申请。”

9. 草案二次审议稿第五十九条规定了不得核发林木采伐许可证的情形。有的委员提出，实行严格管理的公益林都允许更新和抚育性质的采伐，第一项规定“采伐封山育林期、封山育林区内的林木”不得核发采伐许可证的规定过严。第三项规定“上年度发生重大滥伐案件，森林火灾或者林业有害生物灾害，未采取预防和改进措施的”不好界定，建议修改。

10. 草案二次审议稿第六十条规定，采伐林木的组织和个人应当在当年或者次年完成更新造林。有的提出，为了森林抚育等目的对林木进行择伐的，不一定需要更新造林，建议将“采伐林木”修改为“采伐林木并形成迹地”。

11. 草案二次审议稿第六十四条规定，木材经营加工企业应当建立原料和产品出入库台账，不得收购非法来源的林木。有的副委员长提出，本条要与第七十八条规定的法律责任相衔接，建议改为“任何单位和个人不得收购、加工、运输非法来源的林木”。

12. 草案二次审议稿第六十八条规定，破坏森林资源给国家造成重大损失的，国务院自然资源主管部门及其委托的有关部门和地方人民政府可以依法向人民法院提起诉讼，对责任者提出损害赔偿要求。有的常委会组成人员建议增加社会组织和人民检察院可以提起公益诉讼的内容；有的委员建议将“给国家造成重大损失的”改为“给国家造成重大生态环境损害的”。

六、关于监督检查和法律责任

1. 有的委员建议明确森林公安的法律地位，规定其办理林业行政案件的范围和职责，或者规定建立林业行政综合执法机构承担林政执法具体工作，以弥补由于森林公安转隶导致的林业执法力量薄弱的情况。

2. 一些常委会组成人员和人大代表建议加大处罚力度。有的副委员长建议提高责令补种盗伐林木株数的倍数；有的代表建议提高擅自改变林地用途的罚款倍数；有的委员建议将有关条款中的“可以处”罚款改为“并处”罚款；有的委员建议增加“没收盗伐、滥伐的林木或者变卖所得”或者“没收违法所得”的内容。

3. 草案二次审议稿第七十四条规定了毁坏森林、林木的法律责任。有的委员提出，南方的宜林荒山荒地很少，补种一倍至三倍的树木难以操作，建议删去补种树木的规定，同时加大罚款力度，并明确罚款要专款专用于植树造林。

七、其他意见

有的委员建议增加“扶持保障”一章，或将“监督检查”一章修改成“扶持和监督”；有的常委会组成人员建议增加“信息公开和公众参与”一章或增加有关规定，并建议明确“森林”的概念；有的委员建议明确“森林资源”的概念；有的委员建议增加群众监督举报的内容；有的委员建议增加国家对农村集体和农户的生态效益补偿的规定；有的委员和代表建议将“林业主管部门”修改为“林业和草原主管部门”。

地方和中央有关部门
对森林法修订草案的意见

十三届全国人大常委会第十一次会议对森林法修订草案（以下简称草案）进行了初次审议。会后，法制工作委员会将草案印发各省（自治区、直辖市）、部分较大的市人大常委会、基层立法联系点、中央有关部门以及议案领衔代表、部分研究机构和企业等征求意见。现将主要意见简报如下：

一、关于管理体制

1. 草案第四条规定，地方各级人民政府对本行政区域森林资源保护发展负责，可以根据本行政区域森林资源保护发展需要，建立林长制。中央编办提出，森林资源保护发展既包括资源资产保值增值等产权管理，也包括生态空间用途管制和生态环境保护等，既涉及中央有关部门也涉及地方政府，地方政府主要是落实属地监管责任，不宜笼统规定地方政府对森林资源保护发展负责。四川和中国工程院、南京林业大学提出，实行地方政府森林资源保护发展目标责任制，实际已经包含了林长制的内容，没有必要再建立林长制，建议删去。

2. 草案第六条规定，国务院林业主管部门主管全国林业工作。县级以上地方人民政府林业主管部门，主管本行政区域的林业工作。乡镇承担林业工作的机构，负责辖区内的相关工作。没有相关机构的乡镇，设专职或者兼职人员负责林业工作。中央编办提出，根据机构改革精神，自然资源部统一行使全民所有自然资源资产所有者职责，统一行使所有国土空间用途管制和生态保护修复职责。全国林业工作的主管部门，应按照新的管理体制重新进行界定，明确自然资源部和国家林草局在林业工作上的职责关系。建议将草案中“县级以上地方人民政府林业主管部门”统一修改为“县级以上地方人民政府承担林业工作职责的部门”；将“乡镇承担林业工作的机构，负责辖区内的相关工作。没有相关机构的乡镇，设专职或者兼职人员负责林业工作”修改为“乡镇要明确承担林业工作的机构和人员，根据有关规定，在本区域内协助上级人民政府承担林业职责的部门开展工作”。上海建议明确涉林乡镇应设立乡镇林业站，或者在乡镇相关机构加挂林业站牌子，落实专人负责辖区内林业工作。重庆建议增加发挥基层自治组织在森林管理和监督中的作用的规定。

3. 草案第二十九条第二款规定，护林员由县级或者乡级政府聘用，发现火情及破坏森林资源的行为，应当及时处理并向当地林业等有关部门报告。陕西建议在护林员的聘用机关中增加“县级林业主管部门”。中央编办建议根据机构改革确定的应急管理体制，护林员发现火情后应当向当地森林防火指挥办公室报告，将向“林业等有关部门报告”改为“向有关部门报告”。湖南建议改为护林员发现火情，应当向当地人民政府和有关部门报告；发现破坏森林资源行为的，应当向当地林业等有关部门报告。

4. 草案第三十条规定了地方各级政府和国家综合消防队伍的森林火灾预防、扑救和处置职责。山东和应急管理部建议在各级政府的职责中增加组织开展防火宣传活动，普及森林防火知识的内容。应急管理部建议删去第二款综合消防队伍负责森林火灾预防中的“预防”二字，森林火灾预防属于林业部门的职责。广西建议增加规定，地方各级人民政府应当加强专业森林消防队伍建设。中国工程院建议增加，在林区设立防火工作小组，作为应急管理系统的组成部分，解决地方政府没有防火力量的困境。

二、关于森林权属

1. 草案第十条对森林资源的所有权和使用权及其登记作出了规定。安徽建议明确森林权属包括林地所有权、承包权、经营权，林木所有权、使用权。山西提出，森林资源属于国家或者集体所有，林木属于森林资源的一部分，又可以属于个人所有，逻辑上有矛盾，建议对森林资源的概念作出界定。江苏和南京林业大学建议将“由法律规定属于集体所有的除外”改为由法律规定属于集体“或者个人”所有的除外。社科院提出，森林是较为抽象的概念，最后登记的还是林地和林木，建议删去对“森林”的登记。有的地方建议明确为由不动产登记机构统一登记造册（陕西、广东、杭州，华南农业大学）。有的代表提出，对所有的森林、林木、林地都登记造册核发证书，工作量大且不易操作，对集体和个人所有的进行登记核发证书后，没有登记造册的就是国家所有的。甘肃建议增加规定，“省、自治区、直辖市所属的国有林业企业事业单位的林权证，由所在地的省、自治区、直辖市自然资源部门负责登记”。江西提出，自留山在南方普遍存在，在林改中也都发了林权证，建议增加自留山法律地位及管理的内容。

2. 草案第十二条规定，国务院可以授权有关部门行使所有者职责，或者由有关部门委托省、自治区、直辖市人民政府代理行使所有者职责。中央编办和江苏建议修改为“国务院授权国务院自然资源主管部门统一行使国有森林资源的所有权，国务院自然资源主管部门可以委托有关部门和省、自治区、直辖市人民政府代理行使所有者职责”；自然资源部建议修改为“国务院授权国务院自然资源主管部门履行国有森林资源资产所有者职责，国务院自然资源主管部门可以委托省、自治区、直辖市人民政府代理行使所有者职责”。湖南和武汉大学建议将“或者由有关部门委托”改为“或者由被授权的有关部门委托”。贵州建议明确“所有者职责”的含义，与行使所有权有何区别。

3. 草案第十三条规定，国家所有的森林、林木和林地可以依法确定给多种所有制的林业经营主体使用。山西建议将“多种所有制的林业经营主体”改为“公民、法人或者其他组织”，华南农业大学建议改为多种所有制的“森林”经营主体。

4. 草案第十六条规定了集体林地经营权的流转。江西提出，第二款有关受让方造成森林、林木、林地严重毁坏的，发包方或者承包方有权收回林地经营权的规定，与农村土地承包法规定的承包方可单方解除土地经营权流转合同的情形不一致，建议与农村土地承包法的规定相衔接。

5. 中央军委法制局提出，军队停止有偿服务后不能开展经营活动，建议删去草案第十七条中部队支配营造林木收益的规定。

6. 草案第十八条规定，“重点林区依照规定享受国家重点生态功能区转移支付等政策”。财政部提出，转移支付属于具体的财政支持政策，不宜由法律对具体转移支付项目直接作出规定，建议删去。

7. 草案第二十条规定，各级人民政府因生态保护等公共利益需要作出的决定造成森林、林木、林地所有者或者使用者合法权益损失的，应当依照有关规定给予合理补偿。中央政策研究室提出，“生态保护等公共利益需要”的范围过于模糊、宽泛，建议明确界定“公共利益需要”的范围。

8. 草案第二十一条规定了林木、林地权属争议解决方式。在林木、林地权属争议解决前，任何一方不得砍伐有争议的林木或者改变林地现状。最高人民法院建议将争议解决的主体明确为自然资源或者林业主管部门。司法部和自然资源部建议按照中央关于健全行政裁决制度的意见进行修改。司法部建议将这一条中的“依法处理”改为“作出行政裁决”；自然资源部建议将这一条修改为：“林地的所有权争议，当事人可以向县级以上地方人民政府申请行政裁决，也可以依法向人民法院提起诉讼”“其他林木、林地权属争议，当事人可以向乡级以上地方人民政府申请行政裁决，或者依法向人民法院提起诉讼”“当事人对有关人民政府的裁决决定不服的，可以依法申请行政复议，也可以依法向人民法院提起诉讼”。山西和农业农村部提出，现行法第十七条有关林木、林地所有权和使用权争议处理的规定与土地管理法有关土地所有权和使用权争议处理的规定是一致，为避免产生冲突，建议恢复现行法的规定。贵州提出，按照行政复议法的规定，涉及森林等自然资源权属争议的，应先行政复议，对复议不服的，可提起行政诉讼。建议与行政复议法的规定相衔接。湖南建议明确“其他林木、林地权属争议”的范围；最高人民法院提出，法院不具有单独解决权属争议的能力，其他林木、林地的权属争议也应规定对处理决定不服的才可提起诉讼；浙江建议明确对乡级政府处理决定不服的，可否申请行政复议；山西建议将其他林木权属争议中的林木所有权争议，由“乡级”以上政府处理，改为“县级”。四川、成都、长春建议增加规定，跨行政区域的林木、林地权属争议由双方共同的上一级人民政府依法处理，也可以依法向人民法院提起行政诉讼。海南建议增加争议解决前擅自砍伐有争议的林木或改变林地现状的法律责任的规定。

三、关于林业发展规划和森林分类经营

1. 江西和社科院、武汉大学提出，第三章“发展规划”中涉及森林发展规划的内容只有一条，章名与内容不符，建议将这一章的内容拆分到其他章节，或充实发展规划的内容，或者将章名改为“林业发展”。

2. 草案第二十二条规定了林业发展规划。国家发改委建议将“林业主管部门编制林业发展规划”修改为林业主管部门“会同有关部门”编制。自然资源部建议增加森林资源保护利用结构和布局“应依据国土空间规划确定”的内容。有的地方和单位建议增加林业发展规划与相关专项规划要与国土空间规划相衔接的内容（四川、广西、上海，西北政法大学）。海南建议根据中央关于建立国土空间规划体系的要求，增加规定："已经编制国土空间规划的，可以不再编制林地保护规划"。广西建议增加规定，林业发展规划及相关规划应报送自然资源主管部门纳入国土空间基础信息平台，实行一张图管控。

3. 草案第二十三条规定，国家根据森林经营管理与生态保护的需要，将森林生态区位重要或者生态脆弱，以发挥生态效益为主要目的的森林划定为公益林。未划定为公益林的森林属于商品林。司法部提出，草案新增了公益林、商品林、天然林等林业种类，又保留了用材林、经济林等原有划分，并在保护、经营、采伐等方面规定了不同的制度，这些概念之间存在一定的交叉，在理解与制度执行上容易出现分歧，建议作进一步梳理。中国工程院提出，公益林和商品林的二分法不能涵盖全部森林，建议增加"兼用林"一类。广东提出，现实中不仅将森林划为公益林和商品林，部分林地也已划为公益林或者商品林，建议在公益林和商品林划分中增加林地。江西建议增加规定："天然林视同公益林管理"。湖北建议明确公益林包括防护林和特种用途林，商品林包括用材林、经济林和能源林。

4. 草案第二十四条规定了公益林的划定范围及国家级公益林划定和管理的办法由国务院林业部门和财政部门制定。水利部建议将第二款第二项重要江河干流及支流两岸，限定为"管理范围外的区域"划定为公益林；江西建议在第三项"重要湿地、饮用水源地保护区和水库"后增加"划入生态保护红线的范围"划定为公益林。广东、海南和武汉大学建议在第四项"森林和陆生野生动物类型自然保护区"后增加"和各类自然保护地"；中国科学院建议将第五项中的“防风固沙林”改为“防护林”。有的地方、单位和人大代表建议增加“高速公路、大型市政设施、工业园区等周边用于隔离粉尘、噪声等污染的防护林带”（上海），“珍贵、稀有树种林地”（吉林市），“重要生态保护区”（西北政法大学），“沙漠化地带植被恢复林带”（李宗胜代表）应划定为公益林。农业农村部建议增加“天然橡胶生产保护区内的天然橡胶林”不划为公益林。交通运输部建议在国家级公益林划定和管理办法的制定部门中增加“会同有关部门”；农业农村部建议增加“涉及农业生产的天然橡胶林的，应当征求国务院农业农村主管部门的意见”；生态环境部建议增加“生态环境主管部门对公益林的划定进行评估与监督”。

5. 草案第二十五条对鼓励发展商品林作了规定。农业农村部提出，水果和中药材属于农作物，不属于森林和林木，建议将第二项中的“果品”改为“干果”，并删去“药材”。

6. 草案第二十六条规定，国家对公益林实施森林生态效益补偿。财政部提出，生态效益补偿的具体范围尚在探索，对非国有公益林的租赁、赎买、置换等，目前仅在福建等个别省自主开展试点，还存在资金筹措压力大、增加地方政府隐性债务风险、影响公益林划定等问题，在试点地区充分总结经验、完善改革思路之前，暂不宜由法律作出规定。因公共利益确需征收非国有林的行为，目前都是地方行为，由地方自主实施，经费应纳入地方预算，地方人民政府应作为审批主体和补偿支付主体。建议将这一条修改为：“国家建立森林生态效益补偿制度，所需资金由中央和地方共同承担。因公共利益确需征收非国有林的，地方人民政府应当依法审批并足额支付补偿”。国家林草局建议增加国家建立政府主导、企业和社会参与，多元化、可持续的森林生态效益补偿机制，积极推动地区间建立横向森林生态效益补偿的内容。内蒙古建议细化森林生态效益补偿制度，明确谁损害谁赔偿、谁受益谁付费、谁保护谁受偿的原则，科学界定生态保护者和受益者的权利义务。国家民委建议明确，民族地区生态效益补偿标准适当高于一般地区。杭州建议增加定期调整森林生态效益补偿标准的内容。江苏、贵州建议授权省级政府根据经济社会发展水平调整森林生态效益补偿标准。广东和西北政法大学、华南农业大学建议增加森林碳汇交易制度的规定。

7. 草案第二十七条规定了森林资源调查监测制度。广西和自然资源部建议明确自然资源主管部门负责全国森林资源调查监测工作。国家统计局建议删去“调查”二字，避免统计调查之间的交叉重复。江苏建议增加规定，森林资源调查监测评价信息由县级以上人民政府自然资源主管部门统一对外发布。生态环境部建议增加规定，“国务院生态环境主管部门对森林生态系统状况及保护成效进行调查与监测”。

四、关于森林保护

1. 应急管理部建议在森林保护一章中增加在林区进行开发建设，应同步或配套建设森林防火设施的内容。

2. 草案第二十八条规定，国家对森林实行全方位、全地域、全过程的保护，提升森林生态系统质量和稳定性。江西提出，“全方位、全地域、全过程”保护的内涵不明确，建议改为“系统”保护。

3. 草案第三十二条第一款、第二款规定，国家在不同自然地带和具有特殊保护价值的其他天然林区，建立以国家公园为主体的自然保护地体系；支持干旱生态脆弱地区森林资源的保护修复。安徽建议将“建立以国家公园为主体的自然保护地体系”，修改为建立以国家公园为主体“自然保护区为基础、各类自然公园为补充”的自然保护地体系。广东、重庆和华南农业大学提出，天然林区范围较窄，不能涵盖有重要生态价值的次生林区、人工林区等，建议删去“天然”。中国科学院提出，生态脆弱地区还包括高寒、石漠化等地区，建议删去“干旱”。西北政法大学建议对“天然林区”作出界定。生态环境部建议增加“国务院生态环境主管部门组织制定各类自然保护地生态环境监督管理制度并监督执法”。

4. 草案第三十三条规定，国家实行天然林全面保护制度。严格限制天然林采伐，保护和修复天然林资源，逐步提高天然林生态功能。内蒙古和中科院建议完善天然林保护工程制度建设，对天然林中的商品林，以及集体和个人所有的天然林中的商品林的管理作出规定。有的地方和单位建议将“严格限制天然林采伐”改为严格限制或者全面禁止天然林“商业性”采伐（湖北、陕西、贵州和中国工程院）。

5. 草案第三十四条规定，国家实行占用林地总量控制，纳入国土空间规划和土地利用计划统一管控，各类建设项目占用林地不得超过本行政区域的总量控制指标。自然资源部建议删去“土地利用计划”。中国工程院建议增加“占补平衡”相关措施。中央军委法制局提出，为保障军事设施建设项目，减轻地方政府占用林地总量控制压力，建议改为“除军事设施建设项目外”的其他各类建设项目占用林地不得超过本行政区域的总量控制指标。

6. 草案第三十五条规定，占用林地应经林业部门审核同意，依法办理建设用地审批手续。用地单位应当缴纳森林植被恢复费。森林植被恢复费征收使用管理办法由财政部门会同林业主管部门制定。司法部提出，草案的规定删去了现行法第十八条中的“征收、征用”林地，只保留了“占用”林地，建议明确占用林地是否涵盖征收、征用林地的情形。自然资源部建议按照“放管服”改革的精神，增加规定：“占用林地审核手续和农用地转用审核手续并行办理”。财政部提出，“不得挪用森林植被恢复费”，还是基于专款专用管理制度下的规定。目前，森林植被恢复费已列为一般公共预算，不再作为专款专用管理，相关支出由林业改革发展资金统筹安排，从明年开始作为中央与地方共同事权，以一般性转移支付予以安排。建议删去“任何组织和个人不得挪用森林植被恢复费。县级以上人民政府审计机关应当加强对森林植被恢复费使用情况的监督”的规定。青海建议对森林植被恢复费的征收部门、征收标准和使用范围作出规定。中央军委法制局建议明确“军事设施建设项目”占用林地免征森林植被恢复费。贵州建议增加被占用林地的当事人有权获得补偿的规定。

7. 草案第三十六条规定，临时使用林地应经林业主管部门批准。自然资源部提出，为减少行政相对人的负担，可将临时使用林地管理并入临时用地管理，建议修改为，临时使用林地的，“应办理临时用地审批手续，审批机关应当征求相关林业主管部门的意见”。广西建议增加因特殊情况，超过二年期限继续临时使用林地的，应向林业主管部门申请延续的规定。

8. 草案第三十八条规定，国家保护古树名木和珍贵树木，禁止破坏其自然生境。四川、浙江提出，珍贵树木包含古树名木，建议删去“古树名木”。江西和司法部建议对“自然生境”作出解释，湖南建议改为“自然生态环境”。

五、关于造林绿化

1. 住建部建议在造林绿化一章中增加规定“国务院住房和

城乡建设主管部门组织开展城市规划区内的造林绿化工作”，“城镇绿化的具体管理办法由国务院住房和城乡建设主管部门会同林业主管部门制定”；江西建议增加各级人民政府应当逐步增加造林绿化投入，对造林绿化的单位和个人给予补助的内容。

2. 住建部建议删去第四十条中的“推动森林城市建设”。

3. 草案第四十一条规定了各级政府组织单位和个人完成造林绿化任务。城市规划区内、铁路公路两侧等区域，由各有关主管部门开展造林绿化。住建部建议增加“国务院有关造林绿化主管部门按照各自职责分工，指导监督造林绿化工作”。自然资源部提出，国土空间规划将实现全域全要素管控，不再区分城市规划区，建议删去“城市规划区内”的表述。章联生代表建议在开展造林绿化的有关区域中增加“水土流失治理区”。

4. 草案第四十二条规定，有劳动能力的适龄公民，应当履行植树造林义务。司法部建议明确“有劳动能力的适龄公民”的含义。贵州建议将这一条移到总则。

5. 草案第四十四条第二款、第三款对退耕还林还草的范围和实施森林生态修复工程作出了规定。国家发改委、自然资源部提出，退耕还林还草是国务院部署的专项工作，需根据不同时期具体情况确定退耕的范围和规模。建议对退耕的范围不做具体规定。自然资源部提出，因自然因素导致森林、林木、林地毁坏的各类区域，应当按照国土空间规划和适宜性评价，开展生态修复治理，不仅限于森林修复。建议删去这一款。江西建议增加规定，“国家鼓励单位和个人对废弃矿山进行修复，给予政策和资金支持并优先办理林地使用权证”。

六、关于森林经营和采伐

1. 国务院发展研究中心建议在森林经营一章中明确森林经

营的范围包括森林、林木和林地，明确在森林经营管理中林业主管部门和市场监管部门及其他政府管理部门的职责分工。

2. 草案第四十六条对公益林的经营作了规定。中央编办提出，根据中央关于国有林场改革的要求，国有林场属于面向社会提供公益服务的事业单位，应当强化其公益属性，将社会效益放在首位，可以按照有关规定适度开展林下经济活动，但不得开展森林旅游、康养、文化产业等与主业无关的经济活动，建议将这一条修改为“公益林实施严格保护。要坚持事企分开，在符合公益林所在生态保护要求和不影响公益林生态功能的前提下，可以合理利用公益林林地资源和森林景观资源，适度开展林下经济活动，取得的收入按国家有关规定使用和监管”。

3. 草案第五十条规定了采伐林木的基本要求。江西、湖南建议在第一款第一项“公益林只能进行抚育和更新性质的采伐”中增加“低效林改造”，将“严重自然灾害”改为“自然灾害”。兰州建议明确第二项商品林应当控制皆伐面积中的“皆伐面积”的含义。司法部提出，第三项自然保护区的实验区的竹林可以采伐的规定，与自然保护区条例的规定不一致，降低了自然保护区保护的要求；有的地方和部门提出，根据中央《关于建立以国家公园为主体的自然保护地体系指导意见》的要求，自然保护区原则上按核心区和一般控制区进行管理，不再区分“实验区”，建议将“实验区”改为“一般控制区”（海南、陕西、四川，国家林草局）。广东建议在可以采伐的“竹林”后增加“实验林”，广西建议增加“人工商品林”，华南农业大学建议将“竹林”改为“林木”；中国科学院建议将“自然保护区”改为“自然保护地”；辽宁建议明确自然保护区内林农个人所有的用材林和薪炭林应允许采伐。

4. 草案第五十一条规定，采伐林地上的林木应申请采伐许可证，采伐自留地和房前屋后个人所有的零星林木除外。非林地上的农田防护林等的更新采伐，由有关主管部门依照有关规定管理。广东、哈尔滨、湖北襄阳提出，自留地和房前屋后个人所有的零星林木，不属于林地的范围，本来就不需要办理采伐许可证，建议删去这一句。山西建议将“房前屋后”改为“宅基地”。

5. 草案第五十三条规定了采伐许可证的核发主体。广东建议将第二款中“个人承包集体的林木”改为“家庭承包山的林木”。贵州和西北政法大学建议删去第三款“采伐许可证的核发，应当采取措施，方便办理”。

6. 草案第五十四条规定了采伐许可证的核发程序及不予发放采伐许可证的情形。贵州提出，第四十八条对非国有林业经营主体没有强制要求编制森林经营方案，本条将森林经营方案作为发放采伐许可证的条件不妥。实行严格管理的公益林都允许更新和抚育性质的采伐，第二款第一项“封山育林期、封山育林区内的林木”不得核发采伐许可证的规定过严；重大滥伐案件、森林火灾或者林业有害生物灾害的发生并非林业经营主体或者申办采伐许可证当事人的完全责任，第三项“上年度发生重大滥伐案件、森林火灾或者林业有害生物灾害，未采取预防和改进措施”不得核发采伐许可证的规定不妥。

7. 广西、辽宁、海南建议保留现行法第三十七条中的木材运输证。

8. 海关总署建议恢复现行法第三十八条有关进出口珍贵树木，应经林业部门批准，并取得国家濒危物种进出口管理机构核发的允许进出口证明书的规定。

9. 草案第五十九条规定，在经营的林地范围内修筑直接为林业生产经营服务的工程设施，需要使用林地的，由林业主管部门批准。自然资源部建议增加规定，“涉及林地用途转为建设用地的，依法办理建设用地审批手续”。

七、其他意见

1. 国务院发展研究中心建议在第一条立法目的中增加“规范森林、林木、林地的经营管理”；杭州建议增加“促进乡村振兴”；广东建议将“保障森林生态安全”改为“保障国家生态安全”。有的地方和单位建议删去立法目的中“践行绿水青山就是金山银山理念”（贵州、广东，社科院、西北政法大学、华南农业大学、南京林业大学）。

2. 住建部建议在第二条调整范围中增加“造林绿化”。

3. 草案第三条规定了保护、培育、利用森林资源的原则。中央编办建议将“生态优先”改为“节约优先”。陕西建议增加“自然恢复为主”，江西建议增加“合理利用”的原则。

4. 草案第六十二条规定，林业主管部门依法查处破坏森林资源的行为以及不履行本法规定义务的行为。中央政策研究室提出，“不履行本法规定义务的行为”覆盖对象过于宽泛，建议删去。

5. 草案第六十四条规定了生态环境损害赔偿诉讼制度。浙江和最高检察院、西北政法大学提出，本条将生态环境公益诉讼和生态环境损害赔偿诉讼规定在一起，容易产生混淆，建议分别作出规定。

6. 草案第七十五条规定，未完成更新造林任务的，对直接负责的主管人员和其他直接责任人员依法给予处分。国家监察委提出，承担更新造林任务的主体是采伐林木的组织和个人，相关人员不一定都属于公职人员，建议对此规定再作研究。

7. 应急管理部建议在法律责任一章中增加规定，在森林防火期内，未经批准擅自在林区野外用火的，由林业主管部门给予罚款，情节严重的由公安机关处以行政拘留。

森林法修订草案向社会公众征求意见的情况

2019 年 7 月 5 日至 2019 年 8 月 3 日，森林法修订草案在中国人大网公布，向社会公开征求意见，其间，共收到 233 位社会公众提出的 862 条意见，还收到单位和个人的来信 8 封。现将主要意见简报如下：

一、关于总则

1. 有的建议在草案第一条立法目的中增加“根据宪法制定本法”；有的建议将该条中的“绿水青山就是金山银山理念”修改为“绿色发展理念”。

2. 草案第三条规定，保护、培育、利用森林资源应当坚持生态优先、保护优先、保育结合、可持续发展的原则。有的建议在“生态优先”后增加“节约优先”。

3. 草案第四条规定，地方各级人民政府对本行政区域森林资源保护发展负责，可以根据本行政区域森林资源保护发展需要，建立林长制。有的提出，林长制是否值得推广还有争议，建议删去。

4. 草案第五条第一款规定，各级人民政府应当保障生态保护修复和林业发展的投入。有的建议在“生态”前增加“林业”

或者“森林”。

二、关于林业发展规划和森林分类

1. 有的建议将草案第二十二条第一款中的“确保林地保有量不减少”修改为“确保林地保有量符合规划目标”，有的建议修改为“确保生态区位重要的地区林地不减少”，有的建议删去“确保林地保有量不减少”。

2. 草案第二十三条规定，国家根据森林经营管理与生态保护的需要，将森林生态区位重要或者生态状况脆弱，以发挥生态效益为主要目的的森林划定为公益林，实施严格保护。未划定为公益林的森林属于商品林。有的建议除公益林和商品林外，在分类中增加“兼用林”，有的建议增加“天然林”，并将《天然林保护修复制度方案》的有关内容纳入本法。有的建议将分类对象由“森林”修改为“森林、林地”。有的建议在公益林中增加“生态保护红线内的森林”。

3. 草案第二十四条规定了公益林的划定权限和划定范围。有的建议在第二款规定的应当划为公益林的区域中增加“天然林保护重点区域”“野生动物重要栖息地”“各级各类自然保护区和所有天然林”，有的建议将第二款第三项中的“水库周围”修改为“大型水库周围”。有的建议将第三款中“应当征求权利人意见”删去或者修改为“应当书面告知权利人”。

4. 草案第七十九条规定了本法中森林等用语的含义。有的建议在森林按照用途分类中增加“药材林”。有的建议增加将林地按类型划分为公益林地、纯林地、宜林地的规定。

三、关于森林保护

1. 草案第三十二条第二款规定，国家支持干旱生态脆弱地区森林资源的保护修复。有的建议删去“干旱”。

2. 草案第三十三条规定，严格限制天然林采伐，保护和修复天然林资源。有的提出，天然林还包括天然毛竹林、杂灌、残次林，这部分天然林不宜严格限制采伐，建议进一步明确严格限制采伐的范围。

3. 草案第四十四条第二款规定，各级人民政府应当对二十五度以上坡耕地等需要生态修复的耕地，有计划地组织实施退耕还林还草。有的提出，有的坡耕地没必要退耕还林还草，对退耕还林还草应根据具体情况判断，不宜一刀切。

四、关于森林经营

1. 草案第四十七条第一款规定，商品林由林业经营主体依法自主经营。在不破坏生态的前提下，可以采取集约化经营措施。有的提出，“不破坏生态”的表述过于模糊，在实践中缺乏可操作性，建议制定更为科学合理的判断标准。

2. 草案第四十九条规定了国家严格控制森林年采伐量以及年采伐限额的编制要求。第五十一条第一款规定，采伐林地上的林木应当申请采伐许可证，并按照采伐许可证的规定进行采伐；采伐自留地和房前屋后个人所有的零星林木除外。有的提出，对商品林规定年采伐限额和需要办理采伐许可证，有可能影响群众经营林业的积极性，在实践中执法也存在困难，建议对商品林不做采伐限额和办理采伐许可证的要求。有的建议规定按照批准的森林经营方案采伐林木的，采伐前向林业主管部门备案即可，不再办理采伐许可证。

3. 草案第五十七条规定，木材经营加工企业应当建立原料和产品出入库台账。不得收购非法来源的林木。有的提出，建立原料和产品出入库台账属于企业内部管理范畴，不宜在森林法中作出规定。

4. 草案第五十八条规定，林业经营主体可以自愿申请森林认证，促进森林经营水平提高和可持续经营。有的提出，森林认证属于市场机制，不宜在法律中规定，建议删去。

5. 草案第五十九条规定了直接为林业生产经营服务的工程设施建设使用林地的审批。有的建议规定允许林业经营主体在经营的林地范围内自主修建一定面积的生产服务设施，超出一定面积的，应当经过批准。

6. 草案第六十条规定了县级以上人民政府依法对森林保险提供保险费补贴。有的建议规定由省、市两级人民政府提供保险费补贴。

五、其他意见

1. 有的建议将法名修改为“森林资源保护法”，以体现本法的核心是对森林资源的保护。

2. 草案第十六条第二款规定，受让方造成森林、林木、林地严重毁坏的，发包方或者承包方有权收回林地经营权。有的建议增加受让方“违反法律规定或者合同约定”的限定条件。

3. 草案第二十条规定，各级人民政府因生态保护等公共利益需要作出的决定造成森林、林木、林地所有者或者使用者合法权益损失的，应当依照有关规定给予合理补偿。有的建议增加补偿依据或者补偿标准由国务院制定的规定。

4. 有的建议调整草案的篇章结构，将第三章“发展规划”修改为“森林经营管理”，将第六章“森林经营”修改为“森林采伐”，并调整相应的条文布局。

5. 草案第六十一条规定，县级以上人民政府应当对下级人民政府完成森林资源保护发展目标和森林防火、重大林业有害生物防治工作的情况进行考核，考核结果应当向社会公开。有的建议在考核内容中增加“珍贵动植物保护”。

6. 草案第八章中对违法行为规定了处恢复植被和林业生产条件所需费用二倍以下的罚款、处盗伐林木价值五倍以上十倍以下的罚款。有的提出，恢复植被和林业生产条件所需费用、盗伐林木价值在实践中难以确定，可操作性不强，建议规定为具体的罚款数额。

7. 有的建议将草案中的“林业经营主体”修改为“森林经营单位和个人”。

8. 草案删去了现行法律中关于木材运输证、木材检查站的规定。有的建议保留关于木材检查站的规定。

森林法修订草案二次审议稿向社会公众征求意见的情况

2019 年 10 月 31 日至 11 月 29 日，森林法修订草案二次审议稿向社会公开征求意见。其间，共有 122 位公众提出了 201 条意见，还收到群众来信 1 封。现将主要意见简报如下：

一、总的意见

多数意见提出，草案二次审议稿适应了我国经济社会发展的需要，主要制度切实可行，总体修改得比较好。有的意见提出，草案二次审议稿的有关制度还不够全面，强调林业主管部门管理职权较多，对林业主管部门的责任、公众参与等规定得不够。

二、关于森林保护

1. 有的意见提出，全面停止天然林商业性采伐，对个人和集体收益影响较大，建议将所有天然林都划入公益林进行保护；有的建议增加天然林保护补偿的内容。有的意见提出，实践中有的林业主管部门因怕担责任，导致公益林管护资金闲置，没有发放到林地所有权和使用权人手中，建议强化公益林管护资金的使用和管理。

2. 有的意见提出，草案二次审议稿第三十三条只规定了地方各级人民政府森林防火的职责，建议增加各级林业主管部门森林防火的职责。

3. 有的意见提出，草案二次审议稿第三十五条规定实行占用林地总量控制，确保林地保有量不减少，建议增加林地占补平衡制度，以切实做到林地保有量不减少。有的意见提出，草案二次审议第三十六条规定占用林地由林业主管部门审核同意，并办理建设用地审批手续，由林业、自然资源两个部门重复审批不符合简政放权的要求，建议进行整合。

4. 草案二次审议稿第四十五条第三款规定，因毁林开垦等人为活动导致森林、林木、林地毁坏的，由毁坏人负责修复。有的建议明确修复的时限以及未按时修复应承担的法律责任。

三、关于经营管理

1. 有的意见提出，为保障年采伐限额编制的科学性，建议在草案二次审议稿第五十三条中增加规定，省级政府林业主管部门编制年采伐限额应当征求国务院林业主管部门的意见。

2. 有的意见提出，电力线路走廊下的公益林不及时采伐会影响电线安全，建议在草案二次审议稿第五十四条第一款允许公益林采伐的情形中增加“消除安全隐患”。

3. 有些意见提出，林木采伐管理应当兼顾生态保护和林农生产生活，公益林应当严格保护，商品林应当放活，允许所有权人自主采伐。有的意见提出，草案二次审议稿第五十九条第四项中对禁止采伐的兜底情形不宜由林业主管部门规定。

4. 有的意见提出，实践中采伐许可证等证件的发放不透明、办事难的现象比较严重，建议进一步简政放权，优化办事程序。有的建议删去第五十六条关于县级林业主管部门委托乡镇政府核发采伐许可证的规定，以防止天然林滥伐。

5. 草案二次审议稿第六十条规定，采伐林木的组织和个人应当在当年或者次年完成更新造林。有的意见提出，更新造林受客观条件限制可能无法在当年或者次年完成，建议改为“按照有关规定”完成更新造林。

四、关于法律责任

1. 有的建议增加破坏古树名木和珍贵树木的法律责任；有的建议加大对盗伐、滥伐林木的处罚力度。

2. 有的意见提出，草案二次审议稿第七十四条、第七十六条规定按照毁坏、盗伐的林木价值进行罚款，实践中有的天然林难以确定价值，建议改为根据需要补种的费用处以罚款。有的意见提出，关于补种树木的规定在实践中执法成本较高，建议改为其他形式的处罚。

3. 有的建议草案二次审议稿第八十条明确对拒绝、阻碍监督检查行为实施处罚的主体。

五、其他意见

1. 有的建议将草案二次审议稿第一条中的“绿水青山就是金山银山理念”的表述，改为“绿色发展理念”。

2. 有的建议在总则中增加鼓励森林资源保护宣传方面的内容；有的建议增加林业综合执法的内容；有的建议增加社会组织提起公益诉讼的内容。

3. 草案二次审议稿第八十三条规定，林地是指县级以上人民政府规划确定的用于发展林业的土地。有些意见建议将“规划”改为“土地利用总体规划或者国土空间规划”。

宪法法律委、农委、法工委座谈会对森林法修订草案的意见

9月12日，宪法法律委、农委、法工委联合召开座谈会，听取中央有关部门、人大代表、企业、基层干部及专家学者对森林法修订草案的意见。现将主要意见简报如下：

一、关于管理体制和森林权属

1. 草案第四条规定了地方各级人民政府对本行政区域森林资源保护发展负责，可以根据森林资源保护发展需要，建立林长制。中央编办提出，森林资源保护发展既包括资源资产产权管理，也包括生态空间用途管制和生态环境保护，既涉及中央部门也涉及地方政府，不宜笼统地讲地方政府对森林资源保护发展负责。有的专家建议删除林长制定相关规定。

2. 草案第六条规定，国务院林业主管部门主管全国林业工作。县级以上地方人民政府林业主管部门，主管本行政区域的林业工作。乡镇是承担林业工作的机构，负责辖区内的相关工作。没有相关机构的乡镇，设专职或者兼职人员负责林业工作。中央编办建议将本条修改为“国务院林业主管部门主管全国林业工作。县级以上地方人民政府承担林业工作职责的部门，主管本行政区域的林业工作。乡镇要明确承担林业工作的机构和人员，根

据有关规定，在本区域内协助上级人民政府承担林业工作职责的部门开展森林资源调查、森林防火、有害生物防治、科技推广和社会化服务等事务性工作”。有的单位建议增加一款“国务院确定的国家所有的重点林区的森林资源，由国务院林业主管部门直接或者委托授权经营。”

3. 草案第十二条规定，国务院代表国家行使国有森林资源的所有权。国务院可以授权有关部门行使所有者职责，或者由有关部门委托省、自治区、直辖市人民政府代理行使所有者职责。中央编办、自然资源部、国家林草局建议按照中央关于自然资源产权制度改革的文件修改。中央编办建议修改为“国务院授权国务院自然资源主管部门统一行使国有森林资源的所有权，国务院自然资源主管部门可以委托有关部门和省、自治区、直辖市人民政府代理行使所有者职责。”

4. 草案第二十一条规定了林地、林木权属争议的处理程序。司法部和自然资源部建议按照党中央关于健全行政裁决制度的意见进行修改，将“政府处理”改为“政府裁决”。最高人民法院建议由自然资源或林业主管部门作为争议解决主体，沿用现行法关于林权权属争议行政处理前置的方式，不对争议内容进行划分。农业农村部建议恢复现行法的规定，以免与土地管理法产生冲突。有的单位建议明确国有林区林木、林地权属争议由国务院自然资源主管部门依法处置。

二、关于森林保护和造林绿化

1. 草案第二十二条规定，县级以上人民政府应当合理规划森林资源保护利用结构和布局，制定森林资源保护发展目标。县级以上人民政府林业主管部门应当根据本级森林资源保护发展目标，编制林业发展规划。自然资源部建议在合理规划森林资源保护利用结构和布局之前增加"应当依据国土空间规划"。国家发展改革委提出，森林资源的保护、培育、建设涉及国土空间规划、水资源、经济社会发展多方面，建议将编制主体"县级以上人民政府林业主管部门"修改为"县级以上人民政府林业主管部门会同同级有关部门"。

2. 草案第二十九条第二款规定了护林员可以由县级或乡级人民政府聘用，发现火情、林业有害生物以及破坏森林资源的行为，应当及时处理并向当地林业等有关部门报告。中央编办提出，护林员既可以由政府聘用，也可以由森工企业聘用，建议删除关于护林员的聘用规定；同时将"向当地林业等有关部门报告"修改为"向当地有关部门报告。"

3. 草案第三十条第一款规定了地方人民政府的森林防火职责。第二款规定，国家综合性消防救援队伍履行国家赋予的森林火灾预防和扑救职责。应急管理部建议在第一款增加一项"组织开展防火宣传活动，普及森林防火知识"；将第二款"森林火灾预防和扑救职责"修改为"森林火灾扑救等职责"。林科院肖文发教授建议将第一款第一项的"划定森林防火区"修改为"划定森林防火重点区"。有的全国人大代表建议明确改革后的森林公安和林场专业防火队的归属，并对管理体制予以规范。

4. 草案第三十三条规定了国家实行天然林全面保护制度。司法部建议删除该条或者把天然林保护制度进一步细化，以厘清天然林和公益林、商品林的关系。生态环境部建议将"保护和修复天然林资源"修改为"保护和修复森林生态系统"。有的专家建议将"严格限制天然林采伐"修改为"禁止天然林商业性采伐"。

5. 草案第三十四条规定了国家保护林地，实行占用林地总量控制。自然资源部建议将"纳入国土空间规划和土地利用计划统一管控”修改为“纳入国土空间规划统一管控”。中央军委法制局建议在“各类建设项目占用林地不得超过本行政区域的总量控制指标”前增加“除军事设施建设项目外”。

6. 草案第三十五条规定了占用林地应当经县级以上人民政府林业主管部门审核同意，依法办理建设用地审批手续，缴纳森林植被恢复费；任何组织和个人不得挪用森林植被恢复费。中央军委法制局建议增加“军事设施建设项目免征森林植被恢复费”。司法部提出，草案删去了现行法中的“必须占用或者征收、征用林地”中的“征收、征用”，建议明确征收、征用林地是否需要经过林业部门审核并办理建设用地审批手续。自然资源部建议按照“放管服”的改革精神，增加“占用林地审核手续和农用地转用审核手续并行办理”的规定。财政部提出，森林植被恢复费转列一般公共预算，由林业改革发展资金统筹安排，建议删除“任何组织和个人不得挪用森林植被恢复费”的规定。

7. 草案第三十六条第一款规定了需要临时使用林地的，应当经县级以上地方人民政府林业主管部门批准。自然资源部建议修改为“临时使用林地的，应办理临时用地审批手续，审批机关应当征求林业主管部门的意见。”

8. 草案第三十八条规定，国家保护古树名木和珍贵树木。禁止破坏古树名木和珍贵树木及其自然生境。司法部建议在附则中增加对“自然生境”的名词解释。有的专家建议明确古树名木和珍贵树木的定义。有的专家建议明确古树名木的管护责任，突出对古树名木栖息地的保护。

9. 草案第四十条规定了国家统筹城乡造林绿化，推动森林城市建设的内容。住建部提出，草案第四十条的“森林城市建设”是一项具体工作，不宜写入法律中，建议修改为“推动新型城镇化发展”。

10. 草案第四十一条规定了不同主体的造林绿化责任。住建部建议增加“国务院有关造林绿化主管部门按照各自职责分工，指导监督造林绿化工作”；将“城市规划区”修改为“在城镇开发边界范围内的城市绿化，由城市园林绿化主管部门负责组织实施”；增加“国务院住房和城乡建设主管部门组织开展城市规划区内的造林绿化工作”。

11. 草案第四十四条第二款规定了退耕还林还草。第三款规定了各级人民政府应当对因自然因素等导致的荒废和受损山体、退化林地以及宜林荒山荒地荒滩，实施森林生态修复工程，恢复植被。国家发展改革委和自然资源部提出，退耕还林还草是国务院部署的专项工作，建议不作具体规定。自然资源部建议删除第二款，同时提出，因自然因素导致森林、林木、林地毁坏的各类区域，开展生态修复治理不限于森林修复，建议删除第三款。

12. 草案第六十四条规定，破坏森林资源给国家利益或者公共利益造成重大损失的，有关机关和组织可以依照国家有关生态环境损害赔偿的规定向人民法院提起诉讼。自然资源部提出，环境损害赔偿权利人是地方政府及其授权部门，不包括组织；开展损害赔偿时，应当先进行损害赔偿磋商再提起诉讼。有的全国人大代表建议加大监督检查力度，明确林业主管部门可以直接提起民事公益诉讼。

三、关于森林管理

1. 草案第二十三条规定了国家根据森林经营管理与生态保护的需要划定公益林。未划定为公益林的森林属于商品林。有的全国人大代表建议增加公益林退出机制。生态环境部和有的专家提出，不能简单地把未划定为公益林的都列为商品林。

2. 草案第二十四条规定了公益林的划定范围和管理办法。生态环境部建议增加一款“生态环境主管部门对公益林的划定进行评估与监督”。交通运输部建议将管理办法的制定部门在“国务院林业主管部门和财政主管部门”的基础上增加“会同有关部门”。农业农村部建议增加“天然橡胶生产保护区内的天然橡胶林不划为公益林”“涉及农业生产的天然橡胶林的应当征求国务院农业农村主管部门意见”。

3. 草案第二十五条规定了国家鼓励发展的商品林类别。农业农村部提出，水果、中药材为农业农村部主管的农作物，不属于森林和林木，建议将第一款第二项中的“果品”修改为“干果”。

4. 草案第四十六条规定了公益林经营可以合理利用林地资源和森林景观资源，适度开展林副产品生产，发展森林旅游、康养、文化产业等非木质资源利用。中央编办提出，事业单位性质的国有林场属于面向社会提供公益服务的事业单位，不得开展与主业无关的经济活动，建议将该款修改为“公益林实施严格保护。要坚持事企分开，在符合公益林所在生态区位保护要求和不影响公益林生态功能的前提下，可以合理利用公益林林地资源和森林景观资源，适度开展林下经济活动，取得的收入按国家有关规定使用和监管。”

5. 草案第五十条规定了采伐林木应当遵守的规定。司法部建议对草案放开在自然保护区实验区砍伐竹林的限制再作研究。国家林草局建议根据自然资源保护地体系关于核心保护区和一般控制区分区管控的要求，完善该条内容。

6. 草案第五十一条规定了申请采伐许可证的内容。有的单位建议删除“采伐自留地和房前屋后个人所有的零星林木除外”

和“采伐自然保护区以外的竹林不需要申请采伐许可证”的规定；同时增加“采伐竹林和非林地上的林木不需要申请采伐许可证，但是法律法规规章另有规定的除外。”有的专家提出，将采伐许可证的核发对象限定为林地上的林木，会出现非林地上林木的采伐管理和法律责任的空白。有的专家建议明确采伐划定为科学实验的森林无需经过审批。

7. 草案第五十九条第一款规定，林业经营主体在经营的林地范围内修筑直接为林业生产经营服务的工程设施，需要使用林地的，由县级以上人民政府林业主管部门批准。自然资源部建议增加“涉及林地用途转为建设用地的，依法办理建设用地审批手续”。

四、关于扶持政策

1. 草案第五条第一款规定，国家采取财政、税收、金融等措施，促进森林资源保护发展。各级人民政府应当保障生态保护修复和林业发展的投入。第二款规定，国家建立森林生态效益补偿制度，根据经济社会发展水平调整森林生态效益补偿标准。财政部提出，生态保护修复和林业发展的资金不宜全部由政府保障，建议将第一款“保障生态保护修复和林业发展的投入”修改为“支持生态保护修复和林业发展，全面实施预算绩效管理。”同时提出，生态效益补偿的内容在草案第二十六条已经体现，建议删除第二款。国家林草局、有的全国人大代表建议在第二款增加“建立多元化、可持续的森林生态效益补偿机制，推动地区间建立横向森林生态效益补偿制度”的规定。有的专家建议对森林生态效益补偿、造成损失补偿、划定非国有林补偿、征收补偿等概念进行界定。

2. 草案第二十六条第二款规定了因公共利益确需征收非国

有林的，应当依法审批并足额支付补偿。财政部提出，征收非国有林的行为多是地方行为，应由地方自主实施，建议在“应当依法审批并足额支付补偿”之前增加“地方人民政府”。

3. 草案第五十六条规定，国家支持符合林业特点的信贷业务。通过贴息、林权收储担保补助等措施，鼓励和引导金融机构开展涉林抵押贷款、林农信用贷款等业务，扶持林权收储机构进行市场化收储担保。财政部提出，独立经营的市场主体应当按照市场化机制运作，由各地自主采取相关措施给予支持，建议删除“通过贴息、林权收储担保补助等措施”或修改为“各地可通过贴息、林权收储担保费用补助等措施”。

五、关于法律责任

1. 草案第七十条规定了造成森林、林木毁坏的法律责任。住建部建议将“林业主管部门”修改为“林业主管部门或者其他有关主管部门”；并增加两项禁止性行为“损坏、擅自修剪或者砍伐城市树木的；未经同意擅自占用城市造林绿化用地的。”

2. 草案第七十七条规定，违反本法规定，构成犯罪的，依法追究刑事责任。最高人民法院建议明确在追究刑事责任后，是否还需要承担行政责任。国家发展改革委建议修改为“违反本法规定，构成犯罪的，依法追究刑事责任，并记入信用记录，纳入全国信用信息共享平台。”

3. 草案第七十八条规定了违反本法规定，由林业主管部门依法组织代为履行的情形。国家林草局建议修改为“违法行为人逾期不履行或者履行不符合国家有关规定的，由作出行政决定的林业主管部门组织代为履行，代为履行所需费用由违法行为人承担；代为履行所需费用的具体数额由作出行政决定的林业主管部门按照成本合理确定，并由违法行为人在指定期限内预先支付。

违法行为人未支付的，作出行政决定的林业主管部门可以向人民法院申请对该费用强制执行；林业主管部门依法组织代为履行，需要拆除在林地上违法修建的永久性建筑物的，由县级以上人民政府组织有关部门进行拆除；恢复植被和林业生产条件、补种树木的标准，由省级以上人民政府林业主管部门制定。”

此外，有的全国人大代表建议增加对破坏林地、林下植物、森林环境的违法责任。住建部建议增加一条“违反本法第三十八条规定，采伐、毁坏古树名木和珍贵树木，造成损失的，应当给予治安管理处罚；情节严重的，依法追究刑事责任。”有的专家建议增加对森林失火给予治安处罚的规定；增加“依照本法规定，没收的实物由县级以上人民政府林业部门或者授权单位依照规定处理”的规定。

六、其他建议

1. 有些部门和专家建议明确森林资源、森林、林木、树木的概念及其关系。自然资源部建议删除草案第七十九条林地概念中“县级以上人民政府规划的宜林地”的内容。

2. 草案第三条规定了保护、培育、利用森林资源的原则。中央编办建议将“生态优先”修改为“节约优先”。

3. 有的专家建议将草案中的“林业经营主体”“森林经营主体”“公益林经营主体”统一修改为“森林经营主体”；将草案第五十七条、第六十三条、第七十四条中的“林木”改为“木材”。

4. 有的全国人大代表建议增加对国有林场从事商品林采伐、林业特色产业和森林旅游康养的办法，严格实行收支两条线管理。

5. 住建部建议在草案第二条法律适用范围中增加“造林绿化”；在草案第七十九条中新增一项“造林绿化，是指采用栽种树木的方式，增加城乡绿色空间，达到改善环境目的的活动”；

同时，在第七十九条之后增加一条：“法律、行政法规对园林绿化另有规定的，从其规定。”

我国森林资源概况和有关改革情况

一、我国森林资源概况

我国森林资源丰富、森林类型多样、植物种类繁多。改革开放以来，我国的森林覆盖率由12%提高到22.96%，森林蓄积由90亿立方米增加到175.6亿立方米。特别是自20世纪80年代末以来，森林面积和森林蓄积连续30年保持“双增长”，森林面积位居世界第5位，森林蓄积位居世界第6位，人工林面积位居世界首位。当前，中国森林资源步入了良性发展轨道，呈现出数量持续增加、质量稳步提升、功能不断增强的发展态势。

根据第九次全国森林资源清查（2014～2018年）结果，全国森林面积22044.62万公顷。按照林种统计，防护林占46.2%，特种用途林占10.45%，用材林占33.19%，薪炭林占0.56%，经济林占9.60%；按照起源统计，天然林占63.55%，人工林占36.45%；按照林地权属统计，国有占38.66%，集体所有占61.34%；按照林木权属统计，国有占37.92%，集体所有占17.75%，个体所有占44.33%。

全国林地面积32368.55万公顷，其中按地类划分，乔木林地17988.85万公顷，竹林地641.16万公顷，灌木林地7384.96万公顷，疏林地342.18万公顷，未成林造林地699.14万公顷，苗圃地71.98万公顷，迹地242.49万公顷，宜林地4997.79万公顷。

与第八次全国森林资源清查（2009～2013 年）相比，全国森林资源有五个方面的变化。一是森林面积稳步增长，森林蓄积快速增加。全国森林面积净增 1266.14 万公顷，森林覆盖率提高 1.33 个百分点，森林蓄积净增 22.79 亿立方米。二是森林结构有所改善，森林质量不断提高。全国乔木林中，混交林面积比率提高 2.93%，珍贵用材树种面积净增 15.97 万公顷，增加 32.28%。全国乔木林每公顷蓄积增加 5.04 立方米，达到 94.83 立方米；每公顷年均生长量增加 0.50 立方米，达到 4.73 立方米。三是林木采伐消耗量下降，林木蓄积长消盈余持续扩大。全国林木年均采伐消耗量 3.85 亿立方米，减少 650 万立方米。林木蓄积年均净生长量 7.76 亿立方米，增加 1.32 亿立方米。长消盈余 3.91 亿立方米，盈余增加 54.90%。四是商品林供给能力提升，公益林生态功能增强。全国用材林可采资源蓄积净增 2.23 亿立方米。全国公益林总生物量净增 8.03 亿吨，总碳储量净增 3.25 亿吨，年涵养水源量净增 351.93 亿立方米，年固土量净增 4.08 亿吨，年保肥量净增 0.23 亿吨，年滞尘量净增 2.30 亿吨。五是天然林持续恢复，人工林稳步发展。全国天然林面积净增 593.02 万公顷，蓄积净增 13.75 亿立方米。人工林面积净增 673.12 万公顷，蓄积净增 9.04 亿立方米。

同时，森林资源清查反映出一些问题，必须予以高度重视：一是增加森林面积难度加大。全国宜林地面积 4998 万公顷，质量“好”的仅占 12%，质量“差”的超过 50%，且 2/3 集中分布在西北 5 省区和内蒙古自治区，造林地条件差，造林难度大，造林、管护成本高。二是森林质量亟待提高。我国森林每公顷蓄积 94.83 立方米，只有世界平均水平 131 立方米的 72.38%，仅相当于巴西的一半，不足德国的 1/3。人工林每公顷蓄积更低，只有 59.3 立方米。三是林产品供需矛盾仍然突出。现有用材林面积 6803 万公顷、蓄积 54.15 亿立方米，可采资源面积仅占 14.0%、蓄积仅占 23.3%。与此同时，木材消耗量逐年增加，预计到 2020 年木材年需求将超过 7 亿立方米。为满足需要，我国木材进口量成倍增长，2016 年原木和锯材进口量占世界年总出口量的 35% 和 19%。木材进口，特别是原木进口，容易受到贸易限制。

我国总体上仍然是一个缺林少绿的国家，森林生态系统功能脆弱的状况尚未得到根本改变，生态产品短缺依然是制约我国可持续发展的突出问题。加快推进国土绿化和生态修复进程，健全生态保护制度，严格森林资源监督管理，强化森林资源保护和科学经营，高质量、高水平推进林业现代化建设，是建设生态文明和美丽中国的重要任务。

二、集体林权制度改革情况

（一）改革的背景、目标和任务

中华人民共和国成立后，我国集体林权制度经历了四次变动：一是土改时期的分山到户，二是农业合作化时期的山林入社，三是人民公社时期的山林统一经营，四是改革开放初期的林业“三定”（划定自留山、稳定山权林权、确定林业生产责任制）。集体林权制度虽经数次变革，但产权不明晰、经营主体不落实、经营机制不灵活、利益分配不合理等问题仍普遍存在，制约了林业发展。为进一步解放和发展林业生产力，发展现代林业，增加农民收入，建设生态文明，2008 年 6 月，党中央、国务院出台了《关于全面推进集体林权制度改革的意见》。2009 年 6 月，中央召开了中华人民共和国成立以来的首次中央林业工作会议，对集体林权制度改革作出部署，这项改革在全国范围内推开。

集体林权制度改革的总体目标是，在明晰产权、承包到户的基础上，通过深化改革，完善政策，健全服务，规范管理，逐步形成集体林业的良性发展机制，实现资源增长、农民增收、生态良好、林区和谐的目标。改革的主要任务：一是明晰产权。在坚持集体林地所有权不变的前提下，以均山到户为主，以均股、均利为补充，把林地承包经营权和林木所有权落实到农户。二是勘界发证。在勘验“四至”（指某块土地与四周相邻土地的界限）的基础上，核发全国统一式样的林权证，做到图表册一致、人地证相符。三是放活经营权。对商品林，农户可依法自主决定经营方向和经营模式。对公益林，在不破坏生态功能的前提下，可依法合理利用林地资源。四是落实处置权。在不改变集体林地所有权和林地用途的前提下，允许林木所有权和林地使用权依法出租、入股、抵押和转让。五是保障收益权。农户承包经营的收益，归农户所有。

此外，《关于全面推进集体林权制度改革的意见》也对部分林地和林木由集体统一经营管理提出了明确要求：对不宜实行家庭承包经营的林地，依法经本集体经济组织成员同意，可以通过均股、均利等其他方式落实产权。村集体经济组织可保留少量的集体林地，由本集体经济组织依法实行民主经营管理；集体统一经营管理的林地经营权和林木所有权的流转，要在本集体经济组织内提前公示，依法经本集体经济组织成员同意，收益应纳入农村集体财务管理，用于本集体经济组织内部成员分配和公益事业。

（二）改革的基本成效

集体林权制度改革是一项复杂的系统工程，政策性强，涉及面广，工作难度大。党中央、国务院高度重视，地方“五级书记”抓林改，各级林业部门将林改工作作为重中之重，有关部门共同推动，基层单位扎实工作，广大农民积极参与，确保了改革健康顺利进行，改革取得积极成效。

一是确权发证工作基本完成。全国明晰产权、承包到户的基础改革任务基本全面完成，已确权集体林地面积27.05亿亩，占纳入集体林权制度改革面积的98.97%。全国已发放林权证1.01亿本，发证面积26.41亿亩，占已确权林地面积的97.65%，1亿多农户受益。

二是促进了森林保护和造林绿化。林地承包到户后，“山定权、树定根、人定心”，农民真正成为山林的主人，山林成为农民的宝贵资产。林农爱林护林积极性高涨。根据第九次全国森林资源清查（2013～2018年）结果显示，全国集体森林面积1.34亿公顷，森林蓄积69.35亿立方米，其中农民群众发挥了主力军作用。

三是增加了农民财产和收入。我国集体森林资源经济价值达10万亿元，分山到户使1亿多农户户均拥有森林资源财产近10万元。同时，通过精心经营林业，发展林下经济，农民生产性收入明显增加。改革实现了农民在家门口创业和就业，直接从事林业生产经营的农民达3000多万人。据统计，农民纯收入近20%来自林业，一些地区达50%以上，一大批农民走上脱贫致富之路，初步实现了生态美百姓富的有机统一。

四是盘活了森林资产。通过完善森林生态效益补偿制度、开展森林保险、建立林权收储担保机构等改革措施，赋予了林权抵押、担保等权能，森林资源的资本性和经济价值逐步显现。推进集体林地“三权分置”改革，全国流转集体林权2.83亿亩，林地年租金由2008年改革前的每亩1～2元提高到现在的每亩约20

元，有的地方达到每亩 100 元。林权抵押贷款面积保持 1 亿亩左右，贷款余额 1300 多亿元，累计贷款 3000 多亿元，“活树变活钱、资源变资本”的机制初步建立。

（三）存在的困难和问题

当前，集体林权制度改革还存在着一些困难和问题：

一是制度性交易成本高问题突出。为保障森林的生态效益发挥，国家对公益林、天然林经营者进行了权利限制，但合理的市场化补偿措施跟不上。商品林的经营由于林业生产周期长，在竞争中处于弱势地位，即使国家已经停止征收育林基金，林业生产经营者仍感到制度性交易成本过高，影响了林农和社会主体植树造林积极性，影响金融机构林权抵押贷款的信心。

二是林权流转不规范需引起重视。一些地方为了招商引资，利用行政力量，强行推动林权流转；林权流转信息不对称，农户谈判能力弱，工商企业压低租赁价格，违背农户意愿流转、低价流转容易导致纠纷发生；此外，还有一些地方出现了“圈地炒林”等投机现象。

三是强林惠农政策尚待完善。集体林区水、电、路、通信等公共基础设施建设欠账较多；林业生产发展扶持资金缺乏，林业产业投资回报率低于社会平均收益率，吸引社会投资竞争力弱，全国集体林地流转率不及耕地的 1/4，规模经营难，影响了林农收入的进一步提高。

三、重点国有林区改革

（一）改革的背景情况

中华人民共和国成立后，为支援国家经济建设，满足各行业发展对木材的需求，中央政府决定开发国有林区，原国家计委陆续在东北、西北和西南的重要山岭、大江大河源头及江河干流和支流区域投资建设了 135 个森工局和 20 个营林局，并划定经营管理区域由其实施采伐作业及森林培育。这些区域的森林资源是国家重要的生态屏障，是所在地区重要河流的发源地。如新疆的阿尔泰山、天山东部和西部林业管理局，覆盖了新疆的重要山脉及其中的森林、草原，是塔里木河的发源地。四川和云南的国有林区覆盖横断山脉，是澜沧江、怒江、金沙江、大渡河、岷江等河流的发源地。东北内蒙古境内的林区覆盖整个大小兴安岭、长白山脉和完达山脉，是黑龙江、松花江和嫩江等重要河流的发源地，也是呼伦贝尔大草原和东北平原、松嫩平原的天然屏障。

分布在内蒙古、吉林、黑龙江三省（区）的国有林区称为重点国有林区，归中央管理。1989 年经国务院授权，由原林业部对重点国有林区确权登记发证，并履行林区森林资源开发利用监管职责。1998 年森林法修改明确了“国务院可以授权国务院林业主管部门，对国务院确定的国家所有的重点林区的森林、林木和林地登记造册，发放证书”。

重点国有林区林地面积 3267 万公顷，约占全国林地面积的 9.8%，森林覆盖率 80.85%，活立木总蓄积 31.05 亿立方米，森林蓄积 28.52 亿立方米，森林每公顷蓄积量 108.37 立方米。林区所在行政区域现有人口 482 万人，在册职工 41.6 万人。截至目前，重点国有林区共生产木材 12.2 多亿立方米，占全国累计商品材产量的近 1/2，累计上缴利税 365.6 多亿元，为中华人民共和国的建立、发展和原始积累做出了重大的历史性贡献。

（二）改革的总体目标

重点国有林区是我国重要的生态安全屏障和森林资源培育战略基地，是维护国家生态安全最重要的基础设施，在经济社会发展和生态文明建设中发挥着不可替代的重要作用，为国家经济建设作出了重大贡献。但长期以来，重点国有林区管理体制不完善，森林资源过度开发，民生问题较为突出，严重制约了生态安全保障能力。为积极探索重点国有林区改革路径，健全重点国有林区经营管理体制，进一步增强重点国有林区生态功能和发展活力，2015 年，中共中央、国务院印发《国有林区改革指导意见》。意见提出，改革的总体目标是：到 2020 年，基本理顺中央与地方、政府与企业的关系，实现政企、政事、事企、管办分开，林区政府社会管理和公共服务职能得到进一步强化，森林资源管护和监管体系更加完善，林区经济社会发展基本融入地方，生产生活条件得到明显改善，职工基本生活得到有效保障；区分不同情况有序停止天然林商业性采伐，重点国有林区森林面积增加 550 万亩左右，森林蓄积量增长 4 亿立方米以上，森林碳汇和应对气候变化能力有效增强，森林资源质量和生态保障能力全面提升。

（三）改革的成效

国家林业和草原局党组认真贯彻落实党中央的决策部署，会同改革工作小组成员单位，深入推进重点国有林区改革任务，取得了重要阶段性进展。

1. 停伐政策全面落实。2015 年 4 月 1 日起，全面停止了天然林商业性采伐，每年减少木材产量 373.4 万立方米，每年减少森林蓄积消耗 630 万立方米，改革第一项任务全面完成，重点国有林区森林资源进入了全面保护的新阶段。为巩固停伐成果，三省（区）强化保护管理措施，国家林业和草原局开展了全覆盖森林督查，确保“停得下，稳得住，不反弹”。

2. 逐步完善扶持政策。财政部将国有林管护补助标准提高到 10 元/亩；从 2017 年起至 2020 年止，对停伐试点与木材停伐相关的130亿元金融机构债务，每年安排贴息补助6.37亿元；2018年安排停伐补助资金62亿元；社会保险补助缴费基数提高到2016年社平工资的80%，适当提高了政社性支出补助标准。社会性基础设施建设项目中央投资比例由80%提高到90%。国家发展改革委累计安排投资24亿元，用于支持国有林区防火应急道路、管护用房和代木能源项目建设。交通运输部将国有林区通局址和场部道路纳入公路网规划。2015～2018年，累计安排中央投资20.8亿元，完成棚户区改造13.3万户，改善了林区职工居住条件。近三年，中央每年安排重点国有林区各种补助资金分别为224.1亿元、243.8亿元和242.1亿元，为推进改革提供了有力保障。

3. 地方政府保护森林、改善民生的责任逐步落实。内蒙古将林区道路建设纳入自治区“十三五”道路建设规划，呼伦贝尔市、兴安盟将林区经济转型发展、城镇化建设等纳入“十三五”规划纲要，统筹林区经济社会发展。吉林省将林地保有量、占用林地定额纳入各级政府目标责任考核内容。黑龙江省将林区发展纳入省“十三五”经济社会发展规划，在林区职工就业方面加大支持力度。大兴安岭林业集团开展了“兴安”系列专项行动，查处案件404起，收回林地221.6公顷。

4. 森林资源管护成效不断提升。各地基本建立并实行了“林业局—林场—管护站”三级管护体系，层层落实责任，取得了良好效果。吉林、长白山森工集团完善管护工作制度，龙江森工集团建立了森林资源管护承包责任制，内蒙古森工集团在根河、乌尔旗汉等林业局开展了生态建设项目购买服务试点。大兴安岭林业集团对各林业局管护区进行重新调整，缩小管护半径，提高管护效率。

5. 政企分开逐步推进。内蒙古森工集团已经完成全部社会职能的剥离。吉林、长白山森工集团完成了林区教育、公检法和部分供水、供电、供热等移交。龙江森工集团停止履行全部行政职能，政企分开取得实质进展，目前基本完成林区教育、公检法、电网、通讯等职能移交。大兴安岭林业集团正在进行林区检法和教育的移交。

6. 富余职工基本安置。重点国有林区全面停伐后，各森工企业通过增加管护岗位、发展特色产业等途径，使 6.9 万名职工重新上岗；通过鼓励创业、发放补贴等方式，对剩余 4.2 万名职工进行了兜底安置。同时，中央进一步加大了支持力度。据统计，自全面停伐以来，林区职工人均年收入由 2014 年的 2.64 万元，增长到 2017 年的 3.74 万元，平均增长 1.1 万元，职工群众获得感增强。

（四）存在的困难和问题

改革工作虽然取得了一定的进展和成效，但随着改革的深入推进，重点国有林区转型发展压力加大。全面停伐后，林区在产业转型方面进行了一定探索，但尚未形成规模，仍然存在一定问题：一是产业规模小，当前林区产业发展社会化参与程度低，普遍规模较小，竞争能力、支撑能力、带动能力相对较弱，林区的资源还没有转化为产品优势、产业优势和经济优势；二是转型领域狭窄，产业转型缺少整体布局规划和差异化发展目标，产业趋同、产品趋同。对重点国有林区转型发展的引导、扶持政策还需要进一步强化。

四、国有林场改革

（一）改革的背景情况

国有林场是中华人民共和国成立初期，由国家投资在国有宜林荒山荒地建立起来专门从事营造林和森林管护的林业事业单位。主要任务是造林育林护林，绿化祖国，改善生态。经过60多年的建设与发展，国有林场在维护国家生态安全中做出了重要贡献，在国土绿化中取得了巨大成就。

一是成为维护国土生态安全的重要屏障。国有林场，经营面积11.5亿亩，林地面积8.7亿亩，森林面积6.7亿亩。大多位于大江大河源头、水系干流两岸、大中型水库周围、石质山区、水土流失严重及风沙前沿等生态脆弱地区，生态区位十分重要。据统计，西部黄土高原地区有国有林场913个，沙漠和风沙前沿有503个，大型水库周围有223个。

二是成为森林资源可持续发展的重要贮备基地。中华人民共和国成立以来，累计人工造林保存面积2.6亿亩，占同期全国人工造林保存面积的37%，形成了集中连片100万亩以上、森林蓄积在500万立方米以上的国有林场和林场群上百处。

三是成为我国重要的水源涵养地。我国主要江河流域的森林是以国有林场为主体的，黄河流域森林面积的65%由国有林场管理，长江流域为30%、辽河流域为38%、海河流域为26%。有1100多个国有林场以涵养水源的功能被纳入国家重点生态功能区，有223个国有林场分布在大型水库周围，不仅是当地重要的水源涵养地，也是国家重要江河的源头。据不完全统计，全国国有林场年涵养水源1000亿立方米，年固土量18亿吨，年保肥量1亿吨。

四是成为应对气候变化改善生态环境的中坚力量。国有林场森林植被碳储量占全国森林植被总碳储量的1/4以上，每年可吸收二氧化碳4亿多吨，释放氧气近13亿吨，年吸收大气污染物量800万吨，年滞尘量13亿吨，是林业应对气候变化的重要中坚力量。特别是一些城郊林场，在对抗城市污染、改善城市局部小气候等方面发挥着特殊功能。

五是成为时代精神的重要源泉。60 多年来，国有林场广大干部职工几十年如一日扎根基层，艰苦创业，无私奉献，坚定信念，用自己的辛勤汗水染绿了祖国的座座荒山，孕育了塞罕坝精神、原山精神，成为时代精神的重要源泉。2018 年 8 月，习近平总书记对河北塞罕坝林场建设者感人事迹作出重要指示，对塞罕坝建设成就和精神给予高度评价，发出了全党全社会大力弘扬塞罕坝精神、加快推进生态文明建设的伟大号召。

（二）改革的总体目标

2015 年，为解决国有林场功能定位不清、管理体制不顺、经营机制不活、支持政策不健全的问题，加快推进国有林场改革，中共中央、国务院印发《国有林场改革方案》。改革方案明确界定国有林场生态责任和保护方式，推进国有林场政事分开和事企分开，完善以购买服务为主的公益林管护机制，健全森林资源监管体制、职工转移就业机制和社会保障体制。方案提出，到 2020 年，要实现以下目标：

——生态功能显著提升。通过大力造林、科学营林、严格保护等多措并举，森林面积增加 1 亿亩以上，森林蓄积量增长 6 亿立方米以上，商业性采伐减少 20% 左右，森林碳汇和应对气候变化能力有效增强，森林质量显著提升。

——生产生活条件明显改善。通过创新国有林场管理体制、多渠道加大对林场基础设施的投入，切实改善职工的生产生活条件。拓宽职工就业渠道，完善社会保障机制，使职工就业有着落、基本生活有保障。

——管理体制全面创新。基本形成功能定位明确、人员精简高效、森林管护购买服务、资源监管分级实施的林场管理新体制，确保政府投入可持续、资源监管高效率、林场发展有后劲儿。

（三）改革的成效

在各地区各部门的共同努力下，各项改革工作进展顺利。目前，全国4855个国有林场完成了改革任务，浙江、江西、湖南三省于2016年通过国家试点验收，其他28个省（区、市）已完成了省级自验收工作。

从《国有林场改革方案》确定的三大改革总体目标看，保护生态、改善民生得到较好落实，功能定位明确、人员精简高效、森林管护购买服务、资源监管分级实施的管理新体制初步建立。

1. 改革成效逐步释放。一是生态得到有效保护。全国国有林场6.7亿亩森林资源得到有效保护，全面停止了天然林商业性采伐，国有林场每年减少天然林消耗556万立方米，占国有林场年采伐量的50%，森林得到休养生息。193所学校、230个场办医院移交属地管理，理顺了667个代管乡镇、村的关系，林场将主要精力转到保护森林和生物多样性、实施生态修复和建设、提供生态服务上来。二是民生得到有效改善。累计完成改造国有林场职工危旧房54.5万户，大部分都建在县城或周边、中心乡镇，方便了职工就医、子女上学。职工年均工资达4.5万元，是改革前的3.2倍。基本养老保险、基本医疗保险实现全覆盖。16万名富余职工得到安置。多年来职工住房无着落、工资无保障、社保不到位的问题得到解决。三是基础设施得到有效加强。2018年，交通运输部等四部门印发了《关于促进国有林场林区道路持续健康发展的实施意见》，中央将连续3年投资106.7亿元，支持国有林场场部和主要林下经济节点道路建设。在国家发展改革委的支持下，2017～2019年，在内蒙古、江西和广西3省区开展国有林场管护站点用房建设试点，中央投资1.8亿元共建设868个。国有林场饮水安全、电网改造升级进一步落实。四是改革成本得到有效化解。特别是中央财政专门安排改革补助资金158亿元，同时累计补助国有林场全面停止天然林商业性采伐138亿元。中国银保监会等部门出台的国有林场金融机构债务处理意见，将化解国有林场因营造公益林、天然林政策性停伐等原因形成的60多亿元金融机构债务。

2. 管理新体制初步建立。一是国有林场功能定位得到明确。通过改革，74%的国有林场被定为公益一类事业单位，21%被定为公益二类事业单位，5%被定为公益性企业，实现了国有林场保护培育森林资源、维护国家生态安全的功能定位。二是人员精简林场整合目标实现。根据人社部印发的《国有林场岗位设置指导意见》，对国有林场岗位类别、岗位结构、岗位等级等作出了明确规定，优化了国有林场岗位设置。从最新统计情况看，国有林场事业编制减少到18.9万人。三是以购买服务为主的公益林管护机制得到基本落实。财政部印发的《林业改革发展资金管理办法》，明确了国有单位国家级公益林管护人员数量、劳务补助标准、签订管护合同等内容。

（四）存在的困难和问题

国有林场改革后，保生态、保民生虽然成效明显，但从国有林场保护培育森林资源维护国家生态安全功能定位看，从国有林场发展活力看，还存在两个方面突出问题：一是保护国有林场森林资源的力度需要加大。长期以来，很多地方存在着非法侵占和工程项目过度占用森林资源的现象。林场林地林木被周边农民侵占、建设项目占用、随意改变林场隶属关系等，都影响了国有林场生态功能的发挥，这不符合国有林场保护培育森林资源维护国家生态安全的功能定位。二是国有林场发展动力需要加强。国有林场改革后，既要维护国家生态安全、又要承担为社会提供生态产品的责任，如何建立一套适应改革后的国有林场长效发展机制，提高国有林场发展活力，激发国有林场发展动力，成为顶层政策设计的首要任务。

森林分类经营和生态效益补偿制度

一、森林分类经营制度的基本情况

1995 年，国务院批准发布的《林业经济体制改革总体纲要》（体改农〔1995〕108 号）中提出，森林资源培育要按照森林的用途和生产经营目的划定公益林和商品林，实施分类经营，分类管理。同时首次提出将防护林和特种用途林纳入公益林类，基于满足经济社会发展对林业的多种需求，依据森林的特殊属性和主导利用目标的不同，对林业实行分类经营。

1999 年，国家林业局下发《国家林业局关于开展全国森林分类区划界定工作的通知》（林策发〔1999〕191 号），明确提出实施林业分类经营的具体措施，要求各地开展森林分类区划工作。全国据此开展了首次林业分类区划界定，为实施林业分类经营和建立森林生态效益补偿制度打下了基础。

2001 年，中央财政设立森林生态效益补助资金，专项用于重点公益林的保护和管理。财政部和国家林业局先行在河北等 11 个省、自治区的 660 个县级以上单位和 24 个国家级自然保护区，对 2 亿亩重点公益林进行试点；2003 年《中共中央、国务院关于加快林业发展的决定》（以下简称《决定》）明确提出："实行林业分类经营管理体制。将全国林业区分为公益林业和商品林业两大类，分别采取不同的管理体制、经营机制和政策措施。""森林生态效益补偿基金分别纳入中央和地方财政预算，并逐步增加资金规模。"《决定》的发布，为实现我国林业由以木材生产为主向以生态建设为主的历史性转变，从根本上解决林业发展的动力问题，确立了体制保障。为深入贯彻《决定》，2004 年中央财政在总结试点经验的基础上，建立了中央森林生态效益补偿基金，国家林业局会同财政部制定了《重点公益林区划界定办法》（林策发〔2004〕94 号），加速推进了林业分类经营改革。中央补偿基金的建立和启动，把公益林建设纳入公共财政框架，改变了长期以来我国公益林建设"有钱造林无钱管护"的局面，较好地解决了重点公益林管护基础设施薄弱、管理手段落后的面貌；结束了无偿使用森林生态效益的历史，使公益林有了稳定的保护资金来源渠道；把保护森林资源与管护责任人的利益紧密结合起来，使林业所有者和经营者的权益得到了有效维护。

2009 年，为适应现代林业发展和集体林权制度改革需要，国家林业局会同财政部以完善和健全森林生态效益补偿制度为目的，以保生态、保稳定、保民生为总体要求，统筹生态与产业、保护与利用的关系，兼顾分类补偿的基本需求，对《重点公益林区划界定办法》进行了修订，出台了《国家级公益林区划界定办法》（林资发〔2009〕214 号），2013 年国家林业局财政部印发了《国家级公益林管理办法》（林资发〔2013〕71 号），进一步完善了国家级公益林分级管理和动态调整机制。2017 年，为适应生态文明建设需要，国家林业局会同财政部进一步修订完善了《国家级公益林区划界定办法》和《国家级公益林管理办法》（林资发〔2017〕34号）。

截至2017年，全国共划定国家级公益林17亿亩，地方公益林16亿亩，建立了地方生态效益补偿制度，对中央财政补偿制度形成重要补充，一些省市通过地方补偿基金与中央补偿基金统筹运用，有效地提高了公益林整体补偿标准，在一定程度上弥补了中央财政补偿标准偏低的不足。

二、森林生态效益补偿制度的基本情况

1998年，森林法修改明确了“国家设立森林生态效益补偿基金，用于提供生态效益的防护林和特种用途林的森林资源、林木的营造、抚育、保护和管理。”2003年，《中共中央、国务院关于加快林业发展的决定》要求将“森林生态效益补偿基金分别纳入中央和地方财政预算，并逐步增加资金规模。”2008年，《中共中央、国务院关于全面推进集体林权制度改革的意见》要求“各级政府要建立和完善森林生态效益补偿基金制度，按照‘谁开发谁保护、谁受益谁补偿’的原则，多渠道筹集公益林补偿基金，逐步提高中央和地方财政对森林生态效益的补偿标准”。

林业是最早建立和实施生态补偿机制的行业。2001年，中央财政开始安排森林生态效益补助资金，在河北等11个省区开展试点，对区划界定的公益林的营造、抚育、保护和管理进行补助，补助面积为2亿亩，标准为每亩每年5元。2004年，中央建立森林生态效益补偿制度，补偿面积增加到4亿亩。此后，中央财政不断提高国家级公益林补偿补助标准，2019年将集体和个人所有的国家级公益林补偿补助标准提高到每年每亩16元，2017年将国有国家级公益林补偿补助标准提高到每年每亩10元。2019年中央财政共安排森林生态效益补偿补助180.96亿元。

在中央财政补偿的基础上，2004 年以来，全国 27 个省（自治区、直辖市）也相继建立了地方森林生态效益补偿制度，对中央财政补偿制度形成重要补充。一些省市通过地方补偿资金与中央补偿资金统筹运用，有效地提高了公益林整体补偿标准，在一定程度上弥补了中央财政补偿标准偏低的不足。

此外，近年来，一些地方还开展了重点生态区位商品林赎买等改革试点。2017 年 1 月，福建省人民政府办公厅印发了《福建省重点区位商品林赎买等改革试点方案》，将重点生态区位的商品林通过赎买、收储、置换、改造提升、租赁等多种方式保护起来。这一方式有利于完善森林生态效益补偿制度，优化生态公益林布局，也有利于破解林农利益与生态保护的矛盾，维护林农合法权益，促进林区社会和谐稳定，实现“生态得保护，林农得利益”的双赢目标。2018 年中央 1 号文件，中共中央、国务院《关于支持海南全面深化改革开放的指导意见》分别规定，鼓励在重点生态区位推行商品林赎买制度；2019 年，《中共中央、国务院关于统筹推进自然资源资产产权制度改革的指导意见》也规定“鼓励政府机构、企业和其他社会主体，通过租赁、置换、赎买等方式扩大自然生态空间，维护国家和区域生态安全”江西、安徽、贵州等省也已开展试点。

三、取得的成效

实行森林分类经营和森林生态效益补偿，把公益林建设纳入公共财政框架，改变了长期以来我国公益林建设“有钱造林无钱管护”的局面，把保护森林资源与管护责任人利益紧密结合起来，有利于调动公益林经营者的积极性，取得了明显的成效：一是公益林管护制度不断完善，管理手段明显加强。各省建立了严格的重点公益林管护制度，层层落实了管护责任制，建立了公示制度，强化了社会监督，并结合实际，探索试行了不同的管护措施。二是资金运行机制不断强化。各省（自治区、直辖市）将保证资金安全运行的原则贯穿于资金管理的始终，由于机制健全、运作规范，保障了补助资金的安全运行。三是重点公益林得到有效保护，森林灾害及林政案件明显减少。实施森林生态效益补偿，使森林资源管护有了可靠保障，管护能力增强，成效显著。四是公益林质量有所提高，生态环境趋于改善。实施森林生态效益补偿，使公益林资源总量稳步增长，林分结构得到改善，质量逐步提高。五是广大群众公益林管护积极性得到调动，收入增加。森林生态效益补偿制度的建立，提高了广大林农生态保护意识，调动了林农参与公益林管护的积极性。各地在安排补助资金时，不分所有制性质、不分经济成分，将财政资金直接补助给重点公益林管护人员，得到了林农的拥护。部分山区农民通过参与公益林管护增加了收入。

四、存在的问题

虽然在实践中对公益林进行了划定，并明确了相应的管理制度和财政扶持措施，但在现行森林法及其实施条例中都没有对分类经营特别是公益林进行法律规范。同时，在森林生态效益补偿实践中还存在一些问题：一是补偿标准偏低。目前执行 10 ~ 16 元/亩的补偿标准与公益林经营管护成本、经济损失以及生态效益价值差距较大。针对一些集体林区，林农不愿将林地划入公益林的问题，地方也相继探索建立了租赁、赎买等其他补偿模式，但缺乏上位法的支撑。二是补偿标准“一刀切”。对区划界定的公益林，实行同一补偿标准，难以体现区域类别、林分质量和经营管理难度等方面的差异，不利于调动经营者积极性和提高公益林质量。

林木采伐和林地管理制度

一、林木采伐制度

编制森林采伐限额和核发林木采伐许可证，是林木采伐管理制度的核心内容。

（一）森林采伐限额

1984 年通过的森林法规定了森林采伐限额编制的原则和程序，标志着森林采伐限额制度正式确立。1987 年，《国务院批转林业部关于各省、自治区、直辖市年森林采伐限额审核意见报告的通知》正式批准了 1987 年至 1990 年的全国年森林采伐限额，明确了森林采伐限额每 5 年调整一次，我国开始正式实施森林采伐限额制度。自 1987 年实行采伐限额制度以来，全国已编制实施 7 期、30 余年年森林采伐限额。

1. 采伐限额编制的主要依据：森林法及其实施条例、森林采伐更新管理办法、国家林业重大改革和天然林保护、公益林管理政策以及森林经营、调查、采伐管理的相关技术规定等。

2. 编限单位：以省为总体，国家所有的森林和林木以国有林业企业事业单位、农场、厂矿为单位，集体所有的森林和林木、个人所有的林木以县为单位。达到一定规模的森林经营主体，可以单独编制采伐限额。铁路、公路、城建、水利、部队、厂矿等非林业系统作为编限单位，其编制的采伐限额纳入编限范围。

3. 编限范围：在林地上采伐胸径 5 厘米以上的林木，必须编制采伐限额。国家法律法规禁止采伐的森林和林木，农村居民自留地、房前屋后个人所有的零星林木以及非林地上的林木不纳入采伐限额编制范围。

4. 编限程序：各期年森林采伐限额的编制和审核审批，实行“两下一上”的程序，即从国家林业和草原局自上而下部署，从编限单位（县、林场，国有林业局和非林单位）自下而上编制审核上报，自国务院审批、下达、分解落实。

5. 限额设置：限额在总量中按采伐类型设置主伐、抚育采伐、更新采伐、低产低效林改造、其他采伐分项限额，实行总量控制、分项管理。

6. 实施成效。从森林采伐限额制度实施以来，我国的森林蓄积量稳步增长，林木蓄积消耗量相对平稳。全国“十三五”期间年森林采伐限额为25403.6万立方米，仅是全国林木蓄积年净生长量6.44亿立方米的39.4%（“十二五”期间年森林采伐限额是年均蓄积净生长量的47.7%），其中天然林采伐限额4950.1万立方米，仅是天然林蓄积年均净生长量3.24亿立方米的15.3%。与“十二五”期间年森林采伐限额比较，人工林采伐限额增加1541.2万立方米，天然林采伐限额减少3391.3万立方米，采伐限额总量减少1850.1万立方米。森林蓄积从20世纪80年代的91.41亿立方米提高到现在的175.6亿立方米，增幅达92%，林木蓄积长消盈余不断扩大。

（二）林木采伐许可制度

1. 基本情况。林木采伐许可证是采伐林木的法律凭证。我国早在20世纪50年代就开始实行凭证采伐和伐区拨交验收制度。1950年12月，原政务院批准发布的《东北区国有森林管理暂行条例》规定，凡经核准采伐国有林者，须按照条例规定进行合理采伐，并且建立伐区验收拨交制度，对违反规定采伐者，要收缴其采伐证，终止其采伐。1956 年，原林业部公布的《国有林主伐试行规程》中规定，采伐国有林应当办理采伐许可证，采伐作业检查结果记入采伐许可证。1981 年《中共中央、国务院关于保护森林发展林业若干问题的决定》中进一步明确了凭证采伐制度，并明确规定，无证采伐的，以破坏森林论处。随着森林法及其实施条例和国务院《森林采伐更新管理办法》的出台，凭证采伐更加规范健全。

林木采伐许可证规定了采伐地点、面积、数量、树种、方式、更新方法和更新时间、采伐期限等内容，既是采伐活动的行为规范，也是监督、检查、验收采伐更新的依据。采伐单位必须依法取得林木采伐许可证，凭证进行采伐作业。凡是无证采伐林木或不按许可证规定的内容（时间、地点、数量、方式）采伐林木都是违法的，要根据具体情节承担法律责任。

按照森林法的规定，林木采伐许可证一般由所在地县级以上林业主管部门核发。铁路、公路的护路林和城镇林木由有关铁路、公路和城市园林等部门组织种植并进行管理的林木采伐，由有关主管部门依照有关规定审核发放林木采伐许可证，但必须在森林采伐限额内发放采伐许可证，采伐许可证式样由国家林业和草原局统一规定。此外，充分发挥农田防护林体系的重要作用，严格规范农田防护林更新采伐工作，符合更新采伐条件的农田防护林，也纳入采伐限额管理，由县级以上林业主管部门审核发放林木采伐许可证。

2. 凭证采伐制度的必要性。林木采伐许可证只有林木所有者和经营者才有资格申请领取，可以有效地保护森林、林木所有者和经营者的合法权益。采伐许可证标明了采伐的地点、林种、面积等资源情况，可以规范采伐行为，提高伐区作业质量，促进采伐迹地及时更新，从而有效控制森林采伐量，制止乱砍滥伐及不合理的采伐。

当前和今后一段时间，我国林木采伐应当继续实行凭证采伐制度：一是从国情林情看，我国缺林少绿、生态脆弱，森林覆盖率远低于全球 31% 的平均水平。通过实行凭证采伐，将森林分类经营、分类管理、分区施策的政策和要求落实到位，减少不合理的森林资源消耗，维护和巩固生态文明建设成果。二是凭证采伐是森林保护管理的有效方法。通过核发采伐许可证，林业部门可以快速、准确掌握森林资源消耗，有利于提高监管效率。三是破坏林木案件居高不下。2017 年，全国林业行政案件 173260 起，其中盗伐滥伐和毁坏森林、林木案件 49826 件，占 28.7%。2018 年，全国林业行政案件 182913 起，其中盗伐滥伐和毁坏森林、林木案件 53311 件，占 29.2%。森林资源保护管理形势仍十分严峻。

（三）存在的问题和改革措施

森林采伐限额和凭证采伐制度的实施，有效地保护了森林资源，促进了森林蓄积量稳步增长。但在实践执行中也反映出一些问题：一是森林采伐限额与实际需求存在一定脱节。导致这一问题产生的原因既有管理基础薄弱的问题，也有技术层面要求过细的问题。二是林木采伐许可证办理难问题在一些地区还较为突出。采伐许可证办理还存在程序繁杂、办证时间长、索要材料复杂、公开透明度不高等问题，未能全面适应“放管服”改革要求，影响了林农造林护林和社会资本投资林业的积极性。三是对自然保护区林木采伐的规定不符合客观需要。现行森林法规定自然保护区森林严禁采伐。但是客观上，自然保护区由于遭受病虫害等重大灾害，或是开展科研等特殊性保护，需对自然保护区内的林木进行采伐清理。

针对上述问题，国家林业和草原局围绕限额采伐和凭证采伐，进行了多项改革：精简审批项目，取消毛竹采伐限额和年度木材生产计划，明确采伐竹林不办理采伐许可证；改革限额管理办法，取消商品材和非商品材界限，非林地林木采伐不纳入采伐限额管理；简政放权，将农田防护林、短周期工业原料林采伐年龄交由地方规定，推行采伐公示制度、探索采伐指标公平分配机制等。这些改革措施，在一定程度上得到了广大林业经营主体的好评。但总体看，由于系统性和整体性不足，加之森林法及其配套政策没有及时调整，改革的效果还未充分显现，需要在森林法修改中对采伐制度予以完善。

二、林地管理制度

（一）基本情况

林地是森林资源保护发展的根基。保护林地，尽可能不占或者少占林地，直接关系到林业发展。20 世纪 90 年代，全国很多地方毁林开垦、乱占滥用林地行为频繁出现，造成林地大量流失和森林资源严重破坏。为保护森林资源，国务院于 1998 年 8 月印发《关于保护森林资源制止毁林开垦和乱占林地的通知》，明确提出严格实施林地用途管制，要求“为了遏制毁林开垦以及其它非法改变林地用途的行为，各省、自治区、直辖市对现有林地要实行总量控制制度，林地只能增加，不能减少。自本通知下发之日起，冻结各项建设工程征占用林地一年。确实需要征占用林地的，必须报国务院审批”。

1998 年森林法修改明确规定“必须占用或者征收、征用林地的，经县级以上人民政府林业主管部门审核同意后，依照有关土地管理的法律、行政法规办理建设用地审批手续”。2000 年森林法实施条例设立了临时占用林地审批、修筑直接为林业生产服务的工程设施占用林地审批两项许可，这对加强林地管理，有效保护森林资源起到了重要的保障作用。

近年来，各级林业草原主管部门陆续完善了林地保护制度体系，建立了林地保护管理长效机制，统筹协调林地保护与利用的关系，依法加强林地保护利用管理各方面工作：一是构建了国家、省、县三级林地保护利用规划体系。编制了国家、省、县级林地保护利用规划。二是实现了全国林地“一张图”。采用遥感、地理信息等先进技术手段，结合地方森林资源调查成果，辅以必要的现地调查，将全国林地及其保护利用措施落实到了山头地块、落到了图上。三是建立了林地定额管理制度。按照《国务院关于全国林地保护利用规划纲要（2010－2020 年）的批复》中“严格控制建设项目使用林地规模，国家每 5 年编制或修订一次征占用林地总额，并按年度分解到省（区、市）”的规定，下达了全国“十二五”和“十三五”期间林地定额 105.5 万公顷，占用林地审核由过去的无数量限制转变为目前的有数量限制。四是完善使用林地审核审批制度。按照“放管服”改革精神，制修订了《建设项目使用林地审核审批管理办法》《建设项目使用林地可行性报告编制规范》《关于加强临时占用林地监督管理的通知》等规章和规范性文件，规范建设项目使用林地审核审批。五是加强监督执法检查。以全国林地“一张图”为依据，应用高分辨率遥感技术，强化乱砍滥伐、违法违规使用林地监督检查，提高了林地保护效果。通过这一系列工作，初步实现了“以数管地”向“以规划管地，以图管地”的转变，有效地保护了我国的森林和林地资源。

（二）存在的问题

1. 违法使用林地案件呈上升趋势。根据统计，2017 年、

2018 年连续两年，违法使用林地行政案件发现数量占据全国林业行政案件发现总量首位，且案件发现数量和占比均呈持续上升趋势，增速相对较快。2018 年，违法使用林地行政案件 52017 起，较 2017 年增加 4851 起，上升 10.28%，案件造成的损失林地数量同比增加 3586.45 公顷，上升 38.78%。从案件上升趋势看，以牺牲林地缓解土地供需矛盾，以破坏生态环境提高经济效益的情形仍在部分地区存在。

2. 林地定额管理法律依据不足。从 2008 年开始，原国家林业局对建设项目使用林地实行定额管理。但林地定额在实践执行中，更多依据的是国家林业和草原局的文件，法律依据不足。

图书在版编目（CIP）数据

中华人民共和国森林法解读／施春风主编．—北京：中国法制出版社，2020.10

ISBN 978－7－5216－1348－3

Ⅰ.①中… Ⅱ.①施… Ⅲ.①中华人民共和国森林法－法律解释 Ⅳ.①D922.635

中国版本图书馆 CIP 数据核字（2020）第 197196 号

策划编辑：谢雯　　责任编辑：谢雯 孙静 白天园　　封面设计：蒋怡

中华人民共和国森林法解读

ZHONGHUA RENMIN GONGHEGUO SENLINFA JIEDU

主编/施春风

经销/新华书店

印刷/三河市紫恒印装有限公司

开本/880 毫米×1230 毫米　32 开　　印张／14　字数／240 千

版次/2020 年 10 月第 1 版　　2020 年 10 月第 1 次印刷

中国法制出版社出版

书号 ISBN 978－7－5216－1348－3　　定价：58.00 元

北京西单横二条 2 号

邮政编码 100031　　传真：010－66031119

网址：http：//www.zgfzs.com　　编辑部电话：010－66071862

市场营销部电话：010－66033393　　邮购部电话：010－66033288

（如有印装质量问题，请与本社印务部联系调换。电话：010－66032926）